文献检索与论文写作

·第三版·

LITERATURE SEARCH AND THESIS WRITING（THIRD EDITION）

邓富民　梁学栋　唐建民

主编

经济管理出版社

ECONOMY & MANAGEMENT PUBLISHING HOUSE

图书在版编目（CIP）数据

文献检索与论文写作 / 邓富民，梁学栋，唐建民主编 . — 3 版 . —北京：经济管理出版社，2023.8

ISBN 978-7-5096-9205-9

Ⅰ . ①文… Ⅱ . ①邓… ②梁… ③唐… Ⅲ . ①信息检索 Ⅳ . ① G254.9

中国国家版本馆 CIP 数据核字（2023）第 159514 号

组稿编辑：王光艳

责任编辑：王光艳

责任印制：许　艳

责任校对：徐业霞

出版发行：经济管理出版社

　　　　　（北京市海淀区北蜂窝 8 号中雅大厦 A 座 11 层　　100038）

网　　址：www. E-mp. com. cn

电　　话：（010）51915602

印　　刷：北京市海淀区唐家岭福利印刷厂

经　　销：新华书店

开　　本：710mm×1000mm /16

印　　张：20.5

字　　数：391 千字

版　　次：2023 年 8 月第 3 版　　2023 年 8 月第 1 次印刷

书　　号：ISBN 978-7-5096-9205-9

定　　价：68.00 元

前言

　　文献检索与论文写作是进行科学研究的必备技能。本书将在不失严谨的前提下力求做到通俗易懂、简洁实用，突出本书作为写作指南的定位。

　　本书作为第三版，在第二版的基础上对第一部分"文献检索"各章节内容进行了整合和修改；对第二部分"写作概述"按照专业学位论文与学术学位论文进行了分类介绍，更有针对性地介绍了管理类研究生学位论文的写作要求、论文类型、写作流程与研究范式。

　　本书可作为高等院校文献检索与论文写作课程的教材或教学参考书，可以帮助高校师生和其他科研工作者系统地了解文献检索，更快地掌握管理类研究生论文的写作要求和写作方法。

　　本书共9章，分为文献检索、专业学位论文写作和学术学位论文写作三个部分。全书由邓富民提出编写大纲并负责统稿，梁学栋负责主审，唐建民负责定稿。具体编写分工为：第一部分内容由梁学栋负责，第1、4章内容由王雅琦和龚小亚修改和完善，第2章内容由龚小亚修改和完善，第3章内容由王雅琦修改和完善；第二部分内容由唐建民负责，第5、6章内容由王雅琦编写；第三部分内容由邓富民负责，第7、8章内容由龚小亚编写，第9章内容由王雅琦编写。

　　在本书的编写过程中，王苛宇为本书的资料整理做了许多有益的工作。同时为保证内容全面实用，本书参考了大量相关文献，在此向各位前辈和同行表示崇高的敬意和诚挚的谢意。

由于此次修改幅度较大，书中疏漏和不当之处在所难免，恳请广大读者和专家学者不吝赐教、指正并提出宝贵的建议，以利于今后本书的修改和完善。

邓富民

2023 年 3 月

目录

第一部分　文献检索

第三部分　学术学位论文写作

第一部分

文献检索

第1章 概　论

 本章摘要

　　本章主要介绍了文献检索的相关概念、检索方式、检索工具以及检索程序。其中，在相关概念部分，具体介绍了基本术语、发展历程以及检索语言；在检索方式部分，具体介绍了顺查法，倒查法，抽查法，追溯法，分段法；在检索工具部分，具体介绍了手工检索工具与信息检索工具，以及两种检索工具的分类与检索方法等；最后介绍了包括四个步骤的检索程序。

 学习目的

◆ 了解文献信息的基础知识
◆ 了解文献检索的方式与程序
◆ 了解检索工具的分类与方法

1.1　文献信息

　　当今社会，经济高速增长，科学技术快速发展，全球化进程不断加快，使社会信息量迅猛增长。知识和信息已成为推动科技进步和社会发展的重要力量。因此，只有有效地获取信息和利用信息，才能更好地适应时代的发展要求。

1.1.1　基本术语

　　下面对信息、知识、文献、文献信息检索四种术语进行简要介绍。

1.1.1.1 信息

（1）信息的概念

"信息"（Information）一词来源于拉丁语，意为"通知、报道或消息"。目前，不同的学者对信息有不同的理解和表述。在中国，两千多年前的西汉时期，"信"字就已经出现，人们将其作为"消息"来理解。

信息的经典定义包括：1948 年，美国数学家、信息论的创始人香农在《通信的数学理论》（*A Mathematical Theory of Communication*）一文中提出："信息是用来消除随机不定性的东西。"1950 年，美国著名数学家、控制论的创始人维纳在《人有人的用处：控制论与社会》一书中提出："信息就是信息，既非物质，也非能量。信息就是我们在适应外部世界，并把这种适应反作用于外部世界的过程中同外部世界进行交换的内容的名称。"这种定义在广义上称为信息的传递与交换。而美国的《韦氏大学英语词典》把信息描述为"在观察中得到的数据、新闻和认识"。

在中国的《情报与文献工作词汇基本术语》中，信息的定义是："信息是物质存在的一种方式、形态或运动状态，也是事物的一种普遍属性，一般指数据、信息中所包含的意义，可以使信息中所描述事件的不确定性减少。"

通过归纳分析以上关于信息的定义可知：信息是普遍存在于自然界、人类社会和人类思维之中的，同时，信息所传达的内容可以增加人们对客观事物认识的确定性。广义上讲，信息指的是客观世界中各种事物的存在方式和它们运动状态的反映；狭义上讲，信息指的是能反映事物存在和运动差异的，能为某种目的带来有用的、可以被理解或被接收的消息、情况等。

（2）信息的三要素

信息是事物有序性的表现，它包含三个要素：信源（信息源）、信通和信宿（见图 1-1）。信源指的是信息的源泉，即信息产生的源头。信通是信息传播的通道，其传播通道包括人际传播和交流、组织传播和交流、大众传播和交流三类。信宿即信息的归宿，也就是信息的接收者。

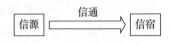

图 1-1　信息的三要素

信源、信道和信宿是信息作为一个过程而存在的三个基本环节，不能缺少其中任何一个，否则就无法形成信息。

（3）信息的特征

其一，普遍性及客观性。信息广泛存在于自然界、人类社会乃至人类的思维活动领域中，只要有事物存在，就一定会有信息存在。同时，信息是事物运动的状态和方式的反映，与物质一样都是客观存在、不以人的意志为转移的。

其二，时效性及价值性。时效性是信息的重要特征，是指从发出信息、接收信息到利用信息的时间间隔及其效率。信息的时效性与其价值性是紧密相连的，信息从生成到接收，时间越短，传递速度越快，其效用越大；反之，会失去其应有的价值。任何有价值的信息都是在特定的条件下起作用的，离开这些条件，信息将失去其价值。

其三，共享性。信息通过传递和扩散，能够反复地被不同的人使用、共享，信息量不会因传播或者因他人分享而减少。共享是信息不同于物质和能量的最重要的特征。

其四，可识别性。信息是可以识别的，不同的信息源有不同的识别方法。信息的识别方法可分为两类：一是直接识别，即通过感官的识别；二是间接识别，即通过各种测试手段的识别。

其五，载体依附性（可存储性）。信息既不是物质，也不是能量，它是抽象的，是存在于客观事物中的，其传递必须借助一定的载体或媒介才能实现，如语言、文字、声音、图像等，从而为人类所认知。

其六，可加工性。信息是可以加工的，具体包括：

➢ **扩充**。无论是在无限的空间里还是在有限的空间里，随着时间的推移，事物在不断地发展变化，信息也在不断地被扩充。

➢ **压缩**。对信息进行整理、概括、归纳，可使之精练、浓缩。

➢ **转换**。信息可以由一种形态转换成另一种形态。

（4）信息的类型

从不同的角度对信息进行分类，从而形成了不同的体系或类型，实用的划分方法有以下几种：

第一，按表现形式，可分为文字信息、图像信息、数值数据信息、语音信息。

➢ **文字信息**。文字信息是指人们为了信息交流、通信方便而发明的文字，并将其作为一种约定的形象符号。广义上讲，文字还包括各种编码，所有这些文字、符号、代码都可以是信息的表现形式，它们的结构属性，如笔画、字母等的不同组合，分别代表不同的内容。

➢ **图像信息**。图像信息是指一种视觉信息，比文字直观，易于理解。日常生活中常见的图像信息有很多，如一部电影、一幅画作、一些客观景象等。

➢ **数值数据信息**。数值数据信息是指将信息做数字化处理后的表现形式。广义上讲，网络中的数据通信、数据处理和数据库等都是数值数据信息。狭义上讲，具有一定数值特性的信息才可称为"数据"，如统计数据、气象数据、测量数据等。

➢ **语音信息**。语音信息是指以声音为代表的信息，是最早的一种信息表现形式，是人们大脑中某种编码形式的信息所转换成的语言信息的输出，反映了人们的思想、见解和观点。

第二，按信息的加工程度，可分为一次信息、二次信息和三次信息。

➢ **一次信息**。一次信息是指对人们研究或创造性活动成果的直接记录，通常是零碎、分散、无序的，有时获取难度较大。无论信息存储于何种物质载体，只要是原始资料就是一次信息，如公开出版的图书、期刊论文、科技报告、会议文献、学位论文、发明专利等，都属于一次信息。

➢ **二次信息**。二次信息是指加工整理一次信息后形成的信息，可用于检索一次信息。二次信息的形成过程是信息从分散、无序到集中、有序化的过程，如目录、文摘、索引等各种书目数据库就是二次信息的核心内容。

➢ **三次信息**。三次信息是指根据二次信息提供的线索，查找一次信息，并对其进行分析、提炼、综合而成的具有较强概括性的浓缩信息，如评论、综述、述评、进展报告等。

第三，按信息对人类社会的作用，可分为社会信息、经济信息、科技信息、生活信息。

➢ **社会信息**。社会信息是指包括人口、就业、工资、教育、医疗、社会福利等在内的各种社会方面的信息。

➢ **经济信息**。经济信息是指反映经济活动的特征及其变化情况的信息。

➢ **科技信息**。科技信息是指科技政策、科技发展、科技成果等科技方面的信息。

➢ **生活信息**。生活信息是指人们日常生活方面的各种信息。

第四，按信息整合的特点，可分为系统化信息和非系统化信息两类。

➢ **系统化信息**。系统化信息是指按一定目的或方法将信息系统地汇总、整理、储存、保管起来，以便人们检索和利用的信息。

➢ **非系统化信息**。非系统化信息是指分散于各种载体之上的无序的信息。

1.1.1.2 知识

（1）知识的概念

《中国大百科全书》对"知识"的表述是："所谓知识，就它反映的内容而言，是客观事物的属性与联系的反映，是客观世界在人脑中的主观映象。就它反映的活动形式而言，有时表现为主体对事物的感性知觉或表象，属于感性知识；有时表现为关于事物的概念或规律，属于理性知识。"

2020 年版的《辞海》对知识的解释为：人类认识的成果或结晶。知识是在社会实践过程中形成的，是对现实的反映。

由上述定义可以得出：知识是对人类社会实践经验的总结，是人的主观意识对客观世界的概括和如实反映。在生活、生产和科研等活动中，人类凭借自身特有的大脑思维功能，对新捕捉到的外界信息进行分析、提炼和综合，并重新组合使其系统化，以形成新的知识单元。由此可见，知识是信息的一部分，是有序化了的信息。

（2）知识的存在形式

一般情况下，知识的存在形式包括口头信息源、实物信息源和文献信息源三种。

其一，口头信息源。口头信息源存在于人脑的记忆中，人们通过交谈、讨论、报告会等方式进行传播和交流。口头信息源具有较高的选择性和针对性，获取速度快，反馈迅速。直接获得口头信息的机会是有限的，很难实行有效的社会监督，其可靠程度不易检验，也不能进行信息加工和信息积累，且随着时间的推移信息容易失真或丢失。所以人们在利用口头信息源的过程中，通常会把它记录在纸、磁带、录像带等载体上。

其二，实物信息源。实物信息源存在于产品、样机、样品等实物中，人们通过采集、实地参观考察和举办展览等方式加以交流传播。实物信息源往往是直接为生产服务的，具有真实、直观、易检验、易仿制的特点。但实物信息源需要经过复杂的分析才能将所需的信息"提炼"出来，并形成一套文献内容加以利用。

其三，文献信息源。文献信息源是用文字、图形、符号、声频、视频等手段记录在某种载体上，形成文献，人们用其进行交流传播，是最便于随时记录知识、阐明思想、广为传播、系统积累、长期保存和直接利用的一种信息源，也是一种重要的信息源，它包括各种类型的文献。

知识的这三种存在形式有时也会共同构成信息源。

（3）知识的特征

知识具有以下几点特征：

其一，实用性。知识是可以为人们所使用的，即知识具有实用性。一切知识产生的基础和检验知识的标准都是社会实践，科学知识对实践具有重要的指导作用。

其二，规律性。人们对事物的认识是一个无限的过程，人们获得的知识在一定层面上揭示了事物及其运动过程的规律性。

其三，无穷性。知识是一种资源，经由创造、分享、累积，可以得到不断发展。因此与其他资源不同，知识是无穷尽的，其他资源会越用越少，知识却是越用越多，有无限潜能。

其四，渗透性。随着知识门类的增多，各种知识可以相互渗透，并形成许多新的知识门类以及新的科学知识的网状结构体系。

其五，继承性。新知识的产生，离不开对原有知识的深化与发展；同时，新知识的产生作为基础和前提，将产生更新的知识。知识被记录或被物化为劳动产品后，可以世代相传和利用。

其六，无体性。信息与知识的传播渠道，通常要通过人力资本与技术才能具体呈现，如传统的书面文件、口耳相传、物质载体、组织制度，乃至无边的信息网络都是其传播的重要渠道。

（4）知识的分类

世界经济合作与发展组织（Organization for Economic Cooperation and Development，OECD）在《以知识为基础的经济》的报告中将知识分为以下两类：

其一，编码知识。编码知识又称显性知识，是指经过人们的整理和组织后，可以编码化和度量，并以文字、公式、计算机程序等形式表现出来的知识，它还可以通过正式的、系统化的方式（如出版物、计算机网络等）加以传播，以便其他人学习和掌握。编码知识可以帮助人们解决两类问题：Know Why，即知道为什么；Know What，即知道是什么。

其二，意会知识。意会知识又称隐性知识，是指与人结合在一起的经验性的知识，很难编码化、文字化或公式化，它在本质上以人为载体，因此难以通过常规的方法收集到，也难以通过常规的信息工具进行传播。意会知识可以帮助人们解决两类问题：Know How，即知道怎样做；Who Know，即谁知道如何做。

1.1.1.3 文献

（1）文献的概念

国际标准化组织（International Organization for Standardization，ISO）制定的《文献情报术语国际标准（草案）》对文献的解释是："在存储、检索、利用或传递记录信息的过程中，可作为一个单元处理的，在载体内、载体上或依附载体而存储有信息或数据的载体。"

我国国家标准《文献著录 第一部分：总则》对文献的定义是："记录有知识的一切载体。"

由此可见，文献具有三个基本要素：含有的知识信息、负载知识信息的物质载体、记录知识信息的符号和技术。文献使用各种标志符号、利用种种信息处理技术来记录知识信息，而这些知识信息又依附于载体而存在，因此，这三个要素紧密相连，不可分割，缺少其中任何一个都不能构成文献。

（2）文献的类型

其一，按文献载体形式可分为书写型、印刷型、缩微型、视听型和电子型。

➤ **书写型**。书写型文献主要是指古旧文献、未经复印的手稿以及技术档案类的资料。

➤ **印刷型**。印刷型以纸张为载体，以印刷的方式制作的文献资料，包括图书、报纸、杂志等。其优点是收藏简便、用途较广、阅读方便，在传递信息的过程中不受时空限制；其缺点是存储密度低、占据空间大，保存费用高。目前，印刷型文献仍是主要的文献类型，且具有其他文献类型所不能替代的功能和作用。

➤ **缩微型**。缩微型通过光电技术设备，以感光材料为载体，以缩微的手段将文献载体中的文字、符号、图像等影印在感光材料上的文献形式，常见的有缩微胶卷和缩微胶片。其优点是体积小、价格低、存储密度高，便于保存；其缺点是阅读时需要借助放大设备，使用不方便。

➤ **视听型**。视听型又称音像型或声像型，是以电磁转换或光学感光为记录手段而产生的一种文献形式，是可以记载感受的声频和视频的知识载体，如录像带、录音带、唱片、光盘等。其优点是直观性强，存储密度高，提供的形象、声音逼真，易于记载那些难以用文字表达和描绘的形象和声频资料；其缺点是成本高，不易检索和更新，使用不方便。

➤ **电子型**。电子型文献即电子出版物，又称机读型文献，是以磁性或塑性材料为载体，以穿孔或电磁、光学字符为记录手段，将信息存储在磁带、磁盘、光盘等媒体中，并通过计算机对电子格式的信息进行存取和处理，而且形成了多种类型的电子出版物，包括电子图书、电子期刊、光盘数据库或软盘、磁带等产品，以及电传文本、电子邮件等。这种文献需要计算机查阅，其优点是存储密度高、信息量大、检索方便、存取速度快、寿命长、易更新；其缺点是对设备、费用的要求高。

其二，按文献加工程度可分为零次文献、一次文献、二次文献和三次文献。

➤ **零次文献**。零次文献是指尚未发表或不公开交流的比较原始的资料，如书信、手稿、口头交谈、个人通信、经验交流演讲、实验的原始记录、新闻稿等，是一种零星的、分散的和无规则的信息，具有原始性、新颖性、分散性和非检索性等特征，但此类文献一般不成熟、不公开交流、不易获得。

➤ **一次文献**。一次文献也称原始文献，是指作者根据自己的研究工作或研究成果撰写的论文、著作、技术说明书等，凡著者以其本人的科研成果为依据而发表的原始创作，都属于一次文献。因此，一次文献具有创造性、原始性和分散性的特点。

➤ **二次文献**：二次文献是指人们将那些无序的、分散的一次文献收集起来，并按照一定的方法进行整理加工，使之形成系统化的便于人们查找的文献。二次文献中的信息是对一次文献中的信息进行加工和重组而成的，并不是新的信息，它的主要类型有题录、目录、文摘、索引等。二次文献具有系统性、检索性和汇集性的特点。

➤ **三次文献**。三次文献是指选用大量相关文献，经过综合、分析、研究而编写出来的文献。三次文献一般是围绕着一个特定的专题，利用二次文献搜索相关的一次文献，采用系统和科学的方法，对文献的内容进行深度挖掘、整理、加工、编写而形成的，通常我们所知的各种综述、学科年度总结、述评、数据手册、年鉴等都是三次文献。三次文献具有综合性、实用性和针对性的特点。

零次文献和一次文献是最基本的信息源，也是文献信息检索和利用的主要对象；二次文献是将一次文献的信息集中提炼和有序化，它是文献信息积累的工具；三次文献则是把分散的零次文献、一次文献和二次文献按照特定的专题或者专门知识的门类进行综合分析、整理、加工而成的结果，是高度浓缩的文献信息，它既是文献信息检索和利用的对象，又可作为检索文献信息的工具。

其三，按文献出版类型可分为以下十一种类型。

➤ **图书**。图书是指以印刷方式刊行的单行本、多卷书、丛书等现代出版物，是对已发表的科技成果、生产技术知识和经验进行选择、比较、核对、组织而成的。

该类型文献的内容特点为成熟、定型，论述特点为系统、全面、可靠，是有完整定型的装帧形式的出版物；但图书的出版周期较长，知识的新颖性不够。图书可分以下几种类型：专著、丛书、教科书、词典、手册、百科全书等。

➢ **期刊**。期刊是指名称固定、开本一致、汇集了多位作者论文的定期或不定期连续出版物。期刊上刊载的论文大多是原始文献，包含许多新成果、新技术、新动向。其特点是出版周期短，报道文献速度快，信息含量大，内容新颖，发行及影响面广，是传递科技情报、交流学术思想的最基本的文献形式。据估计，从期刊上得到的科技情报占情报来源的 65%，期刊论文的重要特征之一是国际标准刊号（ISSN）。

➢ **科技报告**。科技报告又称研究报告和技术报告，是指科技人员围绕某一专题从事研究取得成果以后撰写的正式报告，或者是在研究过程中对每个阶段进展情况的实际记录。其特点是内容详尽、专业、可靠，有具体的篇名、机构名称和统一的连续编号（报告号），一般单独成册，是一种不可多得的获取最新信息的重要文献信息源。科技报告的种类有技术报告、札记、论文、备忘录、通报等，全世界的科技报告中以美国政府研究报告（PR、AD、NASA、DOE）最多。

➢ **会议文献**。会议文献是指在国内外重要学术会议上发表的论文、报告稿、讲演稿等与会议有关的文献，此类文献学术性强，往往代表着某学科领域的最新成就，并反映了该学科领域的发展趋势。会议文献分为会前文献（论文预印本和论文摘要）和会后文献（会议录），常用的名称有大会、小型会议、讨论会、会议录、单篇论文、汇报等。其主要特点是传播信息及时、论题集中、内容新颖、专业性强、质量较高，但其内容与期刊相比可能不太成熟。

➢ **政府出版物**。政府出版物是指各国政府部门及其所属的专门机构发表、出版的文件。其内容可分为行政性文件（如法令、法规等）和科技文献（科技报告、科普资料等）两大类，其中科技文献占 30%~40%。

➢ **学位论文**。学位论文是指高等学校、科研机构的本科生、研究生为获得学位所撰写的论文。学位论文探讨的问题往往比较专业，且具有一定的创造性。根据获得的学位，学位论文可分为学士、硕士、博士三种。学位论文是非卖品，除极少数以科技报告、期刊论文的形式发表外，一般不出版，目前国内已有万方数据公司的学位论文数据库、清华同方的中国优秀博硕士学位论文全文数据库等，可供查找学位论文使用。

➢ **专利文献**。专利文献是指专利说明书，即专利局公布出版或归档的所有与专利申请案有关的文件和资料。专利文献的种类有发明专利文献、实用新型专利文献、外观设计专利文献。专利文献的特点包括：数量庞大、报道快、学科领域广阔、内容新颖，具有实用性和可靠性。由于专利文献的这些特点，它的科技情报价值越来越大，使用率也日益提高，对于工程技术人员，特别是产品工艺设计人员来说，是一种切合实际、启迪思维的重要信息源。

➤ **标准文献**。标准文献是指一种规范性标准化的技术文件，是技术标准、技术规格和技术规则等文献的总称，可分为国际标准、区域性标准、国家标准、行业标准和企业标准。一个国家的标准文献反映着该国的生产工艺水平和技术经济政策，而国际现行标准则代表了当前的世界水平。国际标准和工业先进国家的标准通常是科研生产活动的重要依据和情报来源。作为一种规章性文献，标准文献具有一定的法律约束力。国际上最重要的两个标准化组织是国际标准化组织和国际电工委员会（IEC）。

➤ **产品资料**。产品资料是指国内外生产厂商或经销商为推销产品而印发的企业出版物，用来介绍产品的品种、特点、性能、结构、原理、用途和维修方法、价格等。据不完全统计，全世界每年出版的产品样本有 70 万 ~ 80 万种。

➤ **科技档案**。科技档案是指在技术活动中形成的技术文件、图纸、图片、原始技术记录等资料，包括任务书、协议书、技术指标、审批文件、研究计划、方案、大纲、技术措施、调研材料等，它是生产建设和科研活动中用以积累经验、吸取教训和提高质量的重要文献。科技档案具有保密和内部使用的特点，一般不公开。

➤ **其他文献**。其他文献此处不作详细介绍。

其四，按文献公开程度可分为三种类型。

➤ **白色文献**。白色文献是指正式出版并在社会公开流通的文献，包括图书、报纸、缩微胶卷、光盘等，这类文献通过出版社、书店、邮局等正常渠道发行，面向社会的所有成员，人人均可利用。

➤ **灰色文献**。灰色文献是指非公开发行的内部文献或限制流通的文献，如内部刊物、技术报告、会议资料、内部教材等。这类文献出版量小，发行渠道复杂，流通范围有一定的限制，不易收集。

➤ **黑色文献**。黑色文献是指非正式出版、发行范围狭窄、内容保密的文献，如考古发现的古老文字、未解密的政府文件、军事情报资料、技术机密资料、个人隐私材料等。绝大部分黑色文献都有密级规定，并对读者范围作了明确的限制，所以非特定的读者对象基本上无法获取。

（3）文献信息资源的含义

信息资源的概念是随着现代信息技术（特别是计算机技术）和信息资源管

理理论的发展和普及而为人们所接受的。

孟广均等在《信息资源管理导论》一书中指出："信息源不等于信息资源，信息资源是可利用的信息的集合，是高质量、高纯度的信息源。"

卢泰宏和孟广均曾在 1992 年编译的《信息资源管理专集》中将美国学者对"信息资源"的理解概述为：信息资源＝文献信息，信息资源＝数据，信息资源＝多种媒介和形式的信息（包括文字、图像、声音、印刷品、电子信息、数据库），信息资源＝信息活动中各种要素的总称（包括信息、设备、技术和人等）。

1998 年，娄策群和桂学文在《信息经济学通论》一书中指出：从信息资源描述的对象来看，信息资源由自然信息资源、机器信息资源和社会信息资源组成；从信息资源的载体和存储方式来看，信息资源由天然型信息资源、智力型信息资源、实物型信息资源和文献型信息资源等构成；从信息资源的内容来看，信息资源由政治、法律、军事、经济、管理、科技等信息资源组成；从信息资源的反映面来看，信息资源由宏观信息资源、微观信息资源组成；从信息资源的开发程度来看，信息资源由未开发的信息资源（信息原料）和已开发的信息资源（信息产品）组成。

（4）信息与知识、文献之间的关系

由于信息的内涵和外延是在不断发展和扩大的，并且在扩大的同时不断地渗透到人类社会及科学技术的各个领域中，所以在接收了自然界和人类社会的大量的信息之后，人类理解、整理、分析并重新组合这些接收到的信息，并将其系统化，就形成了知识。

知识是人类大脑将信息进行加工和提炼的成果，是将同类信息不断地深化、积累，从而产生新的知识，而新的知识又会转化为新的信息，如此循环反复的过程。

知识依附于载体就成了文献，文献是传递知识的介质，它是固化了的知识。系统化的信息就是知识，知识是信息的一部分，文献是知识的载体。文献不仅是知识传递的物质形式，也是吸收、利用信息的主要手段。

1.1.1.4 文献信息检索

（1）文献信息检索的概念

文献信息检索是文献检索和信息检索两个概念的统一。文献检索是信息检索的一种类型，是指依据一定的方法、按照一定的方式将文献存储在某种载体上，并利用相应的方法或手段从中查找出符合用户特定需要的文献的过程。但查找出来的文献只是关于文献的信息或文献的线索，要真正获取文献中所记录的信息，还需要依据检索取得的文献线索或含有意义的信息，去索取和查找文献的原文。信息检索是指依据一定的方法，从已经组织好的有关的大量信息集合中查找出特定的相关信息的过程。文献信息检索就是指将信息用一定的方式组织和存储起来，并根据用户的需要找出有关信息的过程，即从众多的文献信息源中，迅速而准确地查找出符合特定需要的文献信息或文献线索的过程。

（2）文献信息检索的类型

划分文献检索类型的方法一般有以下几种：

其一，按检索设备可分为两种类型。

➢ **手工检索**。手工检索也称传统检索，是人们习惯使用的一种的检索手段。其检索对象主要是书本式和卡片式的检索工具，包括各种书目、索引、文摘、参考工具书及卡片式目录等。其优点是具有广泛的适应性，检索费用低廉，操作方便，检索时间和范围不受限制；其缺点是耗时长、效率低、检索入口少、查找效果一般。

➢ **计算机检索**。计算机检索是 20 世纪五六十年代发展起来的现代化的检索手段。它充分利用了现代化的电子计算机技术、光盘技术和网络技术，是以图书馆或网上文献数据库为对象，利用计算机进行脱机或网络检索的检索方法。其优点是文献信息存储量大、检索速度快、效率高、有很强的生命力；其缺点是追溯时间受到一定的限制，检索费用比较昂贵。

其二，按检索内容可分为四种类型。

➢ **书目检索**。书目检索是以文献线索为检索内容的文献信息检索，即检索系统存储的是书目、索引、文摘等"二次文献"，它们是对文献的外表特征与内容特征的描述。文献信息用户通过检索获得的是与检索课题有关的一系列文献线索，然后通过阅读决定取舍。

➢ **数据检索**。数据检索是以数值为检索内容的文献信息检索，即检索系统存储的是大量的数据，既包括物质熔点、电话号码、统计数据、财务数据等数字数据，也包括图表、化合物分子式和结构式等非数字数据，并且提供一定的运算推导能力。这些数据是经过专家测试、评价、筛选过的，文献信息用户可直接引用。

➢ **事实检索**。事实检索是以事项为检索内容的文献信息检索，即检索系统存储的是从原始文献中抽取的事实，并有简单的逻辑判断能力，文献信息用户所获得的是有关某一事物的具体答案。

➤ **音像检索**。音像检索是以声音和图像为检索内容的文献信息检索。例如，使用网络可以实现超文本和多媒体形式的网络信息检索。

其三，按检索范围可分为三种类型。

➤ **综合性检索工具**。综合性检索工具是指收录多学科、多语种、多体裁文献的检索工具。其特点是涉及范围广、历史悠久、具有权威性，同时可以提供多种查找途径，使用率高、数量多。例如，美国的《工程索引》、英国的《科学文摘》以及中国的《全国报刊索引》等。

➤ **专业性检索工具**。专业性检索工具是指收录某一特定专业范围内的各种文献线索或知识的检索工具。其特点是限定某个专业范围，仅供查找该专业文献时参考，在揭示文献的深度和广度上有可能比综合性的检索工具强。例如，《中国国防科技报告通报与索引》《中国航空文摘》《兵工文摘》《中国化工文摘》等。

➤ **单一性检索工具**。单一性检索工具是指专门报道和指示某一特定专题或特定类型文献的检索工具。这种检索工具的特点是往往不按文献的内容来收集资料，而是按特定的出版形式或其他形式收录。例如，英国的《英国专利文摘》、美国的《国际学位论文文摘》等。

其四，按检索方式可分为三种类型。

➤ **全文检索**。全文检索是检索系统存储的是整篇文章乃至整本图书的全部内容，检索时可以按照文献信息用户的需求，从中获取有关的章节、段落等信息，并且可以进行各种频率统计和内容分析。随着计算机容量的扩大和检索速度的提高，全文检索的范围也在不断扩大。

➤ **超文本检索**。超文本检索是对每个节点中所存储的信息以及信息链构成的网络中信息的检索。从组织结构来看，超文本的基本组成元素是节点和节点之间的逻辑连接链，每个节点存在的信息及信息链被连接在一起，构成相互交叉的信息网。超文本检索强调的是中心节点之间的语义连接结构，依靠专业系统做图示穿行和节点展示，以提供浏览式查询。

➤ **超媒体检索**。超媒体检索是对文字、图像、声音等多种媒体信息的检索，是超文本检索的补充。其存储对象超出了文本范畴，融入了静态、动态及声音等多种媒体的信息，信息存储结构也从一维发展成多维，存储空间也在不断扩大。

（3）检索系统的构成

无论采用什么手段对何种类型的检索系统进行文献信息检索，其检索系统都必须具备四大要素：检索文档、检索设备、系统规则、作用于系统的人。

其一，检索文档。检索文档就是经过序列化处理并附有检索标识的信息集合。例如，手工检索系统使用的检索文档是由卡片式目录、文摘、索引构成的系统，计算机检索系统使用的检索文档是存储在磁性或光性介质上的目录、文摘、索引或全文以及由多媒体信息构成的数据库。

其二，检索设备。检索设备即用以存储信息和检索标识，并实现信息检索标识与用户需求特征的比较、匹配和传送的技术手段，即检索所需的硬件环境。在手工检索系统中是指印刷型检索工具，在计算机检索系统中是指包括各种类型的主机、终端、计算机外围设备和网络通信传输设备。

其三，系统规则。系统规则是用以规范信息采集分析、标引著录、组织管理、检索与传输等过程的各项标准体系，如检索语言、著录、检索系统的构成与管理、信息传输与控制标准、输出标准等的规则。

其四，作用于系统的人。作用于系统的人包括信息用户、信息采集分析员、信息标引员、系统管理与维护员、检索服务人员等。

（4）意义和作用

其一，继承和借鉴前人的文化遗产。通过文献资料的检索，可以查找到各种历史文献资料，这些前人留下的文化遗产是珍贵的知识宝藏。通过研究这些文献资料，可以帮助我们更好地研究历史。

其二，扩充研究的知识领域。通过文献信息的检索，可以准确、快速地获取所需的文献资料，了解国内外科学研究的最新成果、紧跟发展动向等，使研究工作的效率得到大幅提升。

其三，提高查找所需文献资料的效率。查找需要的文献会花费大量时间，这就要求人们采用科学有效的方法，迅速、准确、全面地找到所需的文献资料，只有这样才能避免时间的过度消耗。

其四，帮助管理者作出正确的决策。管理者在作出决策前，都应对决策点拥有足够的相关背景资料，并根据这些资料进行判断和预测，只有掌握了检索技巧，才能最大限度地拥有相关资料，了解事情的整体状况，从而作出正确合理的决策。

其五，推动智力资源的开发利用。文献资料是知识的载体，知识是智力资源的源泉，因此只有提高知识水平，智力资源的开发才能成为可能。我们应该通过自己的努力提高检索能力，充分发挥文献信息检索的作用。

1.1.2 发展历程

下面主要从文献检索的产生与发展、文献资源发展的特点两个方面简要介绍文献检索的发展历程。

1.1.2.1 文献检索的产生与发展

文献检索工作是科学与生产活动的重要组成部分，它的逐步形成与发展大致经历了三个阶段：

（1）以个体为单位的自发性研究

中国是一个文明古国，人类社会在不断发展的过程中保存和累积了一定数量的文献信息，文献信息检索也就随之产生和发展起来。在古代，科研工作与文献检索工作是融为一体的，研究者在分散的研究活动中，亲自动手收集、整理、存储、传播和利用文献资料，从事著述、创作工作。古代图书馆在这一活动中发挥了巨大作用。这一时期文献检索的理论研究成果，大多作为工具书的附属物，以序、跋、凡例、附录等形式表现出来。

殷商时期，史官把记录政治、经济和文化的资料集中保管，以方便查找和使用。他们将文献按照一定的次序加以排列，并编制出与之相适应的数码，在这个编排的过程中，逐渐总结出了一套固定的方式，发现了相应的规律，另外再编成单据，这就是简单的著录文献目录产生的经过。

春秋时期，文献的积累和保存方法更加多样化，检索工具的编制和利用也有了相应的发展。从孔子学派校书的大序、小序，到战国秦汉诸子百家著书的自序和校书的叙录，我国古代目录中的提要逐步形成，事实上，那些大序、小序在当时实际上起着提要、目录的作用。

公元前 1 世纪末，为了满足政治、经济、文化、军事发展的需求，中国第一部系统目录——刘歆的《七略》产生了，它是一部综合性的图书分类目录。

公元 5 世纪至 6 世纪，阮孝绪的《七录》、王俭的《七志》是当时具有较大影响力的检索工具。公元 4 世纪至 5 世纪，僧祐的《弘明集》和陆澄的《法论目录》等，除包含佛经目录参考外还包括论文目录，使目录兼有了索引的作用，这便是中国古代索引的雏形。

公元 518 年至 1380 年，是中国封建社会发展的高峰时期，文献检索也有了较大的发展，南宋和元代是文献检索由兴盛繁荣到开始衰落的时期，但也出现了郑樵的《通志·艺文略》和马端临的《文献通考·经籍考》等巨著。

（2）有组织的集体性研究

到了近现代，文献检索发生了质的变化，文献检索理论开始朝系统化、规模化的方向发展，最终形成了自己的独立学科——文献信息学。它包括目录学、文献学、版本校勘、图书馆学等。

清朝的《四库全书总目》是中国古代最大的一部官修图书《四库全书》的目录，共200卷，著录图书10231种，177003卷，全部目录分为经、史、子、集四部，44个门类，还细分为67个子目录，这对我国文献检索的发展产生了较大的影响。

五四运动以后，新文化运动进一步发展，不仅带动了书目的发展，索引也有了空前的发展，出现的"引得"（索引）达数十种。在此期间出现的文献检索解决了报章文献与人们对文献特定需要之间的矛盾，使人们对文献检索的本质有了一定的认识。

中华人民共和国成立后，科学文化事业发展迅速，记录和反映这种发展的相关文献也随之成倍增加；同时，我国每年还会引进大批相关的外文书刊文献。科学技术的发展使学科越来越多，越分越细，人们需要的文献资料范围变得越来越狭窄、越来越聚焦。于是，广袤的文献信息海洋与人们狭窄的学科文献信息需求之间的矛盾也越来越尖锐。为了解决这一矛盾，就需要先进的文献信息检索方法和理论，以及先进的检索工具和现代化的技术设备，这就促使文献信息检索以前所未有的速度向前发展。20世纪50年代后期，各种书目、文摘、索引不断涌现，相当数量的检索刊物得以出版。同时，我国还引进了国外一些主要的检索刊物。

（3）国家统一组织协调的研究

20世纪60年代后期，美国将电子计算机应用于文献检索，开启了文献信息机械检索的新篇章。美国国家医学图书馆研制了"医学文献分析与检索系统"（MEDLARS），是将计算机应用于文献检索最早、最好的典范，后来发展成为美国乃至国际上的联机检索系统，直至今天的互联网（Internet）。

20世纪80年代初，中国开始将计算机应用于文献检索试验研究中，20世纪80年代后期进入实用阶段，20世纪90年代以来有了很大的发展，检索手段日益现代化，文献检索的领域进一步拓宽，全文检索迅速发展。过去易被忽视的文献类型，如人物资料、广告、影评、名录等，逐渐成为检索的热点。经济和商业领域信息检索服务的发展势头已超过科技领域。非文献型数据库和商情数据库的数量和利用率得到了很大的提高。

目前，传统检索工具的订户逐渐减少，而联机检索数据库和光盘数据库的品种和订户增长很快。中国科技文献检索刊物在经历了前期的起起伏伏之后，已逐步进入平稳的发展时期，质量也在不断提高，越来越多的中国读者将其作为查找科技文献的工具。刊库合一的发展策略也正在信息界实施。检索语言也有了较大的发展，由之前的多样化向一体化和标准化转变，其兼容性和互换性问题也获得了广泛的重视和深入的研究。各种中介语言、一体化语言、词汇兼容互换技术陆续出现，并逐步投入使用，自动标引技术也已进入初步实用阶段。

随着文献检索技术设备的日益发展，新的输入设备（如光学字符识别装置、语音输入装置）、通信设备（如数据通信网、各种局域网、综合业务数字网）、存储设备（如大容量磁盘、光盘、多媒体存储器）、终端设备（如高速打印终端、图像终端、多媒体终端）和各种智能接口设备已应用于文献检索领域。信息处理和传播进一步电子化，联机检索与办公自动化系统连成一体，正逐步走向千家万户。

1.1.2.2 文献资源发展的特点

随着印刷排版技术的不断革新以及计算机的发明与信息技术的发展，各行各业都在发生着前所未有的变化，同其他人类文明一样，文献这一传统意义上的文字及其保存形式也发生了翻天覆地的变化。已不能简单地将现代文献定义为"图书资料"，而是一种能够反映时代特征的大容量、高密度、由多维立体空间构成的多信息数据库的汇总。因此，从信息的传播形式到容纳空间、从信息的使用价值到其时效性，都与传统文献有较大的区别，文献资源发展有着自己独特的一些特点：

（1）文献数量急剧增长

随着科学技术的快速发展，各种知识门类越来越丰富，作为传播、存储知识信息的载体，随着知识量的增加，文献的数量也在激增。尤其是近年来，原有的学科不断分化，新学科不断涌现，大量有特定研究对象的分支学科、边缘学科、交叉学科、综合性学科开始产生。美国文献学家普赖斯（Price）统计了世界范围内的期刊在近两个世纪内的增长情况。他以科学期刊的数量为纵轴、以年份为横轴，在坐标图上将不同年代的科学文献数量逐点标出，然后以光滑曲线连接各点，从而得出了表示文献增长的普赖斯曲线图，表明了科学文献与时间呈指数函数增长的规律。

（2）文献信息污染严重

据统计，目前世界范围内，每年各种文献的出版总量约为 12000 万册，平均每天出版文献约 32 万册。一方面，大量文献的出版，表明文献信息资源越来越丰富；另一方面，数量浩繁的文献也产生了"信息污染"，使图书信息机构在选择、收集、整理、保存、传递文献方面面临许多新的挑战。在文献信息爆炸的情况下，不管是印刷版的还是电子版的，都经常出现陈旧的、过时的、错误的，甚至是有害的文献信息。

（3）文献出版类型复杂

文献的类型除了传统的印刷型，还有视听型（录像带、录音带、电影、幻灯）、缩微型（缩微胶片、缩微胶卷、缩微卡片）、电子型（磁带、磁鼓、光盘）等类型，并有与印刷型文献相抗衡的趋势。在以后相当长的时期内，印刷型文献与其他类型文献将并存，互相补充。

（4）文献分布集中又分散

现代科学技术的日益综合与细化，使各学科之间的严格界限日趋淡化，学科之间的相互联系、交叉渗透逐渐增强。这使文献的分布呈现出既集中又分散的现象。由于受诸多因素的影响，文献重复发表的现象越来越多，这是现代科学技术综合发展、彼此渗透的反映，即某一专业的大部分文章发表在少量的专业性期刊中，还有一部分则刊登于大量的相关专业期刊中，甚至是不相关专业的期刊中，具体表现为：

同一内容的文献以不同文字发表。据统计，当前世界上每年翻译图书约占图书出版总量的 10%；一些重要的核心期刊被译成多种文字在不同国家出版；同一项发明可以向多个国家申请专利，专利说明书的内容出现严重重复的现象。世界知识产权组织统计，世界各国每年公布的专利说明书的重复率高达 65%~70%。

同一内容的文献以不同的形式出版。随着新型载体文献的普及应用，许多文献出版既有印刷版，又有缩微版、电子版等形式。

在激烈的商业竞争中，许多畅销书内容雷同、选题重复，再版、改版的文献数量不断增多。

（5）信息更新速度加快，文献时效性增强

科学技术的飞速发展，促使知识信息的更新周期不断缩短，文献的出版速度滞后于科学技术的迅猛发展，有些文献还未出版或刚出版就被更新的知识所替代，旧的材料、理论、工艺、方法不断被取代。据欧美及苏联的有关统计，科技文献的平均寿命不超过 10 年，其中有 50% 以上科技文献的平均寿命只有 5 年左右。

（6）文献载体及文种不断增加

随着声、光、电、磁等技术和新材料的广泛应用，新型文献载体也在不断涌现。传统的纸张型文献已失去了一统天下的地位，多种文献载体相互依存、相互补充、共同发展已成为趋势。缩微型、机读型、视听型等新型的非纸张型文献，增大了信息的存储密度，延长了保存时间，加快了信息传递与检索的速度，实现了资源共享。同时，各种资料表明，全世界出版的文献文种正在不断增加。过去的科技文献绝大多数用英、法、俄、日、意、中等 12 种文字出版，现涉及的文种已达七八十种。文种的增加给读者阅读文献造成了各种障碍，并阻碍了科技情报信息的交流。

（7）文献交流传播速度加快

情报信息载体的磁性化、机读化发展，特别是随着电子计算机和通信卫星用于图书情报，以及多媒体和互联网的广泛应用，给文献情报信息的快速传递与交流提供了便利。

（8）文献发表滞后时间延长

随着科学论文数量的增加，更多的论文被发表，这是科技进步的必然结果，但与此同时，科技论文发表滞后的时间也在延长。由于发表的论文数目必须严格限制在期刊所能承受的范围之内，所以很多出版社和杂志社拒绝了许多有科学价值的稿件。有些论文从收到稿件到正式发表时间间隔长达一两年，一般检索刊物再对这些发表的论文加以浓缩后报道出去，在时间上又要延误几个月到一年。鉴于此，很多国内外科技人员通过直接参加会议和与科学家进行交谈、通信、交换手稿等方式获取最新的信息。

（9）文献向缩微化、磁性化、电子化方向发展

现代科学技术的发展促进了文献的快速发展，同时也给文献的管理和利用带来了很多新问题。为了解决这些问题，很多国家正在设法使文献向缩微化、磁性化和电子化方向发展。文献的缩微化是利用照相原理将文献进行缩微复制，这种文献体积小、成本低、存储容量大，能节约藏书空间，而且便于管理和利用，在当前印刷型文献价格猛涨、储藏空间紧张的情况下，是一种有发展前景的载体。目前很多国家已大量缩微出版成套的期刊、专利说明书、政府出版物、学位论文。同时，随着计算机、数据传输、数据存储技术的发展，这些技术的价格开始不断下降，电子化文献也在加快发展，电子期刊、电子书籍、电子词典和电子图书馆的发展方兴未艾，已成为当今文献发展的显著特征。

1.1.3　检索语言

本书主要对检索语言的概念及基本要素、检索语言作用及功能、检索语言构成及要求、对检索语言的评价及检索语言的种类五个方面进行简要介绍。

1.1.3.1　检索语言的概念及基本要素

（1）检索语言的概念

检索语言是各种信息组织、存储和检索时所使用的一种语言。无论是传统的手工检索系统，还是现代的计算机检索系统，都是通过一定的检索语言组织起来的，这种语言能为检索系统提供一种统一的、标准的用于信息检索的专用语言。也就是说，在存储过程中，信息资源的内部特征和外部特征按照一定的语言来表达，那么检索文献信息的提问也必须按照统一的语言来表达。为了使检索过程快速、准确，检索用户与检索系统需要统一的标志系统。这种在文献信息的存储与检索过程中共同使用、共同理解的统一标志就是检索语言。它是根据信息检索的需要而创造的人工语言，是经过规范化的人工语言。因使用的场合不同，检索语言也有不同的称谓。例如，在存储文献的过程中，用来标引文献时，称为标引语言；用来索引文献信息时，则称为索引语言；在检索文献过程中又称文献检索语言。

（2）检索语言的基本要素

其一，一套用于构词的专用字符。字符是检索语言的具体表现形式，它可以是经过规范化处理的自然语言，也可以是给予特定含义的一套数码、字母或代码。

其二，数量的基本词汇。基本词汇是指组成一部分类表或词表中的全部检索语言标识的总汇，如分类号码的集合就是分类语言的词汇。分类表、词表等也可以说是检索语言词典，是把自然语言转换成检索用语的工具。

其三，语法规则。任何一种检索语言表达的都是一系列概括文献信息内容的概念及其相互关系的概念标识系统，它们全部建立在概念逻辑的基础之上。概念逻辑的基本知识包括以下几点：

➢ **概念的内涵与外延**。内涵是概念所指事物的本质属性，外延是它所指的一切事物，即概念的使用范围。

➢ **内涵与外延成反比**。内涵越浅，本质属性越少，外延越宽；反之，内涵越深，本质属性越多，外延越窄。

➢ **相容关系与不相容关系**。相容关系有同一关系、属性关系、交叉关系、整体与部分关系、全面与某一方面关系；不相容关系有并列关系、矛盾关系、对立关系。

检索语言在表达各种概念及其相互关系上普遍应用了上述概念逻辑，并且能有效地利用概念的划分与概括、要领的分析与综合两种逻辑方法来建立自己的结构体系。

1.1.3.2　检索语言的作用及功能

（1）检索语言的作用

检索语言的作用是标引文献内容、数据和其他信息，把信息的内容特征及其外表特征简明而有效地揭示出来，是连接标引人员和检索者思想的桥梁，是标引人员和检索者之间共同遵循的标准语言。具体而言，检索语言所起的作用包括：

其一，保证不同的信息标引人员描述信息特征的一致性。信息标引人员由于各自的学历、专业、经历、理解、思维方式的不同，在描述同一事物时，会产生不一致性，专用的检索语言力求最大限度地避免这种不一致性的产生。

其二，保证检索提问词与信息标引的一致性。检索者和标引人员对同一事物的理解是不一致的，检索语言能在检索者和标引人员之间架起桥梁，从而保证检索提问词与信息标引的一致性。

其三，保证检索者在按不同的信息需求检索信息时能够得到较高的查全率和查准率。检索者的信息需求类型是多种多样的，获得信息的途径也是多方面的，检索语言力求将信息检索中的漏检和误检现象控制在最低限度。

（2）检索语言的功能

文献检索语言的功能与普通语言的功能是相同的，都是用于交流。两者的区别在于，前者应用范围较窄、较专业。检索语言专用于文献或信息的存储和检索过程中、标引人员和检索者之间以及人与计算机之间。具体而言，检索语言的功能包括：描述与表达功能，即描述文献或信息的特征、表达检索的需求；组织与系统功能，即把文献或信息组织成便于检索与利用的有序系统；控制与管理功能，即对检索词进行规范化的控制与管理。

1.1.3.3　检索语言的构成及要求

（1）检索语言的构成

检索语言由检索语言词汇和检索语言语法构成。

检索语言词汇是指收录在分类表、词表中的全部标识。一个标识（分类号、检索词、代码）就是它的一个语词，而在分类表、词表中则是它的有序组合。

检索语言语法是指如何创造和运用这些标识（单个标识或几个标识的组合）来正确表达文献内容和情报需要，以有效地实现文献检索的一整套规则。它又分为词法（主要用于分类表、词表、代码表的编制过程）、句法（主要用于文献标引和情报检索过程）。

（2）检索语言的要求

检索语言是在检索过程中专用的人工创造的书面语言，而不是人们普遍使用的普通语言。因此，它除具备普通语言的特点外，还要符合以下基本要求：

其一，接近自然语言，并由有利于检索者理解和掌握的词汇、词法和句法组成。检索语言是专供检索者查找文献使用的，但检索者不可能都经过专门训练，这就要求检索语言来自自然语言。

其二，便于计算机识别处理。计算机只能读出和比较各种代码，告诉检索者比较的结果是否匹配，而不可能找出检索语言中的语意含糊、语义含混和逻辑错误。所以，检索语言的要求比自然语言更严格。

其三，能够适应计算机程序的分析能力。现在越来越多的索引是由计算机编制的，计算机编制的索引程序的分析能力有限，虽然能够从文本中抽取合适的语词或句子，形成检索词和摘要，但不能创造和修改句子。因此，设计检索语言要与计算机程序的分析能力联系起来加以考虑。

其四，充分考虑索引的经济效益。网罗性和专指性是检索语言的重要特性，但是，过分强调网罗性和专指性，就可能降低检索速度和提高编制成本，就可能要以牺牲检索速度和编制成本为代价，因此，要在这两个方面进行权衡。

其五，能够及时更新。科学技术在不断发展，文献用语和提问用语也是动态变化的，与之相适应，检索语言应及时吸收新概念、新词汇，淘汰过时的概念和词汇。

其六，检索语言中的词语应以相应的文献和提问为保障。检索语言是供标引和检索使用的，它必须满足标引和检索的实际需求，因此，检索语言中的词语必须来自文献和提问。如果检索语言中的词语既不是文献使用的，也不是提问使用的，那么它则不适合作为检索语言。这恰恰就是检索语言与各学科领域的概念区别，也是其不同于自然语言的关键点。

1.1.3.4 对检索语言的评价

评价检索语言的质量和性能的标准包括：

（1）单义性

单义性是指词和概念必须是一一对应的关系，不允许存在一个词对应多个概念或一个概念对应多个词的现象。在标引和检索过程中，由于每个检索词都脱离了原来的上下文语言环境，所以，单义性非常重要，否则会造成混乱。

（2）专指性

专指性是指词揭示文献概念的专业程度，即词与文献主题概念的内涵和外延相吻合或相接近的程度。它是检索语言确定一个主题事物、区分不同主题事物以及在不同准确度上描述或表达一个主题事物的能力，也是衡量检索语言性能的主要指标之一。如果专指性不足，将检索出数量较多、内容过泛的文献，会降低检准率。为保证专指性，检索词表应具备一定规模，达到一定的网罗度。利用检索语言的专指性，可进行特性检索和缩检。

（3）泛指性

泛指性是指词概括文献主题或同类事物的能力，也称概括性。利用检索语言的泛指性，可以进行族类检索和扩检。

（4）组配件性

组配件性是指词与词之间相结合表达新概念或复杂概念的能力。检索语言的组配件性可以适应各种检索要求（如特性检索、缩检和扩检），可以适应学科专业领域的发展变化，还可以适应计算机检索设备的特点。检索词表中的词应当具有适当的先组性，即有一定数量的复合件。

（5）关联性

关联性是指把具有各种关系的词联系起来、全面准确提示各种逻辑关系的能力。词与词之间的逻辑关系可以概括成等同关系、等级关系和相关关系。

（6）兼容性

兼容性是指与其他检索语言互换、互通的能力，如双语种检索语言和多语种检索语言等。

（7）简洁性

一方面，语词（包括分类号）的长短要适当，达到最小冗余；另一方面，语义关系的展示和语法使用的规则要简单易懂，便于掌握和处理。

（8）经济性

经济性包括以下几个方面：选定合适的标引词描述文献主题内容时所付出的时间代价；选定合适的检索词表达检索提问时所付出的时间代价；规范表的编制和维护的费用；改正标引误差所需要的费用；规范表使用的培训费用。

实际上，检索语言在一定意义上是一种存储语言，因为这种语言是由存储者创造的。检索者有必要掌握检索语言。

1.1.3.5 检索语言的种类

检索语言的种类如图 1-2 所示。

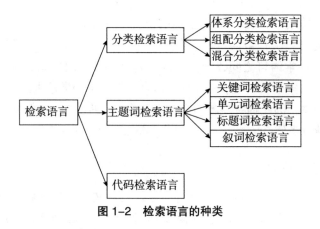

图1-2 检索语言的种类

（1）分类检索语言

按构成原理，分类检索语言可分为体系分类检索语言、组配分类检索语言和混合分类检索语言三大类。目前，文献检索使用最广泛的是体系分类检索语言。

其一，体系分类检索语言。体系分类检索语言也称体系分类法，是一种直接体现学科知识分类的等级制概念的标志系统，是通过对概括性文献信息内容特征进行分类的检索语言。

体系分类检索语言广泛用于图书、资料的分类和检索，它是图书情报界使用最普遍的一种检索语言，它的具体表现形式就是图书分类检索语言。世界比较著名的分类检索语言有《国际专利分类表》（IPC）、《杜威十进分类法》（DDC），我国目前比较流行的有《中国图书馆分类法》（以下简称《中图法》）。《中图法》始编于1971年，先后出版了五版，是我国图书馆和情报单位普遍使用的一部综合性的分类检索语言；《中图法》是在科学分类的基础上，结合图书的特性编制的分类检索语言。它采用汉语拼音字母与阿拉伯数字相结合的混合号码，用一个字母代表一个大类，以字母顺序反映大类的次序，在字母后用数字作标记。《中图法》主要供大型图书馆图书分类使用。体系分类语言是运用概念划分的方法，按知识门类的逻辑次序，从总到分、从一般到具体、从简单到复杂，进行层层划分，从而产生许多不同级别的类目，层层隶属，形成一个严格按照学科门类划分和排列的等级制体系。

其二，组配分类检索语言。组配分类检索语言也称组配分类法，是为了适应现代信息资源标引和检索的需要发展起来的分类检索语言类型。它运用概念分析和综合的原理，设置若干标准单元的类表，使用时先分析标引对象的主题，根据主题分析的结果，表示该项主题在分析体系中的次序。

其三，混合分类检索语言。混合分类检索语言也称混合分类法，它是介于上述两种分类检索语言之间，既应用概念划分，又应用概念分析和综合的原理而编制的分类检索语言。混合分类检索语言是将体系分类检索语言和组配分类检索语言融为一体，因此拥有二者的优点。目前，一些比较大的网站如新浪、网易等都采用这种分类体系。

（2）主题词检索语言

主题词检索语言也称主题词语言，是以表达文献信息主题内容特征的主题词汇概念为基础，将概念标志按字顺排列组织起来，经规范化处理形成的一种检索语言。国内外几乎所有的检索系统都提供主题词检索途径。根据词语的选词原则、组配方式、规范方法的不同，主题词检索语言又分为关键词检索语言、单元词检索语言、标题词检索语言、叙词检索语言等。

其一，关键词检索语言。关键词检索语言是指从文献信息的题名、摘要或正文中抽取出来能揭示信息内容特征的自由词。除某些自由词（如冠词、连词、副词、介词等）外，几乎任何具有实际意义的信息单元都能成为关键词。关键词语言是自然语言，用作检索词时，查准率较高；并且关键词不受词表控制，适合计算机自动编制各种类型的关键词索引。

其二，单元词检索语言。单元词检索语言是一种基本的、不能再分的单位词，是从文献信息内容特征中抽取出来，经过规范化只表述唯一独立概念的检索语言。常用的单元词语言检索语言有《美国化学专利单元词索引》和《世界专利索引——规范化主题词表》等。

其三，标题词检索语言。标题词检索语言是用以标明查询文献信息主题概念的规范词。标题词又大多分为主标题词和副标题词。如果采用多级标题，那么副标题词还可细分为第三级标题、第四级标题。主标题词和副标题词在编制标题词表时已固定组配好，所以又属于先组式检索语言。典型的标题词检索语言是美国工程信息公司出版的《工程主题词表》。

其四，叙词检索语言。叙词检索语言是以表达文献主题内容的概念单元为基础，经过规范化处理，可以进行逻辑组配的一种主题词检索语言。它的基本性质是概念组配，概念组配是概念的分析和综合，而不是简单地依据字面意义进行组词和拆词。叙词检索语言是后组式检索语言，它有一套较完整的参照系统，能显示叙词之间的相互关系。常用的叙词语言检索语言有《汉语主题词表》和《工程索引叙词表》等。

（3）代码检索语言

代码检索语言是指对事物的某方面特征，用某种代码系统来表示和排列事物概念，从而提供检索的检索语言。例如，根据化合物的分子式这种代码语言，可以构成分子式索引系统，允许用户从分子式出发，检索相应的化合物及其相关的文献信息。

1.2　检索方式

检索方式是为实现检索目标所采用的具体操作方法和手段的总称。在检索过程中应根据检索系统的功能及检索者的实际需求，灵活运用各种检索方法，以达到满意的检索效果。常用的检索方式包括：

1.2.1　顺查法

顺查法是一种以检索课题的起始年代为起点，按时间顺序由远及近地查找文献的方法。它一般用于重大课题和各学科发展史以及新兴学科等方面研究课题的全面检索。用户在查找前需了解该课题的背景，通过有关的参考工具核实和深入了解该课题的实际内容和概貌，再选择比较适宜的工具书，从问题发生的年代查起，直到满意为止。其优点是，漏检情况较少，查全率和查准率较高；其缺点是，耗时费力，工作量大。

1.2.2　倒查法

倒查法与顺查法相反，是一种逆时间顺序由近及远地回溯性查找文献的方法，多用于新课题或老技术新发展的课题。近期的文献比较重要，查找的目的是获取近期发表的最新文献信息。其优点是，主动性强，先查近期文献，学科较成熟，情报量大，效率高又省时；其缺点是，不如顺查法全面，有用的文献信息可能存在漏检现象。

1.2.3　抽查法

抽查法是根据研究课题的特点和需要，根据实际情况而检索其中某个时期的文献信息的一种查找方法，多用于写作专题调查报告。其优点是，能用较少时间获取数量较多、质量较高的文献，提高检索效率；其缺点是，要求检索者必须熟悉学科发展历史，或者对该课题的学科发展前景有较多的了解和掌握。

1.2.4　追溯法

追溯法又称回溯法，是利用引文索引或综述、述评文献、专著等文后所附的参考书目信息查找相关文献并获取所需文献信息的检索方法。这种方法查找的信息时间越早越好，但不需要什么检索工具，具体的检索方法有两种：一种是利用原始文献新附的参考文献追溯检索，另一种是利用专门编制的引文索引进行追溯查找。其优点是，在没有检索工具或检索工具不齐全的情况下，也可以查得文献信息，直观方便。其缺点是，原文作者引用的参考文献数量有限，且有的引用文献与原文相关程度较小，参考价值不大。因此，查找文献比较费时，漏检和误检的可能性较大。

1.2.5　分段法

分段法是将常用工具法与追溯法交替使用的一种方法，也称循环法或交替法，既会利用工具书检索文献，又会利用文献后边的参考文献进行追溯，两种方法交替使用，直到满足需要为止。这种方法可根据文献和本单位工具书收藏的情况，分期分段交叉运用，既能获得一定时期内的文献，还可以节约查找时间。

1.3　手工检索工具

检索工具是人们用于存储、查找和报道各类信息的系统化文字描述工具，是目录、索引、指南等的统称。检索工具主要分为手工检索工具与信息检索工具，此处先围绕手工检索工具展开介绍。

1.3.1 分类

手工检索工具可以分为书目，字典、词典，百科全书，年鉴，手册，名录，表谱，图录，丛集汇要。

1.3.1.1 书目
书目即图书目录，是揭示与记录一批相关文献的工具书。它著录文献的基本特征，并按一定顺序编排而成，如《中国农学书目》《全国图书馆书目汇编》。

1.3.1.2 字典、词典
字典、词典是为字词提供音韵、意思解释、例句、用法等的工具书。在西方，没有字典的概念，它是中国独有的。字典以收字为主，也会收词。词典或辞典以收词为主，也会收字。为了适应社会发展需求，词典收词数量激增，产生了针对不同对象、不同行业及不同用途的词典。

1.3.1.3 百科全书
百科全书是概要记述人类某一知识门类或一切知识门类的工具书。不管是在规模还是在内容上，百科全书均比其他类型的工具书规模要大，内容要齐全。百科全书的主要作用是供人们查检必要的知识和事实资料，它几乎包容了各种工具书的成分，囊括了各方面的知识，这也体现了百科全书的完备性。

1.3.1.4 年鉴
年鉴的主要作用是向人们提供一年内全面、真实、系统的事实资料，以便人们了解事物的现状和发展趋势。它所收集的材料主要来源于当年的政府公报、国家重要报刊的报道和统计部门的数据。因此，年鉴具有重要的总结、统计意义，以及比较系统的连续参考作用。年鉴大体可分为综合性年鉴和专业性年鉴两大类，前者如百科年鉴、统计年鉴等，后者如经济年鉴、历史年鉴、文艺年鉴、出版年鉴等。

1.3.1.5 手册
手册是汇集某一方面经常需要查考的基本知识和数据资料，以供读者手头随时翻检的一种工具书。手册按编撰目的和内容范围，可分为综合性手册和专门性手册两类。综合性手册能为读者提供日常学习、生活的常识，专门性手册则能提供专业知识和资料。

1.3.1.6 名录

名录是汇集机构名、人名、地名等专名基本情况和资料的一种工具书。按收录的内容范围大体可分为机构名录、人名录和地名录三类。名录提供了有关机构、人物、地名的基本知识，能起到指引信息源的作用。

1.3.1.7 表谱

表谱包括年表、历表和其他专门性表谱，它们多采用表格或编年形式，是以反映各种不同的时间符号或事物的进展，来指示时间概念或谱列历史事实的一种辅助历史科学的工具书。表谱可用来查考历史年代，检查历史大事，换算不同历法年、月、日，以及查考人物生平与官职、地理沿革情况等。

1.3.1.8 图录

图录包括地图、历史图谱、文物图录、人物图录、艺术图录、科技图谱等。它们主要是用图像或附以简要的文字，来反映各种事物、文物、人物、艺术、自然博物及科技工艺等形象的图谱性工具书。各种类型的图录，对于历史研究、文艺工作、工艺制作及科学技术研究，都有重要的参考价值。

1.3.1.9 丛集汇要

丛集汇要包括丛书、总集、汇编、综述等，大多是纂辑型资料书，一般部头较大，取材广泛，内容丰富，资料性强。丛书，又称丛刻、丛刊、丛编、汇刻、合刻，是编辑者根据一定的目的，汇刻有关的著作并冠以总名的一种著作集。

1.3.2 排检方法

为了从浩如烟海的文献中查到所需文献的线索，检索出必要的知识信息，除了要熟悉常用的检索工具的特点和功能，掌握几种排检方法也是十分必要的。

1.3.2.1 字序排检法

字序排检法是把汉字按照一定的顺序排列的方法，也称检字法，适用于检字、检词。一些字典、索引及百科全书等多采用这种方法编排。字序排检法又分为以下三种：

（1）字形检字法

字形检字法是根据汉字的形体结构，找出它们在形体上的某些共同点来排检汉字的一种方法。这种方法又分为以下三种：

其一，部首法。部首检字法是根据汉字形体结构的特点，按形体相同部分归类、编排汉字的一种方法，其特点在于，它将形体复杂而又极不规则的汉字通过字形分析，归纳在几百个部首里，以便按部首查字，这符合汉字结构的特点。只是汉字在由繁体到简体的变化过程中，部首的位置也会随之变化；另外，有些汉字结构复杂，部首不好确定，这是其缺陷之处。

其二，笔画法。笔画法按汉字笔画数目的多少来排列次序，笔画少的字在前，多的在后；同笔画数的汉字，再按部首或起笔笔形分先后。笔画法的特点是原理简单，只要会数笔画就可以检字。中文工具书大多采用这种方法编排，即使有些工具书不是采用此方法编排的，但多附有笔画检字索引。这种检字法的缺点是：有些汉字的笔画数不易数准，而且新旧字形、印刷体和手写体、繁简体的笔画数也不相同；汉字数量多，同笔画数的字也多，这会给检字带来不便。因此，这种检字法很少单独使用，多与笔形法结合使用。

其三，笔形法。笔形法按照汉字起笔笔形或笔顺确定汉字的先后顺序。这种方法虽简单，但不经常使用。采用此法编排的工具书较少，此方法是用于辅助排检的方法，常与部首法、笔画法结合使用。

（2）音序检字法

音序检字法是按照汉字的字音以一定顺序排列汉字的方法，主要包括以下几种：

其一，汉语拼音字母法。汉语拼音字母法是按照汉语拼音字母表顺序排列汉字的方法，是目前比较科学的一种检字法。汉语拼音字母 26 个，其中 V 一般不用，只用于拼写外来语、少数民族语言和方言。采用此方法排列时先按字音的第一个字母排，第一个字母相同再按第二个字母排，以此类推；如果读音相同，再按声调排；如果读音完全相同，再辅以字形检字法的某一种来排列。这种方法的优点是：会说普通话的人易掌握，检索速度快、准确率高；不受繁简字体的影响；符合国际上按拼音排检的习惯。但汉字不是拼音文字，加之我国方言复杂，如果检索者读不出正确的字音就难以检索。

其二，注音字母法、韵部法。这两种方法都是我国古代或在汉语拼音公布以前所采用的给汉字注音的方法，多用于文史工具书的排检，使用起来不是很方便。

（3）号码检字法

号码检字法是把汉字的各种笔形用数字来表示，再按数字顺序排列汉字的方法。这种方法主要包括两种，这里主要介绍四角号码法。四角号码法就是用数码表示一个方块汉字的四个角的笔形，以编排汉字先后顺序的检字法。这种方法由来已久，经过改进，有新旧两种取号法。它将汉字的笔形归纳为 10 种类型，用 0~9 十个数字表示，然后按每个角的笔形取号，顺序是左上、右上、左下、右下。

1.3.2.2 分类排检法

分类排检法是把知识单元或文献按照内容性质或学科体系归类排列的方法，这种方法又分为以下两种：

（1）学科体系分类法

前文标识系统中本书介绍了"分类标识系统"，而在检索工具的索引中又介绍了"分类索引"，查找时需要先弄清工具书所使用的分类法及体系结构。

（2）事物性质分类法

按事物的性质归类能集中性质相同或相近的资料，便于查找。由于事物本身的特点和编辑者主观认识的差异，按性质分类的方法也非常难以掌握。

1.3.2.3 主题排检法

主题只能集中文献，不能排列文献，需配合检字法来排检文献。因此，学会检字法后再配合使用主题索引就比较方便。

1.3.2.4 时序排检法

此方法是按事物、事件发生发展的时间顺序排检文献的。这种方法多用于年表、历表、表谱等工具书的编制上，如《中国历史年表》等。

1.3.2.5 地序排检法

此方法是按一定行政区域顺序排检文献的。采用这种方法编排的工具书，主要有地图、地方文献等，如《中国历史地图集》等。

1.4　信息检索工具

信息检索主要包括文献的存储和检索两个过程。存储过程是根据系统的性质，对收集到的原始文献进行主题分析、标引和著录，并按一定格式输入计算机存储起来，计算机在程序指令的控制下对数据进行处理，形成机读数据库记录和文献特征标识，然后存储在存储介质（如磁盘或光盘）上，建立数据库的过程。检索过程是用户对检索课题加以分析，明确需要检索的主题概念，然后用信息检索语言来表示主题概念，形成检索标识及检索策略，再输入计算机进行检索；计算机按照用户的要求将检索策略转换成一系列的提问，在专门程序的控制下进行高速运算，把检索标识与系统中的文献基本特征的标识进行匹配比较，选出符合要求的信息并输出的过程。

1.4.1　信息检索工具分类

信息检索工具主要包括网络数据库检索系统与互联网信息检索。

1.4.1.1　网络数据库检索系统

网络数据库检索系统是指用户利用计算机等终端设备，通过互联网，从网络上的信息检索系统中查找出所需文献信息的计算机检索系统。自 20 世纪 70 年代网络数据库检索系统投入商业运营以来，检索技术经过相当一段时间的发展后，已经较为系统和完善了。网络数据库检索系统主要以提供有价值的科学文献信息为主，它已成为科学研究人员为获取文献信息使用的最广泛的信息检索方式。

网络数据库检索系统的结构可分为物理结构和逻辑功能，从物理结构来看，主要包括主机系统、通信系统和终端设备。

（1）网络数据库检索系统按逻辑功能划分的功能模块

其一，信息源选择与采集子系统。其作用是根据检索系统的经营策略和服务对象，持续不断地采集各种信息源。数据库类型的差异会造成采集的信息源不同。一般来说，信息源主要来源于有价值的公开出版的文献。

其二，标引子系统。其作用是分析文献的内容特征信息和外部特征信息，按照一定的规则和程序对文献进行标识，作为存储和检索的依据。

其三，建库子系统。其功能主要是建立和维护能直接应用于信息检索的数据库，包括数据的输入、错误检查和处理、格式转化等。

其四，词表管理系统。其功能主要是管理维护系统中已有的主题词表，控制标引用词和检索用词的一致性，提高检索的命中率。

其五，用户接口子系统。其功能主要是负责系统和用户之间的交流，理解用户信息，识别相关的信息输入设备。

其六，检索处理子系统。其主要作用是对用户的检索指令进行处理，并对用户的检索结果进行返回。

（2）网络数据库检索系统的优点

其一，信息资源丰富且质量较高。网络数据库检索系统的提供商不仅能提供信息检索服务，同时也是数据库的生产者，所提供的一般是各学科领域的权威数据和文献信息。尤其是一些大型网络数据库信息服务提供商常常能够提供基本包括了全球出版的权威信息数据，因此信息资源非常丰富，质量可靠，而且数据经过严格的挑选、加工处理和组织。

其二，检索速度快、效率高。随着计算机相关领域技术的快速发展，以及分布式计算和数据库技术进一步的深入研究，网络数据库检索系统的检索速度和效率都有了大幅提高。普通的检索课题均可在几分钟内完成检索课程，且能在正确的检索策略下保证查全率和查准率。

其三，检索信息不受时空限制，检索系统提供全天候服务，用户可以随时随地获取所需的信息。

其四，信息动态性高。随着竞争的加剧，一些大型网络数据库检索系统加快了内容更新的速度。不同信息的内容，更新速度会有所差异。新闻信息类的内容已经普遍做到了日更新，期刊文献的内容则做到了周更新、月更新。虽然网络数据库检索系统具有众多优点，但其使用费用相对较高，且用户在使用不同系统之前，需要熟悉系统的检索功能和语言规则以及其他服务功能。

1.4.1.2　互联网信息检索

通过检索工具在互联网上搜集信息资源的检索方式被称为互联网信息检索。其检索对象主要是存在于互联网信息空间上的各种类型的数字资源。

（1）信息检索角度的特点

互联网信息资源以数字化的形态存在，借助通信网络互联的方式来传递，它与传统的信息媒体和交流渠道相比有很大不同，了解互联网信息资源的特点对用户使用互联网信息资源有很大帮助。从信息检索的角度讲，互联网信息资源具有以下特点：

其一，资源非常丰富。互联网是一个开放的全球性信息网络，由于各种机构和个人都可以在网上发布信息，因此具有信息资源极其丰富、分布广、多语种和高度共享等特点。互联网信息资源涵盖人类社会的各个领域，种类繁多，几乎无所不包。

其二，信息格式多样。信息资源通过超衔接技术进行组织，而且集成多种媒体格式。信息资源不仅包括常见的文本信息，而且涵盖图形、图像、声音、动画和视频信息等多种多媒体格式。

其三，分布式、跨平台。互联网信息资源以分布式数据库的形式存放在不同国家、地区的各种服务器上。各种信息数据库基于的系统、平台不同，形成分布式、跨平台的特点。

其四，非线性。利用超文本衔接，按知识单元及其关系建立起知识的立体网络结构，完全打破了传统的知识线性组织结构的局限，通过各个知识节点把整个互联网上的相关知识衔接起来。

其五，信息发布与使用成本低。互联网信息发布所具有的公开性和自由性决定了互联网信息的使用是低成本的，而且是非常容易的。绝大部分的互联网信息资源可以免费使用，低费用的互联网信息资源有效地刺激了用户的需求，从信息需求的角度来看也有助于互联网信息资源有效合理地配置。

其六，信息传播扩散速度快。互联网可以在第一时间发布和传播新闻消息。数字信息的可复制性，使互联网信息的扩散速度呈爆炸性增长。

其七，信息共享程度高。由于信息存储形式及数据结构具有通用性、开放性和标准化的特点，在网络环境下，时空能得到最大限度的延伸和扩展。互联网信息资源的一大特点是相同种类的信息可以迅速和准确地提供给用户。

其八，信息无序与有序并存。互联网上的信息没有统一的控制规范，信息质量参差不齐，从宏观上看，网上的信息是分散的、无序和不规范的；而从局部来说，比如某个网站、网页或数据库，信息却是有控制的，相对集中、有序和规范化的。

（2）网络资源目录的特点

网络资源目录的特点主要包括：

其一，收集的资源质量较高，这些资源经过信息分类专家的评估、组织和整理后，集中了网络中的大部分优秀资源站点。

其二，用户在检索过程中的检索方法及技巧难度低，要求也低，用户较为容易使用。如若缺少检索目标，用户也可直接浏览查询资源目录，轻松搜索到用户所需资源。

其三，内容数据库的相对规模较小，收录范围可能不够全面，检索到的信息数量有限。另外，由于数据库的维护需要手工完成，随着时间的推移，可能无法及时更新某些已失效的网址。

（3）互联网信息检索方式

面对浩如烟海的网络信息，用户一般可通过以下几种方式来检索互联网信息。

其一，浏览（Browsing），最简单的互联网信息检索方式是直接输入网站（网页）的 URL 地址去访问网页信息。浏览信息的方式适合那些没有准确而强烈的信息需求目标的上网用户。

其二，网络资源目录（Web Directory），网络资源目录是网站为了更好地管理互联网上内容丰富的信息而开发的综合性的资源分类目录系统。网络资源目录的检索方式是指开发者将网络资源收集后，以某种分类法对资源进行组织和整理，并和搜索功能集成在一起的信息查询方式。大多数综合性的网络资源目录包括以下典型的一级类目：新闻、财经、教育、体育、社会、娱乐和互联网等。

其三，搜索引擎（Search Engine）。搜索引擎已成为现代人们获取信息的最主要途径。搜索引擎的主要优点是使用非常方便，用户进入门槛低，使用效果也好。在一些搜索引擎网站上，用户在检索框内输入关键词、词组甚至句子实施检索，搜索引擎在系统的数据库中进行检索后，将检索结果提供给用户。使用搜索引擎进行检索的优点在于，使用起来简单直观，查找信息非常迅速，信息的查全率比较高，能够及时反馈最新信息。但搜索引擎检索结果的范围较大，检索准确性需要逐步提高，目前能满足一般用户的检索需求。

其四，大数据信息检索。大数据的发展提高了相关检索浏览器的数据挖掘技术，这使搜狗、百度等检索工具的使用门槛变得更低了。此外，微信、微博、抖音等社交工具层出不穷，人们获取信息的渠道越发纷繁复杂，信息获取量呈井喷态势。所以，在大数据时代，信息检索的对象范围很难界定，处理的内容复杂多样。除了期刊文献、会议文献、科技报告、标准文献等专业数据库信息资源，在某一研究领域的其他相关信息资源都应纳入检索对象的范围内，大数据引发了信息检索思维模式的变革。

随着搜索引擎技术的不断发展，网络资源目录和搜索引擎之间的界限越来越小，绝大多数主流的网络检索工具可同时提供搜索引擎的检索功能和资源的分类主题目录。

1.4.2　检索系统选择

计算机信息检索具有飞快的检索速度、高效的检索效率、广泛的检索范围、新颖的检索内容、大量的检索数据、简单的操作方法和较小的限制空间等优点。计算机信息检索的这些优点克服了传统手工检索的缺陷，从而形成了目前信息检索以计算机信息检索为主、以手工检索为辅的局面。

计算机信息检索存在多种检索形式，用户在利用计算机进行检索之前，要先知道各种检索系统的特点，结合自身的信息需求，确定合适的计算机信息检索系统。

1.4.2.1　信息内容范围

不同的检索系统提供的数据资源各有偏向，用户如果是检索一些专业性很强的科学文献信息，则应该选择网络数据库检索系统。例如，美国《化学文摘》（CA）是世界上应用最广泛的检索化学、化工及相关学科文献的重要工具，是世界上三大化学文摘之一。它收录了世界上约 150 个国家的千余种期刊，近 30 个国家和 2 个国际组织的专利文献，以及大量的专利、科技期刊、学位论文、技术报告、会议文章以及图书专著等。

1.4.2.2　检索性能和功能

网络数据库检索系统经过二十余年的高速发展，其检索功能已非常强大，但会受限于互联网的网络速度。目前，广泛使用的在局域网内建立网络数据库镜像站的检索方式，克服了网速限制的缺点。

互联网信息检索的功能不如网络数据库检索系统，其原因在于互联网信息检索主要基于搜索引擎，而搜索引擎基本上免费提供给用户使用，又加上数据信息过于庞大，数据的标引精确度不是很高，故而查准率不如网络数据库检索系统。

1.4.2.3　检索系统的易用性

不同的用户对计算机信息检索的使用也有所不同。普通用户面对功能强大的网络数据库检索系统，需要一段时间的学习和使用，方能灵活掌握。互联网信息检索相对容易使用，用户只需使用搜索引擎，就可方便快速地找到所需信息。

1.4.2.4　检索费用

不同检索系统的收费方式有较大差别，甚至同一种检索系统的收费方式也有差别。互联网信息检索的费用较低，用户只需要缴纳通信费用，即可使用搜索引擎提供的免费信息检索服务。然而，网络数据库检索系统的使用费用相对较高，除了通信费用，还要支付检索费用。大部分数据库提供商每年会向用户收取固定费用，用户可以无限次地使用数据信息。

1.4.3　检索方法

计算机信息检索过程实质上是检索提问标识与检索系统中的特征标识匹配的过程。但计算机的匹配与人脑的判断不同，在检索中必须使用一些控制方法，才能让计算机完成更复杂的检索。常用的方法有布尔检索、截词检索和限制检索等。

1.4.3.1　布尔检索

布尔检索的基本运算形式有三种：第一种是逻辑"与"，表示为 A and B 或 A*B，逻辑"与"含义是指在检出的文献记录中，必须同时含有所有的检索词。通过逻辑"与"操作可以缩小检索范围，增强检索的专指性，提高查准率。例如，若检索表达式为"管理 and 质量"，检索途径为主题词，则检索结果的主题词必须同时包含"管理"和"质量"。第二种是逻辑"或"，表示为 A or B 或 A+B，逻辑"或"含义是指在检出的纪录中，至少含有多个检索词中的任意一个。通过逻辑"或"操作可以扩大检索范围，增加命中文献量，减少漏检。例如，若检索表达式为"管理 or 质量"，检索途径为主题词，则检索结果的主题词包含"管理"或"质量"或者两者都包含的记录都会被作为结果输出。第三种是逻辑"非"，表示为 A not

B 或 A–B，逻辑"非"含义是指在检出的记录中含有运算符前面的检索词，但同时又不能含有其后的词。通过逻辑"非"操作可以缩小检索范围，减少文献输出量，但不一定能减少误检。例如，若检索表达式为"管理 not 质量"，检索途径为主题词，则检索结果的主题词只输出包含"管理"的文献而排除掉包含"质量"的记录。

1.4.3.2　截词检索

这是指在检索词的适当位置截段。所谓截词检索，就是一种提高查全率，防止漏检的检索技术，尤其在英文检索中被广泛使用。截词检索有多种不同的方式。按截断位置不同，通常分为后截断、前截断、中间截断、前后截断四种类型。

（1）后截断

后截断是将截词符号放置在检索词的末尾，即截去词的结尾部分，是前方一致检索，如 Comput* 可检索到 Computer、Computers、Computing 等。目前使用最多的是后截断方式，前截断、中间截断和前后截断只在极少数数据库中使用。

（2）前截断

前截断是将截词符号放置在检索词的前方，即截去词的前面部分，是后方一致检索，如 *Computer 可检索到 Minicomputer、Microcomputer 等。

（3）中间截断

中间截断是将截词符号放置在检索词的中间，即截去词的中间部分，是前后方一致检索，如 ?Comput? 可检索到 Foot、Feet 等。

（4）前后截断

前后截断是将截词符号放置在检索词的两边，即截去词的前后部分，是中间一致检索，如 ?Comput? 可检索到 Minicomputer、Microcomputers 等。

按截断的字符数来划分，截词符号有两种：有限截断和无限截断。有限截断说明具体截去字符的数量，无限截断则不说明具体截去多少个字符。在数据库中，经常将有限截断符称为通配符（Wildcard），而将无限截断符称为截词符（Truncation）。

各个检索系统对通配符和截词符有不同的规定，没有统一标准。常用的通配符有"？""#"等，常用的截词符有"*""$"等。有的检索系统中，通配符和截词符可以配合数字使用，用来规定截去字符的数量。

1.4.3.3 限制检索

在检索中，经常需要缩小或约束检索结果，以获得更准确的结果。在计算机检索系统中，有很多限制检索的方法，常用的有位置检索、字段检索和词组检索等。

位置检索又称邻接检索，在外文文献及文献记录中，词语之间的位置和相对次序不同，所表达的意思可能相去甚远，在两个检索词之间使用位置算符，可以限定检索词之间的间隔距离或检索词以指定的顺序出现，因而可以使结果更准确。

下面以 DIALOG 系统为例，介绍典型的位置算符。

（1）with：用（W）或者（）来表示

由（W）或者（）连接的两个检索词，在记录中的先后位置不能颠倒，并且彼此临近，其间不允许插入其他词或代码（可允许存在空格、连字符和标点符号）。检索专有名词和词组时必须使用该算符，并严格控制词的位置进行精确检索。

（2）n Word：用（nW）来表示

（nW）表示在此算符前后的检索词之间最多可插入 n 个词或代码（n=1~9），但两检索词前后顺序不得颠倒。

（3）Near：用（N）来表示

由（N）连接的检索词在记录中无须保持先后顺序，但必须彼此临近，中间不允许插入其他词或代码（可允许存在空格、连字符和标点符号）。

（4）n Near：用（nN）来表示

（nN）表示由它连接的检索词顺序可以颠倒，并且两个检索项之间最多可以插入 n 个检索词或代码。

（5）Link：用（L）来表示

（L）表示其连接的两个检索词之间有一定的从属关系，后者修饰、限定前者，两者为主从关系。比如，主题词表中的主标题词和副标题词就具有从属关系。如果用户在检索系统中同时用主、副标题词构成检索项时，就需要用（L）将二者连接。

（6）Subfield：用(S)来表示

（S)算符要求两个检索词都出现在同一子字段当中（文摘字段中一个句子就是一个子字段），词序不限。

（7）Field：用(F)来表示

（F)算符要求被连接的两个检索词都出现在同一子字段中，词序不限。

字段是计算机记录中用以记录某项特定信息的区间。字段检索是指把检索词限定在某个或某些字段范围内进行检索，只有在记录的相应字段内包含了检索词的才是命中记录。词组检索又称短语检索，是指把一个词组或短语当作一个独立的运算单元，在检索时进行严格匹配。

1.4.4 检索步骤

计算机信息检索的一般步骤可分为：分析所要检索的课题、选择与课题相关的数据库、确定检索所涉及的检索词、编写检索提问式和分析检索结果。

面对一个课题，要粗略分析检索课题，确定所需文献的时间或类别等大致范围，甚至可以根据需要列出感兴趣的单位、著者等信息，并预测可能检索到的结果。

1.4.4.1 检索要求

由于文献信息的数据库种类繁多，覆盖的专业学科内容差别较大，文献的出版类型也不同，文献的收录时间和检索方法也有所差异，故而正确选用合适的数据库是非常关键的步骤。检索者应先弄清楚课题的检索要求，然后从以下几个方面确定数据库：①学科范围，任何一个数据库在收录文献信息时总有一定的学科范围，要有针对性；②文献范围，数据库出版商常常以某一类型文献编制数据库，如标准、专利等；③国家和语种，对所需文献信息从国家和语种方面加以选择确定。

确定检索词时要考虑满足两个要求：首先是课题检索要求，其次是数据库输入要求。在数据库中，文献的记录都是以字段形式存在的，所以在确定检索词时，要了解各数据库中可供检索的字段。一般来说,关键词或自由词字段检索，对检索词没有什么特别要求，但误检率较高；主题词字段检索，所用检索词是规范化词语，误检率较低，但检索时主题词确定较难，需要较好地掌握主题词表，理解检索要求，以达到检索提问标识与文献特征标识相吻合。由于词表规模的限制、新技术词汇的出现以及信息需求的变化发展，必要时可同时用自由词进行检索。为减少漏检，应尽可能多地使用同义词，也可采用多个字段同时进行检索。

1.4.4.2 检索提问式步骤

在信息检索中，用户检索提问所用的逻辑表达式，被称作检索提问式。一般来说，一个课题需用多个检索词表达，并且需要将这些检索词组合成一定的逻辑关系，以完整表达某个检索要求。在编写检索提问式时，其基本要求是准确、合理地运用逻辑运算的方法。对于一些复杂的检索课题，有时还需事先制定好检索策略，合理制定检索词输入顺序与逻辑关系。下面以使用关键词为例，简单介绍编写检索提问式的几个步骤：

（1）切分

切分是指对课题所包含的检索词进行最小单元的分割。例如，课题"高亚音速飞机的飞行控制"，进行词的最小单元切割后变为"高亚音速飞机"和"飞行控制"两个词。注意：有些词若拆分后会失去原本意思，则不要拆分。如"北京大学"就不要拆分为"北京"和"大学"。例子中的"高亚音速飞机"也属于这种情况。

（2）删除

对于一些过分宽泛词和没有实质意义的连词、虚词，应该予以删除。例如，"高亚音速飞机的飞行控制"中的"的"、"流体动力学进展"中的"进展"等都不适合作为检索词。

（3）替换

对于表达不清晰或者容易造成检索误差的词予以替换。例如，"绿色包装"中的"绿色"可以替换为"可降解""环保"等表达明确、不容易和其他概念相混淆的词。

（4）补充

这一步是将课题筛选出的词进行同义词、近义词、相关词的补充。将这些词加入检索，可以减少检索过程中的漏检情况，如计算机、微机、电脑、PC等。英文数据中的这类情况就更常见了，可以使用各种算符进行补充。补充的检索词有两种类型：一类是规范词，这些词需要查询专门的叙词表，从叙词表中选取；另一类是自由词，这类词可以通过查看其他相关论文的表达形式或查询索引来获得。

（5）组合

将课题分解成检索词后，把检索词用逻辑算符连接组合成检索式。例如：

中文检索式：（飞机＋飞行器）＊飞行控制。

英文检索式：（Plane or Airplane or Aeroplane or Flying Machine）and（Flight Control）

组合过程中要注意以下几点：把专指性强的主要检索词放在最前面，并且限制在基本索引字段里，这样可以缩短计算机处理的时间，使那些不重要的检索词出现在任意字段都能正确使用布尔逻辑算符、截词算符、位置算符等检索技术。例如，同义词间用"或"（or）连接；优先运算符的部分用"（ ）"括起来；英文检索时应正确使用截词符或通配符；各种检索系统使用的位置算符多少及格式不同，要区别对待；检索式要简单不应复杂。

当检索式被输入计算机后，数据库将根据输入的检索标识检索出相应的文献。一般数据库会提供多种方式来显示结果，应先选择合适的显示方式，了解所需检索文献的内容，对文献内容的准确性进行审定，然后对有效检索结果进行打印或存盘，最后退出检索系统即可。

1.5 检索程序

检索程序主要分为以下四步：

1.5.1 分析研究课题，明确检索目的、要求、时间、范围

在进行课题检索前，必须先对课题进行认真、细致的分析，明确检索目的与要求，以便顺利进行检索工作并获得较好的检索效果，具体可从以下几个方面着手：

一是分析主题内容，通过主题分析，确定检索的主题，以便确定检索途径。

二是分析课题所涉及的内容及学科范围，以便确定有关检索标识（分类号）

并选择合适的检索工具或检索文档。

三是分析课题所需信息的类型，包括文献媒体、出版类型、所需文献量、年代范围、涉及语种、有关著者、机构等。

四是确定课题对查新、查准和查全的指标要求。若要了解某学科、理论、课题、工艺过程等最新进展和动态，则要检索最近的文献信息，强调"新"字；若要解决研究中某具体问题，找出技术方案，则要检索有针对性、能解决实际问题的文献信息，强调"准"字；若要撰写综述、述评或专著等，要了解课题、事件的前因后果、历史和发展，则要检索详尽、全面、系统的文献信息，强调"全"字。

1.5.2　确定检索策略

1.5.2.1　选择检索工具或检索系统

选择恰当的检索工具，要根据检索题目的内容、性质来确定，主要从以下几个方面来考虑：

一是从内容上考虑检索工具报道文献的学科专业范围。可利用三次文献如《国外工具书指南》《工具书指南》《数据库目录》等来了解各检索工具（二次文献）的特点、所报道学科的专业范围、所包括的语种及其所收录的文献类型等。因此，在选择检索工具时，应以专业性检索工具为主，以综合性检索工具作为配合、补充。

二是在技术和手段上，由于计算机检索系统适应多点、多属性检索，检索精度高，应首选机检工具，而且应选择合适的文档（数据库）。目前，许多检索系统如DIALOG、OCLC等都提供从学科范畴选择检索工具的功能。

如果只有手工检索工具，则应选择专业对口，文种熟悉、收录文献齐全，索引体系完善、报道及时，揭示文献信息准确，有一定深度的手工检索工具；如果一种检索工具同时具有机读数据库和印刷型文献两种形式，则应以检索数据库为主，这样不仅可以提高检索效率，而且还可以提高查准率和查全率。

三是为了避免检索工具在编辑出版过程中的滞后性，必要时应补充查找若干主要相关期刊的现刊，以防漏检。

1.5.2.2　确定检索途径或检索点

检索工具确定后，需要确定检索途径。一般的检索工具根据文献的内容特征和外部特征提供了多种检索途径。各种检索途径都有各自的特点和长处，选用何种检索途径，应根据课题的要求及所包含的检索标识，以及检索系统所提供的检索途径来确定。所谓检索途径，是指从某个角度或某个方向进行文献检索。由于各个检索工具揭示的角度不同，也就形成了不同的检索途径。检索文献信息的途径很多，概括起来有五种：

（1）题名检索途径

这是根据文献的名称进行文献检索的一种途径。检索工具中的"图书书名目录或索引""期刊刊名目录或索引""篇名目录或索引"等，它们都是按照一定方式组织起来的，它们把文献的书名、刊名、篇名等作为文献存储的标识和检索的出发点。属于题名检索途径的有书名目录、刊名索引、简名索引、标题名称索引、数据库名称索引等，这些可统称为题名索引。题名索引主要在计算机检索系统中应用较多。这种途径在查找图书初期刊物时较为常用，但由于文献篇名较长，检索者难以记忆，再加上按名称字顺编排，易造成相同内容文献过于分散的现象。

（2）著（译）者途径

著（译）者途径是指根据已知文献著者来查找文献的途径，它依据的是著者索引。著者索引采用文献上署名的著者、译者、编者的姓名或团体名称作为查找的依据。检索工具如"著者索引"和"机构索引"，这类索引均按著者姓名字顺排列，由于编辑简单、出版快速、内容集中、使用方便，国外许多检索工具都有这种索引。因为从事科研的个人或团体都各有专长，因而在同一著者的名下，往往集中了一批内容有内在联系的论文，在一定程度上能集中同类文献。当检索者已知某著者所研究的课题与自己的研究内容相关，希望了解此著者过去或最近有何文献发表时，从著者途径查找最方便，既快速又准确。但著者途径不能满足全面检索某一课题文献的需求，只能作为一种辅助途径使用。

（3）分类途径

分类途径是按照文献资料所属学科（专业）类别进行检索的途径，所依据的检索工具是分类索引，如利用《中图法》编制的索引。分类途径以概念体系为中心对文献进行分类排检，体现出学科的系统性及事物的关联性，它能把学科内容性质相同的文献集中于同一类下，便于读者从学科体系的角度来检索文献。它具有族性检索的功能，能起到鸟瞰全貌、触类旁通的作用。在已知所需文献学科属性的情况下，要通过分类途径来检索文献。

（4）主题途径

主题途径是根据文献主题内容编制主题索引，通过文献资料的主题内容进行检索的途径。主题索引是利用文献资料中抽取的能代表文献内容实质的主题词索引。检索时，只要已知研究课题的主题概念，然后就可以像查字典一样按字顺逐一查找。主题途径是以检索词作为检索标识，其最大优点就是直接性，主题法直接用文字作标题，表达概念准确、灵活，易于理解。它把同类主题性质的事物集中起来，突破了分类途径的严格框架限制，尤其能适应现代科学的发展。它能及时反映新学科的概念，适合检索比较具体、专业的文献，能较好地满足特殊性检索需求。但它要求检索者的外语和专业知识水平较高，还要求检索者能选出切题的检索词，因为这直接关系到检索的质量和效果。

（5）号码途径

号码途径是利用文献的代码、数字编成的索引来查找文献信息的一种途径，常用的有报告号索引、专刊号索引、合同号索引和标准号索引。特别是一些特种文献如科技报告，都有自己的编号，还有专利文献、标准文献也有自己的编号，现在各国出版的书、刊也均有自己的号码。这种索引一般按缩写字母字顺加号码的次序由大到小排列。检索者可先按缩写字母次序进行检索，再按号码次序进行检索。

综上所述，当检索课题内容涉及面广，文献需求范围宽，泛指性较强时，应选用分类途径；当课题内容较窄，文献需求专指性较强时，应选用主题途径；当选用的检索系统提供的检索途径较多时，应综合应用各种途径，互相补充，避免单一途径不足造成漏检。

1.5.2.3 优选检索方法

优选检索方法的目的在于寻求一种快速、准确、全面地获得文献信息的检索效果。

1.5.2.4 制定、调整检索策略

检索工具、检索途径、检索方法确定后，需要制定一套可执行的方案。计算机检索中由于信息提问与文献标志之间的匹配工作是通过计算机进行的，必须事先拟订周密的检索策略即检索式。检索式是检索策略的表述，它能将各检

索单元之间的逻辑关系、位置关系等用检索系统规定的组配符连接起来，成为计算机可以识别和执行的命令形式，实施有效检索。但这个检索式不是一成不变的，应将检索结果与检索需求不断地进行判断、比较之后，再对检索式进行相应的修改和调整。

1.5.3　查找文献线索

在明确检索要求，确定检索系统，选定检索方法后，就可以应用检索工具实施检索，所获得的检索结果称为文献线索。对文献线索的整理、分析、识别是检索过程中极其重要的一个环节，需要做好以下几个方面的工作：

一是做好检索记录。做好检索记录的目的在于在必要时进行有效核对，包括记录好使用检索工具的名称、年、期、文献号（索引号），以及文献题名（书名）、著者姓名及其工作单位、文献出处等。

二是做好文献类型的识别。在检索工具中，文摘、题录所记录的文献来源（文献出处）是索取原始文献的关键部分。在检索工具中，文献出处对摘录的文献类型不会加以明显区分，需由检索者自己进行辨别。只有识别出文献类型，才能确定该文献可能收藏在何处，应该查何种馆藏目录，如何借阅和复制。识别文献类型主要依据各种类型文献在检索工具中的著录特征项。

1.5.4　索取原始文献信息

信息检索的最终目的是获取原始文献，当检索到文献线索并识别文献类型以后，即可根据不同的文献类型和语种索取原始文献。传统的原文获取方法是根据检索到的文献线索利用馆藏目录查找收藏单位、收藏点，采取借阅或复制等方式获取原始文献。原始文献的获取方法有如下几种：

一是向著者索取原始文献。根据文献线索所提供的著者姓名及其工作单位等可直接与作者联系，索取原始文献。

二是利用馆藏目录、公共查询系统、联合目录获取原始文献。查找本馆信息的可利用馆藏目录。读者需要的文献若是本馆没有收藏的，就需要借助 OPAC和联合目录实施馆际互借。OPAC，全称为"Online Public Access Catalogue"，它有两个功能：一是可以通过联机查找为读者提供馆藏文献的线索，二是 OPAC检索系统还可以实现预约服务、读者借阅情况查询、发布图书馆公告、读者留言等一系列功能。

　　三是利用网上全文数据库获取原始文献。目前，许多全文数据库可以为用户提供直接检索。提供中文期刊的全文数据库有"维普中文科技期刊数据库""中国期刊全文数据库""万方数字化期刊"等，提供中文图书的全文数据库有"书生之家""超星数字图书馆"等。

　　四是利用网上全文传递服务检索原始文献。为了满足日益增长的文献需求，文献传递服务应运而生。

　　五是利用网上出版社、杂志获取原始文献。互联网上有许多提供电子期刊的网站。

　　六是利用文摘数据库获得原文服务。许多文摘数据库虽然不能直接得到原始文献，但是大多著名的文摘类的检索型数据库可以提供它们收藏的文献的全文链接，通过向数据商提出请求获得原始文献。

 练习题

　　1. 常见的信息分类有哪几种？

　　2. 什么是文献？

　　3. 常用的检索方式有哪些？

　　4. 什么是检索工具，常用的检索工具有哪些？

　　5. 试述信息检索工具检索的步骤。

　　6. 怎样确定合适的信息检索系统？

第2章 期刊文献检索

 本章摘要

本章以国内外比较常用的全文数据库为例，介绍了能够检索期刊文献的各个数据库，以及它们各自的主要涵盖范围、特点、具体检索方法与步骤。国内数据库主要包括 CNKI——中国期刊全文数据库、维普中文科技期刊数据库以及万方数据资源系统。国外数据库主要包括 EI——美国《工程索引》、SCI——美国《科学引文索引》以及 SA——英国《科学文摘》。

 学习目的

◆ 了解国内外大型全文数据库等检索渠道的相关概念、发展历程
◆ 学会在不同检索渠道检索期刊文献

2.1 CNKI 中国期刊全文数据库

本节主要介绍中国期刊全文数据库，内容包括数据库简介以及相应的检索方法。

2.1.1 数据库简介

中国期刊全文数据库是 CNKI 中最核心也是最常用的一个文献数据库。CNKI 即中国知识基础设施工程（China National Knowledge Infrastructure，中国知网），是由中国学术期刊（光盘版）电子杂志社、清华同方光盘股份有限公司、

光盘国家工程研究中心主办，以实现全社会知识信息资源共享为目标的国家信息化重点工程。它的内容涵盖了我国自然科学、工程技术、人文与社会科学期刊、博硕士论文、报纸、图书、会议论文等公共信息资源。CNKI 主要的数据库有中国期刊全文数据库、中国优秀硕博士学位论文全文数据库、中国重要报纸全文数据库、中国重要会议论文全文数据库、中国医院知识仓库、中国企业知识仓库等。

中国期刊全文数据库（CJFD）是目前世界上最大的连续动态更新的中国期刊全文数据库，它收录了 1994 年至今的 9100 多种期刊，以学术、技术、政策指导、高等科普及教育类为主，同时收录部分基础教育、大众科普、大众文化和文艺作品类刊物，内容覆盖自然科学、工程技术、农业、哲学、医学、人文社会科学等各个领域，全文文献总量 3252 万多篇。它的产品分为十大专辑，向下分为 168 个专题数据库和近 3600 个子栏目，并且每日更新，每年以 100 多万篇的速度不断增长。它的各个专辑的具体学科内容如表 2-1 所示。

表 2-1　中国期刊全文数据库具体学科内容

专辑	具体学科
理工 A	1.数学；2.力学；3.物理；4.天文；5.气象；6.地质；7.自然地理学与测绘学；8.海洋；9.生物；10.自然科学理论与方法；11.非线性科学与系统科学；12.地球物理学；13 资料科学
理工 B	1.化学；2.无机化工；3.有机化工；4.燃料化工；5.一般化学工业；6.石油天然气工业；7.材料工业；8.矿业工程；9.金属学及金属工艺；10.冶金工业；11.轻工业手工业；12.一般服务业；13.安全科学与灾害防治；14.环境科学与资源利用
理工 C	1.工业通用技术与设备；2.机械工业；3.仪器仪表工业；4.航空航天科学与工程；5.武器工业与军事技术；6.铁路运输；7.公路与水路运输；8.汽车工业；9.船舶工业；10.水利水电工程；11.建筑科学与工程；12.动力工程；13.核科学技术；14.新能源；15.电力工业
农业	1.农业基础科学；2.农业工程；3.农艺学；4.植物保护；5.农作物；6.园艺；7.林业；8.畜牧与动物医学；9.蚕蜂与野生动物保护；10.水产与渔业
医药卫生	1.医药卫生方针政策与法律法规研究；2.医学教育与医学边缘学科；3.预防医学与卫生学；4.中医学；5.中药学；6.中西医结合；7.基础医学；8.临床医学；9.感染性疾病及传染病；10.心血管疾病；11.呼吸系统疾病；12.消化系统疾病；13.内分泌腺及全身性疾病；14.外科学；15.泌尿科学；16.妇产科学；17.儿科学；18.精神病学；19.神经病学；20.肿瘤学；21.眼科与耳鼻喉科；22.口腔医学；23.皮肤病与性病；24.特种医学；25.急救医学；26.军事医学；27.药学；28.生物医学工程
文史哲	1.文艺理论；2.世界文学；3.中国文学；4.中国语言文字；5.外国语言文字；6.音乐舞蹈；7.戏剧电影与电视艺术；8.美术书法雕塑与摄影；9.地理；10.文化；11.史学理论；12.世界历史；13.中国通史；14.中国民族与地方史志；15.中国古代史；16.中国近现代史；17.考古；18.人物传记；19.哲学；20.逻辑学；21.伦理学；22.心理学；23.美学；24.宗教

续表

专辑	具体学科
政治军事与法律	1.马克思主义；2.中国共产党；3.政治学；4.中国政治与国际政治；5.思想政治教育；6.行政学及国家行政管理；7.政党及群众组织；8.军事；9.公安；10.法理、文史；11.宪法；12.行政法及地方法制；13.民商法；14.刑法；15.经济学；16.诉讼法与司法制度；17.国际法
教育与社会科学	1.社会科学理论与方法；2.社会学及统计学；3.民族学；4.人口学与计划生育；5.人才学与劳动科学；6.教育理论与教育管理；7.学前教育；8.初等教育；9.中等教育；10.高等教育；11.职业教育；12.成人教育与特殊教育；13.体育
电子技术与信息科学	1.无线电电子学；2.电信技术；3.计算机硬件技术；4.计算机软件技术及应用；5.互联网技术；6.自动化技术；7.新闻与传媒；8.出版；9.图书情报与数字图书馆；10.档案及博物馆
经济与管理	1.宏观经济管理与可持续发展；2.经济理论及经济思想史；3.经济体制改革；4.经济统计；5.农业经济；6.工业经济；7.交通运输经济；8.企业经济；9.旅游；10.文化经济；11.信息经济与邮政经济；12.贸易经济；13.财政与税收；14.金融；15.证券；16.保险；17.会计；18.审计；19.市场研究与信息；20.管理学；21.领导学与决策学；22.科学研究管理；23.服务业经济；24.投资

2.1.2　检索方法

中国期刊全文数据库的检索过程包括登录系统、初级检索、高级线索、专业检索、论文浏览及下载等内容，下面作详细介绍。

2.1.2.1　登录系统

登录系统一般有两种方式。第一种是登录网址 http://www.cnki.net，进入CNKI首页，在数据库列表中选择中国期刊全文数据库单击进入即可。但是因为该数据库为收费检索系统，用户需注册账号与密码，购买使用权，方能进行全文文献的浏览与下载。第二种是通过学校图书馆进入检索系统。因为学校图书馆已购买数据库的使用权，在校学生与教师只需要通过 IP 自动进入，不需要注册与登录，也不需要付费，就可以进行文献的浏览与下载操作。通过图书馆登录中国知网的具体操作如图 2-1 所示。

中国期刊全文数据库提供了初级检索、高级检索、专业检索和期刊导航四种检索方式，进入检索首页后，系统默认的是初级检索的页面，用户可以单击首页页面图 2-1 的右上角相应按钮进行切换，选择所需的检索方式。

图 2-1　图书馆登录中国知网

2.1.2.2　初级检索

初级检索是一种比较简单的检索方式，它的特点是方便、快捷、效率高，能为用户提供最大范围的选择空间，但往往结果的冗余比较大。因此这种检索方式比较适合那些不熟悉多条件组合的用户或者执行命中率要求不高的检索。其具体的检索步骤如下：

第一步，登录初级检索页面。进入系统默认的页面即为初级检索页面，具体如图 2-2 所示。

图 2-2　中国知网页面

　　根据自己所需信息的类型，在初级检索页面的检索条上方对信息类型进行选择，选择文献、期刊或论文等选项。

　　第二步，选择检索项。在检索项的下拉框里选取要进行检索的字段，字段的种类及具体含义如表 2-2 所示。

表 2-2　字段的种类及具体含义

字段名	具体含义
篇名	选择该字段输入检索词，可检索出论文标题即篇名中含有该词的文章
主题	选择该字段输入检索词，可检索出篇名、关键词、摘要中含有该词的文章
关键词	选择该字段输入检索词，可检索出关键词中含有该词的文章
摘要	选择该字段输入检索词，可检索出摘要中含有该词的文章
作者	选择该字段输入检索词，可检索出作者中含有该名字的文章
单位	是指文章发表时作者的任职单位，选择该字段输入检索词，可检索出作者的任职单位含有该词的文章
参考文献	是指文章后的参考文献，选择该字段输入检索词，可检索出参考文献中含有该词的文章
全文	是指文章的正文，选择该字段输入检索词，可检索出正文中含有该词的文章
中图分类号	是指《中国图书馆图书分类法》中的各种分类号，选择该字段输入检索词，可检索出所有该分类号下的文章
文献来源	是指期刊或其他信息刊登的来源，选择该字段输入检索词，可检索出某类期刊下所有的文章

　　当需要多个检索项的时候，可以通过单击"逻辑"下方的图标分别添加或减少一个检索行。检索项之间可使用逻辑运算符进行项间组合，以提高检索命中率。

　　第三步，输入检索词。输入检索词后，会根据检索词出现很多与检索词相关的信息类别，然后根据需要选择信息检索主题词汇。初步输入检索词"决策树"后如图 2-3 所示。如果所需内容属于"决策算法"的范围，那么可以直接在衍生检索结果中选择该项。

　　第四步，确定词频。词频是指检索词在相应检索项中出现的频次。词频默认为空，即至少出现 1 次，当选择下拉框中的数字 2 至 9 时，则表示至少出现相应的次数。例如，词频为 5，表示至少出现 5 次，以此类推。

　　第五步，确定时间范围。时间总范围为：1911 年至今。用户可根据自己的需要设定所要检索刊物的时间范围。

　　第六步，确定更新范围。总共的选项有全部数据、最近一周、最近一月、最近三个月和最近半年。用户可根据自己检索要求的更新程度选择相应的更新范围。

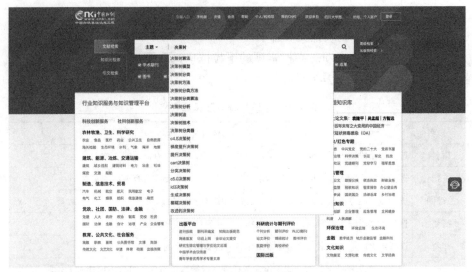

图 2-3 检索字段页面

第七步，确定期刊来源的范围。共有 4 个选项：全部、EI 来源期刊、SCI 来源期刊和核心期刊。

第八步，选择匹配方式。有精确与模糊两种方式。选择精确就表示：检索结果完全等同或包含检索词；选择模糊则表示：检索结果包含检索词或者检索词中的词素。只有选择精确时才可以使用"中英文"扩展功能。

第九步，选择检索结果的显示方式。检索结果的显示方式主要包括排序与记录数。排序是指检索结果的排列方式，主要有时间、无、相关度三个选项。"时间"表示检索结果按入库时间逆序排列，即数据更新日期越新的序列越靠前；"无"表示检索结果按入库时间顺序排列；"相关度"表示检索结果以检索词在检索字段内容中出现的次数从大到小排列。记录数是指检索结果中每页显示的命中文献的篇数，有 10、20、30、40、50，系统一般默认为 20 条。

第十步，进行检索。在其他操作完成后，单击"检索"，系统就能检索出所需的文献。

第十一步，进行二次检索。第一次检索结果显示页面如图 2-4 所示。这时检索结果还是有很大的冗余。为进一步筛选出有效的文献，只需要重新选择检索项并输入检索词，在"在结果中检索"前的方框打"√"，单击"检索"，就可以进行二次检索了，具体如图 2-4 所示。

图 2-4　检索结果页面

2.1.2.3　高级检索

高级检索可以进行一个及一个以上的检索表达式的逻辑组合检索。相对于初级检索,高级检索命中率更高,它与初级检索的页面比较相似,只是增加了两行逻辑检索行,如图 2-5 所示。

图 2-5　高级检索页面

高级检索与初级检索相比最大的不同就是具有多项双词功能。多项指的是可以选择多个检索项,不同检索项之间通过逻辑"与"、逻辑"或"、逻辑"非"三种关系进行组合;双词是指同一检索项可在两个不同的文本框中分别输入检索词,并且这两个检索词之间可以用 5 种关系进行组合。这 5 种关系具体名称与含义如表 2-3 所示。其他步骤可参照初级检索,这里不再一一详细介绍。

表 2-3　五种关系具体名称与含义

关系	含义
并且	逻辑"与"，两个检索词都包含
或者	逻辑"或"，两个检索词任意一个包含即满足
不包含	逻辑"非"，包含第一个检索词而不包含第二个检索词
同句	两个检索词同时出现在两个标点符号之间
同段	两个检索词同时出现在 5 句之内

2.1.2.4　专业检索

专业检索是指用户根据自己的需求，运用系统的检索语法编制逻辑组合表达式来进行检索的一种方法。单击检索首页右上方的"专业检索"，切换到专业检索页面，如图 2-6 所示。具体检索步骤如下：

图 2-6　专业检索页面

第一步，确定检索范围，与初级检索类似。

第二步，输入检索表达式。检索表达式由逻辑运算符、可检索字段和专业检索语法表的操作符组成。

逻辑运算符主要有"and""or""not"三种。"and"表示集合的交运算，即同时满足 AB 两个条件；"or"表示集合的交运算，即 AB 任意一个满足即可；"not"表示集合的互斥，即满足 A 但是不满足 B。三个运算符的优先级相同，要想改变顺序需要用英文半角括号"（ ）"括起。

可检索字段可以是相关文献等的题名（篇名）、相关主题、特殊关键词、摘要、作者＆英文作者（作者）、资料的第一责任人（第一作者）、发表机构（单位）、发表时间、中文刊名＆英文刊名（刊名）、引文（参考文献）、全文、基金、刊号等，具体含义可见表 2-2。专业检索语法表见操作系统中的"检索指南"。

需要注意的是，所有的符号和英文字母以及专业检索语法表的操作符都必须是英文半角符号，并且逻辑运算符前后必须空一格，但当前后文字用括号括起时例外。在明白各部分含义之后，输入正确的检索式，如要查找关于汶川大地震的文章，只需输入题名 ="汶川特大地震"即可。

第三步，选择时间、期刊来源的范围以及结果的显示方式，与初级检索类似，单击"检索"即可。在一次检索的基础上，也可勾选"在结果中检索"，进行二次检索。

2.1.2.5 论文浏览及下载

要下载或浏览全文有两种方式：

第一种是在检索结果页面（见图 2-4）中，文章后面的 ，可以下载或浏览 CAJ 格式的全文。要想下载或浏览 CAJ 格式的全文需下载 CAJ Viewer 阅览器，建议下载 CAJ Viewer 7.3，因为相对于之前的版本，此版本修正或增加了以下功能：①增加了页面旋转功能。可以全部或单独旋转某一页面，并能将旋转结果保存。②增加了两种页面显示方式，即对开显示及连续对开显示，可以设置对开显示时的起始页，可以设置对开显示时是否显示页间空隙。③增加了新的标注类型，并能对标注属性进行修改。④改进了标注的保存方法，可以随文件一起保存，也可以导入导出，还可以存在多个标注集。⑤增强了打印方法，可以实现双面打印，可以讲义的方法打印，也可根据打印机性能进行优化，增加了打印预览功能。⑥增强了对 Word 的支持。⑦增加（修改）了 Redo/Undo 功能。⑧增加了在多个文件夹搜索的功能。⑨增加了图像工具，可以快速保存文件中的原始图片，也可以进行打印、E-mail、文字识别、发送到 Word 等。⑩增加（加强）了自动滚动方式，可以使用鼠标中键进行自动滚动并调整滚动速度。

第二种是单击篇名进入中国知网节页面，中国知网节页面中包含有中英文篇名、作者中英文名、作者单位、文献出处、中英文关键词、中英文摘要、基金、DOL、引证文献、同被引文献、读者推荐文章及相似文献等信息。用户可以单击页面上方的"下载阅读 CAJ 格式全文"和"下载阅读 PDF 格式全文"分别下载文献。

2.2 维普中文科技期刊数据库

中文科技期刊数据库源于重庆维普资讯有限公司 1989 年创建的中文科技期刊篇名数据库，其全文版和题录文摘版——对应，经过 13 年的推广使用和完善，全面解决了文摘版收录量巨大但索取原文烦琐的问题。其全文版的推出受到国内的广泛赞誉，同时成为国内各省市高校文献保障系统的重要组成部分。

中文科技期刊数据库收录了中国境内历年出版的中文期刊12000余种，全文3000余万篇，引文4000余万条，分3个版本（全文版、文摘版、引文版）和8个专辑（社会科学、自然科学、工程技术、农业科学、医药卫生、经济管理、教育科学、图书情报）定期出版发行。中文科技期刊数据库已经成为文献保障系统的重要组成部分，是科技工作者进行科技查新和科技查证的必备数据库。

2.2.1　检索方法

用户可通过单击图书馆主页上"电子资源"下面的"中文报刊全文"，进入数据库列表，选择中文科技期刊数据库单击进入，其首页如图2-7所示。

图 2-7　维普中文科技期刊数据库首页

该数据库可提供三种不同的检索途径：快速检索、高级检索和期刊导航，用户可以根据自己的需求选择不同的检索方式。

2.2.1.1　快速检索

首页默认检索方式即为快速检索，用户只需要选择所需的字段，然后输入相应的检索词以及确定的匹配方式,单击检索即可。检索结果页面如图2-8所示。

图 2-8　快速检索页面

　　根据检索结果可以看出，现在中文科技期刊数据库针对检索词的检索结果有一张针对每年发表量和检索量进行统计的图表，可以在该信息领域的发展趋势上为检索者提供参考依据。

　　在快速检索的基础上还可以进行再限制检索，具体操作为：①选择期刊范围，包括全部期刊、重要期刊、核心期刊、EI 来源期刊、SCI 来源期刊等；②用户根据需要选择子区间；③选择期刊名称，根据不同的期刊限制检索结果；④选择作者，对不同作者名下的文章进行检索；⑤选择单页显示的记录条数，有 20 与 50 两种选项；⑥选择检索入口并输入检索词；⑦根据数据库或根据检索词自动提供的衍生关键检索词进行选择；⑧确定再限制检索的方式。根据页面对不同方向的分类，检索者可以根据自己的需求对检索结果进行分类，以提高检索的精确度与准确度。

　　选择重新检索，即代表与原先的检索无任何关系；选择在结果中检索，相当于逻辑"与"，即检索结果需同时包含第一次检索输入的检索词与第二次输入的检索词；选择在结果中添加，相当于逻辑"或"，即检索结果需至少包含两次输入检索词中的任意一个；选择在结果中去除，相当于逻辑"非"，即检索结果需包含第一次检索输入的检索词同时不包含第二次检索输入的检索词。

2.2.1.2　高级检索

单击首页上的"高级检索"，最多同时可以对三个字段进行逻辑组合检索。

高级检索除提供基本的功能外，还提供同义词、同名/合著作者、分类表、更新时间和期刊导航等辅助功能；同时，提供了扩展检索条件，用户可根据需要对时间条件、专业限制进行条件限制，以缩小检索范围，这大大提高了检索准确率。高级检索的具体操作方法有两种：

（1）向导式检索

向导式检索的检索操作严格按照自上而下的顺序。页面如图2-9所示。

图2-9 向导式检索页面

（2）检索式检索

检索式检索页面如图2-10所示。用户可在检索条件的文本框中输入字段代码、逻辑运算符和检索词组成正确的检索式，再单击扩展检索条件进行限制后，单击检索即可。其具体操作规则，与传统检索中的输入检索式检索类似。

图2-10 检索式检索页面

2.2.1.3　期刊导航

单击首页上的"期刊导航",进入检索页面如图 2–11,该页面一共提供三种检索方式:期刊搜索、按字顺查和期刊学科分类导航。

（1）期刊搜索

用户可选择通过刊名或 ISSN 号字段查询,输入准确的刊名或 ISSN 号,单击查询即可进入期刊名列表页,单击刊名即可查看期刊内容。

（2）按字顺查

按字顺查是指按刊名的首字的首字母进行查询,单击相应的字母即进入期刊列表。

（3）期刊学科分类导航

和传统检索的分类导航类似,用户可选择"核心期刊"或"核心期刊和相关期刊",然后单击相应的学科,即可列出该学科下的所有期刊刊名（见图 2–11）。

图 2–11　期刊导航页面

2.2.2　检索结果处理

检索的结果页面如 2–12 所示,用户可以直接单击"下载全文"或者选择"在线阅读"模式对检索信息进行浏览。当需要下载多篇文章时，可以先在所需的文献前打"√"，然后单击上方的"导出题录"即可选择复制或者下载打印，弹出页面如图 2-13 所示。只要选择需要下载的内容形式，单击"导出"即可。

图 2-12　检索结果页面

图 2-13　导出页面

2.3　万方数据资源系统

本节主要介绍万方数据资源系统的相关知识及检索方法。

2.3.1　简介

万方数据资源系统是北京万方数据股份有限公司于 1997 年 8 月，以中国科技信息研究所全部信息资源为基础建立的，是以科技信息为主，涵盖经济、金融、社会、人文等各方面信息的基于网络的大型综合信息资源服务系统。目前，全新改版的万方数据资源系统主要包括中国学位论文全文数据库、中国数字化期刊子系统、中国学术会议论文全文数据库、中国标准文献数据库、中国法律法规全文数据库、中国专利全文数据库、科技信息子系统、商务信息子系统、外文文献数据库，面向不同的用户群，为各种用户群提供全方位的信息服务。

2.3.1.1 中国学位论文全文数据库

中国学位论文全文数据库是由国家法定学位论文收藏机构——中国科技信息研究所提供，并委托万方数据加工建库，收录了自 1980 年以来中国自然科学领域博士、博士后及硕士研究生论文，其中全文 60 余万篇，每年稳定新增 15 万余篇，是中国收录数量最多的学位论文全文数据库。

2.3.1.2 中国数字化期刊子系统

目前，中国数字化期刊子系统集纳了理、工、农、医、哲学、人文、社会科学、经济管理与教科文艺 9 大类 100 多个类目的 5500 余种各学科领域的核心期刊，实现了全文上网，论文引文关联检索和指标统计。从 2001 年开始，数字化期刊已经囊括我国所有科技统计源期刊和重要社科类核心期刊，成为中国网上期刊的第一大门户。

2.3.1.3 中国学术会议论文全文数据库

该库是国内最具权威性的学术会议论文全文数据库，收录了 1998~2004 年国家一级学会在国内组织召开的全国性学术会议中的 7000 余个会议，45 万余篇会议论文全文，是目前国内收录会议数量最多，学科覆盖最广的数据库，是掌握国内学术会议动态必不可少的权威资源。

2.3.1.4 中国标准文献数据库

标准是在一定地域或行业内统一的技术要求。本库收录了国内外的大量标准，包括中国国家发布的全部标准、某些行业的行业标准以及电气和电子工程师技术标准；收录了国际标准数据库、美英德等的国家标准，以及国际电工标准；还收录了某些国家的行业标准，如美国保险商实验所数据库、美国专业协会标准数据库、美国材料实验协会数据库、日本工业标准数据库等。

2.3.1.5 中国法律法规全文数据库

中国法律法规全文数据库包括：自 1949 年新中国成立以来全国人大及其常委会颁布的法律、条例及其他法律性文件；国务院制定的各项行政法规，各地地方性法规和地方政府规章；最高人民法院和最高人民检察院颁布的案例及相关机构依据判案实例作出的案例分析，司法解释，各种法律文书，各级人民法院的裁判文书；国务院各机构，中央及其机构制定的各项规章、制度等；工商行政管理局和有关单位提供的示范合同式样和非官方合同范本；外国与其他地区所发布的法律全文内容，国际条约与国际惯例等全文内容。

2.3.1.6　中国专利全文数据库

中国专利全文数据库收录了从 1985 年至今受理的全部发明专利、实用新型专利、外观设计专利数据信息，包含专利公开（公告）日、公开（公告）号、主分类号、分类号、申请（专利）号、申请日、优先权等数据项。

2.3.1.7　科技信息子系统

科技信息子系统是中国唯一完整的科技信息群。它汇集了中国学位论文文摘、会议论文文摘、科技成果、专利技术、标准法规、各类科技文献、科技机构、科技名人等近百个数据库，其上千万的海量信息资源，为广大科研单位、公共图书馆、科技工作者、高校师生提供了最丰富、最权威的科技信息。

2.3.1.8　商务信息子系统

商务信息子系统凭借数十年的商务信息采集经验，面向企业用户推出了工商资讯、经贸信息、咨询服务、商贸活动等多项服务内容，其主要产品《中国企业、公司及产品数据库》（CECDB）至今已收录了 96 个行业 16 万家企业的详尽信息，并成为中国最具权威性的企业综合信息库。

2.3.1.9　外文文献数据库

外文文献数据库主要包括外文期刊和外文会议论文。"外文期刊"主要收录了 1995 年以来世界各国出版的 12000 多种重要学术期刊；"外文会议论文"主要收录了 1985 年以来世界各主要学科协会、出版机构出版的学术会议论文，部分文献均有少量回溯。外文文献数据库每年增加论文百万余篇。

2.3.2　检索方法

本小节结合前面内容以中国学位论文全文数据库的检索为例介绍万方数据资源系统的检索。

2.3.2.1　中国学位论文全文数据库的检索方法

（1）登录检索页面

以川大图书馆镜像站为例，单击数据库导航，再单击常用数据库，然后单击万方学位论文全文数据库进入检索首页，具体如图 2-14 所示。

图 2-14　万方学位论文全文数据库检索首页

（2）选择检索方式

其一，高级检索页面。该页面一共提供了两种检索方式：快速检索和高级检索。

高级检索页面在首页检索栏的右方，新版高级检索（见图 2-15）的具体检索步骤为：

➢ 限定论文类型。可以选择期刊、文献、专利或中文会议等类型。

➢ 限定检索的细化方法，高级检索或者是专业检索。

➢ 选择检索入口。检索入口一共有论文标题、作者、作者专业、导师姓名、授予学位、授予单位、授予学位时间（年）、分类号、关键词、摘要、全部字段。

➢ 输入检索词，确定匹配方式。如果有多个检索行时，各检索行之间用逻辑"非"、逻辑"或"、逻辑"与"连接起来，最多支持三个检索行间的逻辑组合，也可一起选用"精确"或"模糊"并行检索。

➢ 单击"检索"。

其二，分类检索页面。

分类检索页面在首页的下方，各个学科按照《中国图书馆图书分类法》分类，单击各个学科，可直接浏览相应类别的文献。例如，单击"期刊论文"大类下的"管理科学总论"，即可直接列出关于这个类别的文献列表。在一次检索的基础上，可以重新输入检索词，勾选"在结果中检索"，进行二次检索，进一步删除冗余，提高命中率。

图 2-15　高级检索页面

2.3.2.2　检索结果处理

检索结果的页面如图 2-16 所示。用户可以分别单击"查看全文"和"整篇下载"来实现相应的功能。

图 2-16　检索结果页面

2.4　互联网搜索引擎

2.4.1　百度（http://www.baidu.com）

百度的取名源自辛弃疾的《青玉案·元夕》中的词句"众里寻他千百度"，

这象征着百度对中文信息检索技术执着的追求。百度是目前全球规模最大的中文搜索引擎，也是目前我国互联网用户用得最多的一个搜索引擎。李彦宏和徐勇在 1999 年底于美国硅谷创立了百度，现今，百度服务器设在中国各地和美国，百度的使用范围很广，主要遍布中国内地、中国港澳台地区，国外的新加坡等一些华语地区，以及北美、日本和欧洲的部分站点。百度主要倾听用户的基本需求，来挖掘和满足中国网民的基本需求，秉承"用户体验至上"的理念，除基本的网页搜索外，还提供新闻、音乐、图片、文库、地图、视频等多样化的搜索服务（见图 2-17），开创了以贴吧、知道、百科、网盘、论坛为代表的搜索社区服务（见图 2-18），将网民的聪明智慧融入百度搜索，为网民提供便利。想必我们如今对"百度一下"已不再陌生，人们查找信息的第一反应就是"百度一下"。百度的首页如图 2-19 所示。

图 2-17　百度搜索服务

图 2-18　百度社区服务

图 2-19　百度首页

2.4.1.1　检索技巧

（1）布尔逻辑检索

自动使用逻辑与查询，检索词之间留空格，百度会默认为表示逻辑"与"，而"｜"表示逻辑"或"，"－"表示逻辑"非"。减号与前一个检索词之间必须有空格。

（2）精确检索

用双引号或书名号表示精确运算。百度把双引号里面的内容作为完整的词进行检索，这点与 Google 类似，而书名号则是百度独有的一个特殊查询语法。

（3）位置检索

这点与 Google 的相关功能基本相同。

2.4.1.2　百度的特色功能

（1）"相关搜索"

搜索结果不满意，往往是因为输入的查询词不是很准确。此时用户可以通过百度提供的其他用户搜索过的相关搜索词语来参考自己输入的查询词，以提高搜索结果的准确度。

（2）"二次检索"

可以在前一次检索的结果中再次检索，通过不断缩小范围，直至范围小到不能再次检索，以得到最小、最准确的结果集。

（3）"专业文档搜索"

许多有价值的资料，在互联网上并不都是普通网页，而是以 Word、PowerPoint、PDF 等格式存在。百度支持对 Office 文档（包括 Word、Excel、PowerPoint）、Adobe PDF 文档、RTF 文档进行全文搜索，要搜索此类文档，可以直接通过百度文档搜索页面进行搜索。

（4）"其他特色功能"

百度还提供国学、错别字提示、列车时刻表查询、航班查询、计算器和度量衡转换等特色搜索，用户可以通过单击百度的"帮助"来查看更多服务。

2.4.2　搜狗（http://www.sogou.com）

搜狗是搜狐公司于 2004 年 8 月推出的完全自主开发的全球首个第三代互动式中文搜索引擎，是一个具有独立域名的专业搜索网站。搜狗以一种人工智能的新算法，分析和理解用户可能的查询意图，对不同的搜索结果进行分类，对相同的搜索结果进行聚类，在用户查询和搜索引擎返回结果的人机交互过程中，引导用户更快更准确地定位自己所关注的内容。其主页如图 2-20 所示。搜狗主要有以下搜索功能，具体如图 2-21 所示。

图 2-20　搜狗搜索主页

除了以上列举出的常用搜索引擎，中国搜索（见图 2-22）也是比较常用的搜索引擎，而一些综合性的学术搜索引擎也非常实用。比如，Sircus（http://www.scirus.com）是互联网上最全的科学专用搜索引擎，涉及学科领域广泛，可搜索专利、技术报告和期刊全文等。其覆盖的学科范围包括农业与生物学、天文学、生物科学、化学化工、计算机科学、地球与行星科学、经济学、金融与管理科学、工程、能源与技术、环境科学、语言学、法学、生命科学、材料科学、数学、医学、神经系统科学、药理学、物理学、心理学、社会与行为科学、社会学等。

图 2-21　搜狗搜索功能页面

图 2-22　中国搜索主页

2.5　国外大型期刊文献检索系统

国外的文献信息检索服务经过一个多世纪的发展，在各个学科领域已经形成一些综合的和全面的检索工具，在国际上有着很高的声誉和权威性。本书主要介绍三种国外常用的文摘型检索工具。

2.5.1　EI——美国《工程索引》

美国《工程索引》（*The Engineering Index*，EI）于 1884 年 10 月创刊，是由美国工程信息公司（Engineering Information Inc.）主办的著名工程技术类综合性检索工具，它与美国科学情报研究所 1963 年创办的《科学引文索引》（*Science Citation Index*，SCI）、美国科学情报学会 1978 年创办的《科技会议录索引》（*Index to Scientific & Technical Proceedings*，ISTP）并列为全世界最著名的三大数据库。

美国《工程索引》每月出版 1 期，包含了 1.3 万条至 1.4 万条记录；每期附有主题索引与作者索引；每年还另外出版年卷本和年度索引，年度索引还增加了作者单位索引。EI 出版形式有印刷版（期刊形式）、电子版（磁带）及缩微胶片。EI 选用世界上工程技术领域内几十个国家和地区 15 个语种的 3500 余种期刊和 1000 余种会议录、科技报告、标准、图书等出版物，年报道文献量 16 万余条，收录文献具有综合性强、资料来源广、地理覆盖面广、报道量大、报道质量高、权威性强等特点。

美国《工程索引》收录报道的范围广泛。它收录了世界工程技术领域内的所有重要文献，涉及的学科包括应用物理、光学技术、航空航天、土木、机械、计算机控制、石油化工、动力能源、汽车船舶、采矿冶金、材料、动力、电工、电子、自动控制、矿冶、金属工艺、机械制造、水利等。

美国《工程索引》报道文献的数量大，覆盖面广。它的来源出版物主要是期刊以及会议文献，另外也报道一些科技报告、专著等，引用了美、英、德、日、法、俄等 48 个国家 15 种文字共 2400 多种科技期刊、文献会议、政府出版物、科技报告及科技图书、年鉴、标准等特种出版物。EI 摘录的范围以英文、德文、法文的资料占多数，英文资料占 50% 以上。从文献类型来讲，EI 不收录专利文献、科技报告、学位论文，政府出版物也很少。

美国《工程索引》文摘质量高，逻辑性强。EI 名为索引，实际上是一种文摘刊物，文摘比较简洁，一般是一两百字的指示性文摘。EI 历史悠久，不仅是世界上最早报道工程技术领域文献的著名检索工具，而且是当今世界上鉴定、评价科学研究人员、工程技术人员论文学术成果的一种权威性工具。

2.5.1.1　结构

印刷版 EI 每年以月刊和年刊的形式出版，年刊是月刊的累积版。

（1）月刊

月刊由正文（文摘）、著者索引、主题索引三部分组成。正文编排依据美国工程情报公司出版的《工程主题词表》中的主题词字顺排序。著者索引按著者姓名字顺排序，名在前姓在后。主题索引中的主题词由《工程主题词表》中的主题词和论文题目及文摘中出现的关键词组成，按字顺排序，在主题词下给出文摘号。

（2）年刊

年刊由说明部分、正文、主题索引、著者索引、出版物一览表、会议表组成。正文排列与月刊相同，按《工程主题词表》字顺排序。说明部分包括使用指南（A Guide for Using The Engineering Index Monthly，介绍 EI 的出版情况、内容编排、著录格式及使用方法）和略语表（Acronyms, Initials and Abbreviation of Organization Names，出现在工程信息公司出版物里的组织机构名称缩写）。

EI 还有单独出版的附本工程出版物索引（Publications Indexed for Engineering，PIE），是 EI 所收录的出版物总汇编，分为编码出版物、非编码出版物和会议出版物。它主要收录那些被 EI 摘用的期刊、定期会议出版物、年鉴手册、各部门机构的报告等出版物，可供用户从出版物缩写名称中查找其全称，同时在出版物全称的右侧编列有一组出版物名称代码，由六位字母和数字组成，以供电子计算机排检使用。"非编码出版物索引"会列出当年 EI 所引用的不包括会议录的没有编码的出版物，如专题论文、报告、图书及其他出版物，即仅收录那些零星的、不定期的、无固定文献来源的出版物，这些出版物均未给出代码（或者在 EI 引用时还没有出版代码）。

2.5.1.2　印刷版索引

EI 的索引包括著者索引（Author Index）、主题索引（Subject Index）、作者单位索引（Author Affiliation Index）、工程出版物索引（Publications Indexed for Engineering，PIE）、会议出版物索引（Conference Publications Index）、文摘号对照索引（Number Translation Index）。

（1）著者索引

该索引以文献著者作为检索词，每个著者款目由著者姓名和地址栏组成，按著者姓名的英文字顺排列，后附文摘号，可查阅英文文摘资料。

（2）主题索引

EI 于 1978 年开始新增了主题索引，并收录了大量的非规范化词汇，扩大了主题索引的检索入口。主题索引按照主题词字顺排列，其后为文摘条目的文摘号。

（3）作者单位索引

该索引于 1974 年开始增设，按著者工作单位名称的字顺排序，其后附有文摘号。

（4）工程出版物索引

该索引用于帮助用户查找 EI 所引用的出版物全称。它由七个部分组成：按缩写编排的有代码出版物、按代码编排的出版物、新增代码出版物、改变代码的出版物、有代码出版物的交叉参见、除会议文献外的无代码出版物和摘录引用的会议出版物。

（5）会议出版物索引

该索引按本年度 EI 中摘录的会议录、学术报告、论文和其他会议出版物的名称字顺进行排列。

（6）文摘号对照索引

该索引于 1980 年增设，列出了月刊文摘号和它对应在年卷本中的文摘号。

2.5.1.3　网络检索

美国《工程索引》网络版包括两种形式，一种是于 20 世纪 70 年代就已经产生的电子版数据库 EI Compendex，另一种是于 20 世纪 90 年代由 EI 公司发行的以 World Wide Web 为基础的数据库 EI Compendex。它的特点是包含了更多文献，数据更新更及时。该数据库从 40 多个国家 26 种语言 5000 多种文献源中精选出高质量的科技文章予以报道。

EI 公司自 1995 年以来，推出了综合性项目——工程信息村（Engineering Information Village），于 1998 年在清华大学图书馆建立了 EI 中国镜像站，2000 年底，又推出了功能强大的 Engineering Information Village–2 版本。该数据库以核心数据库 EI Compendex 衍生出一批子数据库，并提供与世界范围内大量数据库连接，在世界范围内收集、筛选、组织工程类的网络信息资源。

EI Compendex 数据库是目前全球最全面的工程检索二次文献数据库，它收录了超过 7000000 篇论文的参考文摘。这些论文出自 5000 多种工程类期刊、会议论文集和技术报告。该数据库涉及生物工程、化学和工艺工程、农业工程和食品技术、控制工程、宇航、汽车工程、材料工程等以及这些领域的子学科与其他主要工程领域。EI Compendex 数据库检索页面如图 2–23 所示。

EI Compendex 的检索结果页面如图 2–24 所示，本次结果共检索出 54226 条记录。每条检索结果都包括题名、作者、作者单位、出版物来源、出版年、卷、期、页码、文摘链接、详细记录链接等。

图 2-23　EI 数据库检索页面

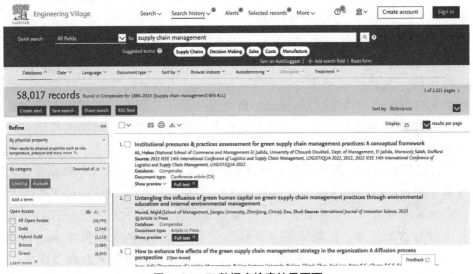

图 2-24　EI 数据库检索结果页面

　　单击结果列表页面中的文摘链接，进入相应题目的文摘页面，它记录了文献的详细著录信息与文摘，如图 2-25 所示。

图 2-25　EI 数据库检索结果文摘页面

2.5.1.4　EI Compendex 的检索方法

为了适应不同层次用户的需求，EI Cmpendex 提供了三种检索方式：快速检索（Quick Search）、专家检索（Experts Search）、叙词检索（Thesaurus Search）。

（1）快速检索

快速检索是 EI Compendex 的默认检索方式，数据库首页（见图 2-26）即快速检索页面。快速检索页面上的三个检索输入框，允许用户从下拉式菜单中选择要检索的各个项；快速检索只能实现三个字段的组配检索，超过三个字段则需要使用专家检索方式。

（2）专家检索

专家检索与快速检索相比能提供更强大和更灵活的功能，它只有一个独立的检索输入框，允许该用户使用逻辑算符同时在多个字段中进行检索，检索出的文献将严格与输入的检索词相匹配。专家检索页面如图 2-26 所示。

（3）叙词检索

叙词检索仅提供一个检索词输入框，用于检索某一主题的文献，检索词需为叙词，检索词之间进行逻辑组配。叙词表是 EI 所有叙词的集合，可以用来确定检索词。叙词检索页面如图 2-27 所示。

图 2-26　专家检索页面

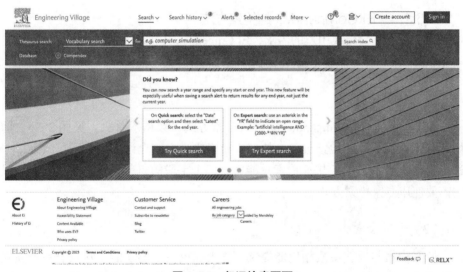

图 2-27　叙词检索页面

2.5.1.5　规则

（1）逻辑算符

逻辑算符共有 and、or、not。① and：逻辑"与"关系。例如，输入 Television and Satellite，将检索出有关"电视机和卫星"的文章。same：布尔运算符 same 检索某些词出现在同一句子里，但没有次序上的限定。例如，输入 Computer same Car 将检索出有关"计算机和汽车"出现在同一句子里的文献。② or：逻辑"或"关系。例如，输入 Computer or Car，将检索出有关"计算机或汽车"的文献。③ not：逻辑"非"可以用布尔运算符 not 删除包含某些词的文献。例如，输入"Computer not Car"，将检索出有关"Computer"的文章，但不包含"Car"。

（2）截词

截词包括：* 代替任意多个字符；优先级算符：（ ）括号可用来改变运算顺序；词组必须置于双引号或者大括号中：如"Computer Science"或者 {Computer Science}。

2.5.2 SCI——美国《科学引文索引》

美国《科学引文索引》（*Science Citation Index*，SCI）于 1961 年创刊，是由美国费城科学情报研究所（Institute for Scientific Information，ISI）编辑出版的一种综合性科技引文检索刊物。

所谓引文，就是一篇论文后所附的参考文献。所谓引文索引，就是用被引论文去检索引用论文的索引。

SCI 于 1961 年开始编制索引，1963 年编成出版，摘录了 1961 年出版的重要期刊 613 种，来源文献 113318 篇，引文 137 万条。SCI 1966 年改为季刊，1979 年起为双月刊，每年另外出版年度累积索引，每隔 5 年、10 年分别出版 5 年和 10 年的累积索引。SCI 还有磁带、光盘版、联机数据库和网络版数据库。国内图书情报部门常见的是双月刊本。

2.5.2.1 报道范围

SCI 是当今世界很有影响的一种大型的综合性文献检索工具，它重点收录的学科主要有应用科学、临床医学、物理、化学农学、生物学、兽医学、工程技术、行为科学等基础学科和交叉学科的文献。

SCI 收录的文献类型主要是期刊文献，另外还有专著、丛书、会议录、论文集、专利文献、图书等。

SCI 报道的范围十分广泛，涉及学科近 100 个，收录期刊有 3200 多种，期刊来源国家有 40 多个，每年报道的文献有 50 多万篇。SCI 所选择的期刊都被认为是引用频率最高而且是高质量的期刊。

2.5.2.2 检索途径

引文索引的基本原理：被引论文按著者排列，在被引论文著者之下按年代列举引用过该著者的全部论文及引用者。它可以回答某著者写的某篇文章，曾被哪些人的论文所引用，这些论文刊载在何种刊物。利用引文索引可以了解某一研究课题的发展过程，了解某一概念是否被引用，某一技术方法是否被改进，某一研究机构的学术成就和最新研究动向等。

一是利用来源索引（Source Index），通过已知著者的姓名查找他所发表的文献。

二是来源团体索引（Corporate Index），通过著者单位的所在地和名称查找该单位著者所发表的文献。

三是利用轮排主题索引（Permuterm Subject Index），通过课题关键词查找使用这些词的著者姓名，再从这些著者姓名转查来源索引得到与课题相关的原始文献。

四是利用引文索引（Citation Index），引文索引是将全部引文作者（出现在来源文献的脚注和参考文献目录中的作者）作为索引标目，按作者姓氏字顺排列的索引。

2.5.2.3 特点

（1）有利于了解某位著者或某一机构发表论文的数量及其影响情况

SCI 收录的期刊均是学术价值较高、影响较大的国际科技期刊。因此，一个国家和地区乃至个人的学术论文被 SCI 收录和引用的数量多少，则是其科研水平、科研实力和科研论文质量高低的重要评价指标。同时也可反映出一个国家或地区或单位的科学活动在世界上的地位和比重。

（2）有利于了解世界范围内某一学科的研究动态

SCI 收录了世界各国自然科学领域当中所有的最新研究成果，能反映学科的最新研究水平。

（3）有利于了解研究热点及某篇论文的被引用情况

SCI 可以使我们清楚地了解某项研究成果的继承与发展的全貌。就某篇论文而言，被引用的次数越多说明该论文受关注的程度越高，其学术影响力越大。

据估计，在期刊论文中，大约90%的论文都有引用书目。每篇论文所引用的参考文献平均 15 篇，其中有 12 篇来自定期刊物。论文之间的这种相互引证的关系使论文彼此联系起来构成一个论文网，从而向读者提供一种独特的检索途径。SCI 即是根据这个原理编制而成的索引体系，它改变了传统的检索系统从著者、分类、主题等角度来提供检索的方法。

如果文献 A 引用或者参考了文献 B，则称文献 B 是文献 A 的"引文"（Citation）或"参考文献"（Reference），而文献 A 是文献 B 的来源文献（Source Items or Source Document）。某个作者在他的文献中引用了其他作者的若干篇文献，这些作者又引用了另外若干作者的文献，这样就将作者和文献通过引用和被引用组织起来。在此作者下，列出他所写的文献和他引用的文献及被引用的文献的作者，据此，文献之间就形成了引用和被引用的关系，这就是引文索引。引文索引法查找文献即采用循环法，从一篇较早的论文开始，寻找所有引用此篇论文的文章，再以这些引用的论文作为新的检索起点，寻找引用这些论文的文章。这样就像滚雪球一样，可以获得越来越多的文献。

2.5.2.4　体系

SCI 的编排体系、著录与其他检索工具不同，它的编排是按照被引用文献的著者姓名字顺来排列的。SCI 自 1997 年后改为双月刊，同时，每年还定期出版年度累积索引和五年累积索引。SCI 双月刊，每期出版分为 A、B、C、D、E 五个分册。其中，A、B、C 三个分册为引文索引（Citation Index）；D 分册为来源索引（Source Index）；E 分册为轮排主题索引（Permuterm Subject Index）。

（1）引文索引

引文索引是从被引用文献检索指向引用文献的工具。该引文索引包含三种索引：著者引文索引（Author Citation Index）、无姓名引文索引（Citation Index：Anonymous）和专利引文索引（Patent Citation Index）。

其一，著者引文索引，它按照被引文献的第一著者姓名字顺排列，同一著者的各篇文章按其发表时间的先后顺序排列。

其二，无姓名引文索引，当被引用的论文作者姓名不详时，就将文章单独排列为"无姓名引文索引"，此索引一般是按照引文文献所刊载出版物缩写名称排列。

其三，专利引文索引，该索引是用引文专利号代替引文著者姓名，此索引编排往往是按照被引用专利的顺序进行排列。

（2）来源索引

该索引是根据引文著者姓名查找引文篇名和著者详细地址的检索工具。

（3）轮排主题索引

该索引是从1967年开始编排的，是按所选论文篇名中的关键词的字顺轮排的。标题中的每个重要的单词都和标题中出现的其他重要词进行配对使用。选择其中之一作为主要词，其余的就作为配合词排在它的下面，并如此轮排。

2.5.2.5 检索方法

（1）引文检索法

这是指以文献被引者（包括被引著者、被引期刊或被引主题）为检索词来查找引用文献的科学查询方法。该方法的检索步骤如下：

第一步，以该作者的姓名字顺查引文索引，可查到该作者被引用文献的出处，以及引用文献的作者及来源文献的出处。

第二步，以引用作者的姓名字顺查来源索引，可查到来源文献的篇名、合著者、出处及第一作者的单位和地址。

（2）团体检索法

这是指以某个机构名称为检索词来查找该机构最近的发表文献、科研动态或产品发展方向。该方法的检索步骤如下：

第一步，已知机构名称，但不清楚该机构所在地，先查团体索引的机构部分，查到该机构所在国家和城市。

第二步，在团体索引的地区部分按字顺来查该机构的所在国家，再查地区名及城市名，其下会列出各级机构被SCI收录文献的作者和出处。

第三步，按作者姓名字顺来查来源索引，了解来源文献的详细信息。

（3）著者检索法

这是指用已知文献著者的姓名查找文献来了解目前有关这个研究领域研究工作的状况。该方法的检索步骤如下：

第一步，根据被引用者姓名，查阅引文索引，获得被引用者在当期SCI报道的期间内被所有引用著者的引用情况。

第二步，按照上一步查得的引用著者姓名字顺查来源索引。

（4）关键词检索法

这是指以课题内容确定的关键词为搜索目标来查找某个研究领域或研究课题被 SCI 收录的相关文献。该方法的检索步骤如下：

第一步，根据课题内容确定关键词，按字顺查轮排主题索引，由主标题词和副标题词，可查到一系列相关文献的作者。

第二步，按作者姓名字顺查来源索引，可查到与该课题有关的所有来源文献的详细信息。

（5）循环检索法

这是指利用一般的检索途径，又利用原始文献后所附的参考文献回溯查找来检索与某篇"经典"论文有关的一系列文献。该方法的检索步骤如下：

第一步，以该论文的作者姓名字顺查引文索引，再通过来源索引了解引用该论文的来源文献的详细信息。

第二步，以来源文献的作者为起点，查 SCI 的引文索引，了解这些来源作者的文献被他人引用的情况，再转查来源索引。

第三步，重复上述步骤，可查到一系列与经典论文有关的文献，而且文献越查越新。

2.5.2.6　网络版

ISI 公司于 1997 年推出了 SCI 的网络版数据库，Web of Science 检索系统中的 Science Citation Index Expanded，充分利用 World Wide Web 网罗天下的强大威力，其信息资料更加翔实，收录期刊更多，检索功能更加强大，更新更加及时，一经推出即获得了用户的普遍好评。Science Citation Index Expanded 收录的重要期刊有 6381 种，记录了包括论文、引文（参考文献）、书、会议论文、专利以及其他各种类型的文献。Science Citation Index Expanded 是一个多学科的综合性数据库，其所涵盖的学科超过 100 个，主要涉及农业、生物环境科学、工程技术应用科学、医学、生命科学、物理学、化学、行为科学等领域。SCI 的网络版与光盘版相比具有以下优势：

一是 Science Citation Index Expanded 的信息资料更加翔实，比 SCI 光盘版增加了 2100 种。

二是 Science Citation Index Expanded 充分利用了网络的便利性，功能更加强大，彻底改变了传统的文献检索方式，运用通用的 Internet 浏览器页面，全新的 Internet 超文本格式，所有的信息都是相互关联的，只需单击即可获取想要的信息资料。

三是 Science Citation Index Expanded 更新更加及时，数据库每周新增 19000 条记录，确保及时反映研究动态。

Web of Science 的检索页面如图 2-28 所示。

图 2-28　Web of Science 检索页面

Web of Science 的检索结果页面如图 2-29 所示，它显示了该次检索所用的检索式、每条记录的概要信息、全文链接、精炼检索结果、检索结果分析链接、排序方式和检索结果输出选项等。

图 2-29　Web of Science 检索结果页面

084

2.5.2.7　三种检索方式

Science Citation Index Expanded 有基本检索（Basic Search）、被引参考文献检索（Cited Reference Search）和高级检索（Advanced Search）三种检索方式。虽然 Web of Science 可以使用简体中文作为页面语言，但是检索内容必须使用英文。

（1）基本检索

基本检索页面是一个检索对话框，系统默认三个检索框，若需更多可自行添加（见图 2-30）。检索框右边下拉菜单根据查询需要可提供主题、标题、作者、作者标识号、编者、团体作者、出版物名称、DOI、出版年、地址、机构扩展、会议、文献类型等信息检索主题，用户可以得到想要了解的信息。

图 2-30　基本检索页面

（2）被引参考文献检索

被引参考文献检索是 Science Citation Index Expanded 所特有的检索方式，目的是突破传统主题检索方式固有的缺陷（主题词选取不易，主题字段标引不易、滞后、理解不同，少数的主题词无法反映全文的内容）。被引参考文献检索是把一篇文献（论文、会议录文献、著作、专利、技术报告等）作为检索对象，直接检索引用了该文献的文献。被引参考文献检索提供被引作者、被引著作、被引年份三个检索字段（见图 2-31）。

图 2-31　被引参考文献检索页面

（3）高级检索

高级检索页面提供一个命令输入框，是运用普通检索和检索策略进行的组合检索。高级检索采用的是命令检索方式，可在命令行检索框中输入完整的检索策略进行文本检索（见图 2-32）。

图 2-32　高级检索页面

2.5.2.8　期刊分区检索

Journal Citation Reports（JCR），中文名为期刊引用报告，是美国科学情报研究所编制出版的一个期刊分区检索的重要工具。JCR 的主要功能是找到某一学科领域学术影响最大、被引用次数最多、最热门的期刊，分析了解期刊文献自引情况，鉴别、评论期刊，比较期刊的选稿习惯等。其具体算法为：影响因子＝该刊前两年发表论文在统计当年被引用的总次数／该刊前两年发表论文总数。根据影响因子的计算规则，一般认为在高影响因子期刊上发表的论文其国际影响力相对较高，这对于大多数论文来说是相对科学的。

随着 SCI 在国内的普遍使用，高影响因子期刊的论文刊发量逐渐成为学术评价的关注重点。但是，不同学科之间的 SCI 期刊很难进行比较和评价，一种刊物的影响因子每年也在变动。在 Journal Ranking 确定的 176 个学科领域中，以当年的影响因子为基础，每个学科分类按照期刊当年的影响因子高低，平均分为 Q1、Q2、Q3 和 Q4 四个区，Q 表示 Quartile in Category，前边 25% 为该类 Q1 区，中间 26% ~ 50% 为 Q2 区，中间 51% ~ 75% 为 Q3 区，其余为 Q4 区。

2.5.2.9　期刊分区检索示例

登录 JCR 数据库，以四川大学图书馆为例，进入四川大学图书馆外文数据库，单击 ISI（WOK）—JCR 进入，或者在 Web of Science 首页（见图 2-28）右上角单击产品功能，再单击第三栏。JCR 检索页面如图 2-33 所示。

图 2-33　JCR 检索页面

以 *Management Science* 期刊为例，在检索框内输入期刊全名后单击"Search"。*Management Science* 期刊基本信息检索结果如图 2-34 所示。

图 2-34　*Management Science* 期刊基本信息检索结果页面

在同一页面往下滑查看期刊排名。该期刊在 Management 学科领域的所有期刊中排名第 67，属 Q2 区；在 Operations Research & Management Science 学科领域的所有期刊中排名第 18，属 Q1 区。具体页面如图 2-35 所示。

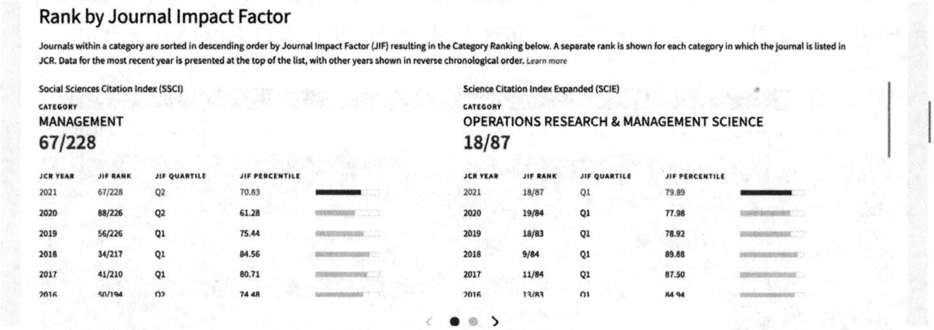

图 2-35　期刊排名页面

2.5.3　SA——英国《科学文摘》

英国《科学文摘》（*Science Abstracts*，SA）创刊于 1898 年，是由英国电气工程师学会（Institution Electrical Engineers，IEE）编辑出版，供查阅有关物理、电工、电子学、计算机和控制方面的检索性学科文献。其原名为《科学文摘：物理与电工》，1903 年起改用现名。

英国《科学文摘》收录的资料涉及世界上 50 多个国家、4200 多种期刊，其中约有 400 种重要的期刊文献，1000 多个会议的论文集，另外，还有技术报告、学位论文、图书等,1977 年前还收录了英美专利文献,目前,年报道量约 30 万条,是常用的多学科专业性检索工具。

英国《科学文摘》分为四辑,它们分别是:

A 辑(Science Abstracts Series A):物理文摘(Physics Abstracts,PA),半月刊,内容包括总论、基本粒子与场物理、核物理、原子与分子物理、唯象论的古典领域(包括电磁学、声学、光学、热学、力学等)、流体、等离子体和放电、凝聚物理、结构、热与机械性质、凝聚物质、电子结构、电、磁性和光学性质,跨学科的物理学及科学与技术有关领域、地球物理、天文学与天体物理学。

B 辑(Science Abstracts Series B):电气与电子文学摘(Electrical and Electronics Abstracts,EEA),月刊,内容包括一般论题、工程数学与材料科学、电路理论与电路、磁性材料和器材、超导材料和器件、光学材料与应用、电光学与电子学、通信、仪表与特殊应用、动力系统与应用。

C 辑(Science Abstracts Series C):计算机与控制文摘(Computer and Control Abstracts,CCA),内容包括一般论题、系统与控制理论、控制工艺学、数值分析与理论、计算机论题、计算机硬件、计算机应用。

D 辑(Science Abstracts Series D):信息技术(Information Technology Science Abstracts,IT),为 1983 年起增加的内容。

英国《科学文摘》的四个分辑报道内容不同,但组织结构、索引体系和使用方法都是一致的,是一个整体。

英国《科学文摘》各分辑除印刷版外,还出版有缩微版、磁带版和光盘版。

英国《科学文摘》的检索途径主要有四种,即分类途径、主题途径、著者途径和名称途径。

2.5.3.1　分类途径

SA 使用的分类法体系比较新,分类标引深度大,类目之间的参见注释多而详细,是查找现期文献的有效途径。其各辑文摘部分都是按学科体系编排的,各辑每期首页均刊有"分类目次表",详细列出了各级分类号、类目名称及其所在页码。在检索时,选定分类目次中的相应类号,并循序查找所给的页码,即可查得所需文摘款目。具体步骤如下:

第一步,分析课题,可按所查课题的内容与要求及学科归属直接利用"分类目次表"查出所属类目和页码。

第二步,按查得的起始页码、类号、类目查阅文摘正文。

第三步,根据文摘出处,查看"引用期刊目录",经过还原处理后,查馆藏目录,索取原始文件。

2.5.3.2 主题途径

SA用一种规范化的叙词语言来标引文献、编制主题索引，方便用户通过主题途径查找文献。具体步骤如下：

第一步，分析研究课题，提取关键词为主题词。

第二步，用INSPEC叙词表进行核对，确定主题词。

第三步，利用主题索引，查找到文献线索——文献标题和文摘号。

第四步，扩大检索范围，利用相关主题词进一步查找。

第五步，根据文摘号查阅文摘，找到课题所需的文摘款目。

第六步，根据文献出处利用馆藏目录索取原始文献。

2.5.3.3 著者途径、名称途径

SA的期刊文摘本和累积索引本均有著者索引、团体著者索引、参考书目索引、图书索引、会议文献索引。检索者可以利用著者索引直接检索所需文献，比较简便。具体步骤如下：

第一步，已知著者姓名、书名、文献题名、研究机构名称、会议名称等直接检索得到文摘号。

第二步，从文摘正文中，利用"引用期刊一览表"，还原期刊全名。

第三步，根据原文出处索取全文。

2.5.3.4 INSPEC 数据库

与印刷版的英国《科学文摘》相对应的网络版即INSPEC数据库，其文献内容包括纸质SA中的A、B、C辑全部内容，现在由英国工程技术协会（IEE）出版，是目前全球在物理和工程领域中最全面的二次文献数据库之一。在1898年，INSPEC数据库有近820万条文献，并且以每年40万条新文献的速度增加，收录有关物理科学、电子与电机工程学、计算机与控制工程学、信息技术、生产与制造工程学、光学、材料科学、海洋学、核能工程、交通运输、地理、生物医学工程、生物物理学和航空航天等领域的科学与技术期刊、会议录和其他文献等。

（1）特点

英国《科学文摘》历史悠久，收录的文献品质高，文献数据量大，文献类

型齐全，语种多，数据规范性好，分类及索引系统完备。其网络版数据库与印刷版相比，具有更多的检索字段，并将三大重点学科融为一体，检索更加灵活方便。

　　INSPEC 数据库既可以用于检索研究课题，也可以用于帮助用户了解当今的研究现状、新产品信息、技术发展预测、企业竞争情报等。

　　INSPEC 数据库提供了控制词表、叙词和主题分类，可以帮助用户识别某个概念，搜索到通过自由词检索无法获得的文献，按照需要缩小或扩大检索范围。

（2）检索方法

　　INSPEC 在 ISI 的平台上主要提供两种检索页面：基本检索（Basic Search）和高级检索（Advanced Search）。

　　其一，基本检索。基本检索能够进行直接快速的检索（见图 2-36），其页面允许用户同时使用多个字段进行检索。有的是一个检索字段和检索框，即 Topic、Author、Source Title、Address、Controled Index、Classification、Identifying Codes，存在三种检索限定，即 Languages、Documents Types、Treatment Types。

图 2-36　基本检索页面

　　其二，高级检索。高级检索（见图 2-37）提供灵活的检索功能，它允许用户运用更复杂的检索方式。它只有一个检索框，需要用户编写检索式，也可进行逻辑组配检索。例如，要检索一个作者的姓名时，先输入"AU="，然后输入姓、逗号和空格，再输入名字的首字母及后缀（如果有后缀）。

图 2-37　高级检索页面

（3）检索结果处理（Working with Search Results）

如果要在检索结果记录中再进行进一步的分析，可利用在检索结果中的结果分析工具"分析检索结果"（见图 2-38、图 2-39）。当单击检索框旁边的蓝色按钮时，将弹出新页面，用户可根据作者、出版年、分类代码、受控词等再进行第二次检索。

图 2-38　检索结果页面

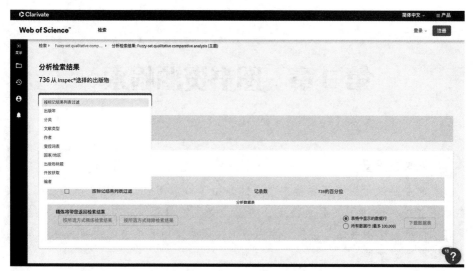

图 2-39　分析检索结果页面

 练习题

1. 列出 3 个至 5 个目前比较常用的数据库。

2. 说明在中国知网专业检索方法中所用到的逻辑运算符的具体含义。

3. 简单对比在维普中文科技期刊数据库检索方法中，快速检索和高级检索的异同点。

4. 在计算机上练习在中国知网数据库中高级检索的步骤。

5. 说明在 EI 数据库中所用到的逻辑运算符的具体含义。

6. 简单对比在 SCI 数据库检索方法中，普通检索、被引参考文献检索和高级检索的异同点。

7. 在计算机上练习 INSPEC 数据库的检索方法与检索结果处理。

第3章　图书资源检索

 本章摘要

  本章主要基于图书资源检索渠道，介绍了检索图书的 OPAC 查询系统以及常用图书馆，讲述了其要素特点、功能、类型等内容，并与实际情况相结合，列出了超星数字图书馆等常用数字图书馆，以及常用云图书馆的基本使用方法，以便读者学习掌握。

 学习目的

◆ 了解数字图书馆的基本知识
◆ 了解 OPAC 查询系统的使用流程
◆ 了解数字图书馆的使用流程

3.1　概况

  图书馆，英文称为"Library"。早在公元前 3000 年，巴比伦神庙中就收藏有刻在胶泥板上的各类记载，而最早的图书馆是希腊神庙的藏书之所和附属于希腊哲学书院（公元前 4 世纪）的藏书之所。

3.1.1　含义

  "图书馆"这一词语最早出现在我国文献中是 1894 年，当时《教育世界》第 62 期中刊出了一篇《拟设简便图书馆说》，其中出现了"图书馆"这一词语。《图书情报词典》对"图书馆"的定义为：通过文献的收集、整理、存储、利用，为一定的社会读者服务的文化、科学与教育机构。

3.1.1.1　定义

数字图书馆（Digital Library，DL）。数字图书馆产生于 20 世纪 90 年代的美国，随后开始向全球发展。进入 21 世纪以后，由于数字图书馆的需求和战略意义，世界各国数字图书馆开始加速发展，其建设和发展水平也已经成为评价一个国家信息技术基础水平的重要标志。在中国，科学技术部自始至终都对"数字图书馆"项目提供全力支持，国家"863"计划智能计算机主题从 1997 年开始跟踪国际"数字图书馆"的研究动态，并于 1999 年 5 月成立了中国数字图书馆发展战略研究组，针对数字图书馆系统设计的技术、管理、运营、法律等问题展开了全面的研究工作。目前，科学技术部"十五"攻关和"S863 计划"中将"数字图书馆"和"数字地球"共同列为信息领域的研究重点。在后面的内容中，本书还将继续介绍现今关于数字图书馆在国内外的发展情况。1997 年，美国国家科学基金赞助的"分散式知识工作环境"专题讨论会认为：数字图书馆的概念不仅是一个有着信息管理工具的数字收藏的代名词，数字图书馆更是存储着大量数字信息的一个环境。它将收藏、服务和人结合到一起以支持数据、信息乃至知识的全部流程，包括从创造、传播、使用到保存的全过程。因此，根据数字图书馆发展的不同阶段和类型，数字图书馆的主要定义可分为以下几种。

第一，国际通行的定义为：数字图书馆是为国家信息基础设施提供关键性信息的管理技术，同时也提供其主要的信息库和资源库。换句话说，数字图书馆是国家信息基础设施的核心。

第二，美国研究图书馆协会（Association of Research Libraries，ARL）给出的定义为：数字图书馆是把众多地方资源连在一起的虚拟技术，能够使最广大的用户最大限度地获取信息，得到信息服务。数字图书馆馆藏不应局限于原件的替代品，还应包括无法用印刷方式表现或传递的实物，并将其数字化。

第三，美国数字图书馆联合会将数字图书馆定义为：数字图书馆是提供各种资源的组织结构，它们选择、创建、提供知识查询途径，解释、传播和保护数字作品馆藏，以确保其能长久使用，从而为社区群体提供方便而经济的信息服务。

第四，国内学术界对数字图书馆的定义为：数字图书馆是分布式计算机网络中能够存取海量数字化信息的资源库。数字化资源、网络化存取、分布式管理是它的三个基本要素。

综合各界对数字图书馆的定义，本书归纳后可以得出一种较为普遍的定义：

数字图书馆是对以数字化形式存在的信息进行收集、整理、保存、发布和利用的实体，其形式可以是具体的社会机构或组织，也可以是虚拟的网站或者任何数字信息资源的集合。

3.1.1.2 优势

数字图书馆日益发展的新趋势意味着传统图书馆在信息时代已经进行了许多必要的转型。数字图书馆是在传统图书馆的基础之上发展起来的，因此两者有着许多的相似之处，然而，数字图书馆有着传统图书馆所无法比拟的优势，因此，未来的图书馆将是数字图书馆和传统图书馆相结合的新型图书馆。数字图书馆相对于传统图书馆的优势大概可以总结为以下几个方面：

（1）占用的物理空间较小

数字图书馆中大量的数字化信息存储在许多磁盘存储器或者硬盘中，并且通过计算机网络连接形成一个联机系统，大大节约了存储空间。

（2）资源存储量丰富

数字图书馆收藏的不仅是纸质书刊数字化后的信息，还收录了其他一切可以数字化的信息，如大量的视频、音频资料，图片信息，计算机程序语言等，这样就大大满足了读者多样化的需求。

（3）更加有利于资料保存的完整性

传统图书馆对珍贵资料的保存比较有局限性，而数字图书馆可以将这些珍贵的资料信息数字化，并且加以妥善存储，这样就能实现对珍贵原件的复制，在保存珍贵资料的同时也更加方便读者的查阅。

（4）使用更加方便

利用数字图书馆的读者不必与实体图书馆的工作人员直接接触，其只需通过操作平台就能够查阅到自己想要了解的信息，并且通过数字图书馆，读者可以基本完成查询、借阅、续借等服务，因此，数字图书馆的服务流程更加方便。

（5）读者群体更加丰富

数字图书馆从某种程度上舍弃了传统图书馆在地理位置上的需求，并通过计算机网络进一步扩大了读者的范围，允许人们在任何地方、以任何身份进入图书馆自由查询。

相对于传统图书馆，数字图书馆的确具有更多的优势，因此，部分人认为数字图书馆出现以后实体图书馆的作用就不复存在了。这种观点难免会有些偏颇。我们应当认识到，任何事物都具有两面性，我们只有充分认识和理解了数字图书馆的意义，才能使之更好地为我们服务，从而达到数字化、信息化的目标。

与此同时，随着数字图书馆在全世界的迅猛发展，相继出现了与其概念相对应的虚拟图书馆、电子图书馆、无墙图书馆等多种新型图书馆的概念。这些概念之间的关系在如今各界也众说纷纭，有的认为这几个概念所指的内容其实是相同的，彼此可以替代；而有的则认为它们之间有本质区别，在概念上不能混淆。本书针对以上几个概念及它们之间的关系进行了一定的探讨。

3.1.1.3 数字图书馆与虚拟图书馆

虚拟图书馆（Virtual Library）是指图书馆的服务不仅限于物理意义上的馆藏，而是指通过通信网络连接各馆、各地区、全国乃至全球信息资源的，逻辑意义上的馆藏。因此，虚拟图书馆概念的提出应该可以说是数字图书馆的"冰山一角"或补充。数字图书馆在连接各地图书馆物理馆藏的同时更倾向于对数字化信息的收集、整理、保存和利用，其为社区群体提供的信息服务更加方便和经济，作用也更加广泛。

综上所述，数字图书馆和虚拟图书馆都强调信息传输的网络化，而资源的广泛性对虚拟图书馆而言重要程度会更高。

3.1.1.4 数字图书馆和电子图书馆

电子图书馆（Electronic Library）一词最早出现于 R.W.Cristian 的《电子图书馆：数目数据库》（1975），而第一次明确定义电子图书馆的则为美国人K.E.Dowlin 于 1984 年出版的《电子图书馆：前景与进程》。现在对电子图书馆较为公认的定义为：此类图书馆收藏的不是一本本的印刷在纸上的图书，而是以电子形式储存、检索文献信息，从而为公众提供服务的图书馆。简言之，电子图书馆就是通过电子媒介进行服务的图书馆。

在含义上，数字图书馆和电子图书馆很接近，国内外普遍认为电子图书馆是数字图书馆的早期提法，甚至现在许多领域仍使用"电子图书馆"这一词语。由此可见，无论是从狭义还是广义的理解和解释，我们都可以把电子图书馆看作一个发展着的概念，而数字图书馆是其概念范畴内中发展出来的一个新形式，两者在技术基础和服务内容上其实是一致的。

3.1.1.5　数字图书馆和无墙图书馆

无墙图书馆（Library without Walls）的概念主要是从用户感觉的角度来定义的，即数字图书馆网络化的特征，使用户觉得好像在使用一个没有围墙、不规定借阅时间的图书馆。由此可见，无墙图书馆反映的仅仅是数字图书馆的部分特点，因此将两者概念等同起来是不全面、不完善的。

3.1.2　发展

本小节将从国外数字图书馆的发展、中国数字图书馆的发展两方面进行简要介绍。

3.1.2.1　国外数字图书馆的发展

数字图书馆的提出最早出现在 20 世纪 40 年代中期的美国，当时美国著名的科学技术管理学家 Bush 在《大西洋月刊》上答复美国最高当局的信件中提出：要将传统图书馆馆藏文献的储存、查找机制与当时刚刚问世的计算机结合起来，并构思描绘了他所设想的一种 Memex 装备机械化的个人文档与图书馆，即个人文献工作系统，该系统能够存储他所有的书、记录以及通信信息。这一构想的提出被视作当今数字图书馆的情报学理论与实践的开端，而 Memex 也被视作情报系统的前身。与此同时，1948 年，美国数学家 Wiener 在其著名的《控制论》一书中指出：由于科技情报资料数量的急剧增长，给图书馆带来了巨大的压力与困难，应适当采用机器来处理资料。

自 1981 年开始，国外就已经展开了与数字图书馆相关的技术研究。20 世纪 90 年代以来，随着互联网的迅猛发展，高新技术的日益普及，特别是知识经济的崛起，网上信息的有效管理越来越引起世界各国的关注。为在 21 世纪掌握知识经济信息时代的主导权，各国纷纷开始提出发展信息系统的战略措施。1993 年，美国制定了"国家信息基础结构"（NII）计划，继而提出了建设"全球信息基础设施"（GII）的主张；1994 年，欧盟宣布在欧洲建立信息社会的计划，确定了欧洲信息社会的应用领域；同年，俄罗斯成立了俄联邦信息政策委员会，并于 1995 年通过了《俄罗斯信息、信息化和信息保护法》；日本、加拿大、法国、英国、南非等许多国家也都以政府性行为采取了相应的措施和行动。1994 年，美国开始研究 Digital Library Initiative 项目，1996 年 7 月，IBM 公司提出了一项多媒体信息共享方案以及相应的软件研究产品——"IBM 数字图书馆"，从此，数字图书馆作为计算机技术、通信技术与传统图书馆相结合的产物成了各学术领域的热门研究项目之一。

经过近 30 年的建设与发展，时至今日，世界范围内的数字图书馆建设已经取得了显著的成就，并积累了一定的经验，开发了一大批数字图书馆项目。本书主要介绍以下四个具有代表性的数字图书馆项目：

（1）"数字图书馆联盟"（Digital Library Federation，DLF）

数字图书馆联盟是由美国 12 所大学图书馆及国会图书馆组成的，其在促进收藏和推广数字化著作方面发挥了较大的作用。它所实施的数字图书馆项目是规模位居全球前列的公益性数字图书馆，研究内容包括数字图书馆的构造、数字化收藏、用户支持与服务、数字化保存、数字图书馆标准与实例、图书馆未来角色的评估与定位等，其文献主要包括了美国大学图书馆核心馆藏、技术报告等进入公共领域的图书资料。

（2）"美国国家数字图书馆项目"（National Digital Library Program，NDLP）

在互联网上仍使用实验项目"美国的回忆"（American Memory）来命名 NDLP。NDLP 项目于 1995 年启动，该项目旨在以高质量的数字产品的形式，丰富和集中美国的历史、文化收藏，要让所有的学校、图书馆、家庭同那些公共阅览室的长期读者一样，能够任意从自己所在的地点接触到这些对他们来说崭新而且重要的资料，并按个人的要求来理解、重新整理和使用这些资料。NDLP 数字图书馆与其他数字图书馆最大的不同之处在于按主题分为不同的收藏，每个收藏可以是一组档案文件、一套累积的资料或一个专题汇编，并作为一个单独的数据库命名，在该项目的主页下使用统一标准的 URL 地址和查询检索工具。到目前为止，美国国家数字图书馆项目已经完成，并且可在互联网上检索到的收藏达到了 26 个。

（3）"伽里卡计划"——法国国立数字图书馆

法国国立图书馆为了实现新馆的开放，将大量图书资料通过互联网提供给全球的读者使用，这也就促成了法国国立数字图书馆伽里卡计划的实施。该数字图书馆包括了大约 10 万册数字化图书，其中大部分以图片形式存在。伽里卡计划的独特之处在于它是一座多样化的多媒体图书馆，收藏了许多作家的作品和肖像。为了最大限度地满足研究人员的要求，在研究图像和文字的远距离传送时，必须考虑以阅读为基础的知识类型，并想象电子图书馆可能是什么样。因此，法国国立数字图书馆是一座没有围墙的，让用户觉得可以自由使用的数字图书馆。

（4）日本国会图书馆的"电子图书馆"计划

日本国会图书馆的"电子图书馆"计划已经完成的数据总量仅图像数据就高达1000多万页，其中包括许多国宝或作为重要文化财产的珍藏本，如日本明治时期发行的图书，第二次世界大战前后的经济类图书，日本具有代表性的综合期刊以及政治、经济类杂志等。日本国会图书馆关西馆工程使该馆将成为日本最大的数字图书馆及亚洲地区的文献提供中心，而关于这个项目日本政府投资了近4亿美元。总体来看，日本的数字图书馆建设侧重于公有领域内的信息资料，发挥着保存和拯救历史的重要作用。

3.1.2.2 中国数字图书馆的发展

我国的数字图书馆建设起步比较晚，但是发展速度很快，如今国内各图书情报单位紧跟着世界科学技术的发展步伐，积极地建设各类型的数字图书馆。中国国家图书馆自1995年起就安排专人负责跟踪国外关于研制数字图书馆的发展动态。当今世界争夺最为激烈的就是知识和人才。随着新经济的迅速发展，将知识转化为资本的能力在某种程度上标志着一个国家的发展能力。数字图书馆的建立和快速发展，能够提供一流的信息，为科研人员的发明创造提供条件。长期以来，我国在创造发明专利方面一直比较落后，基础学科建设、人才培养等基础工作也和发达国家有很大的差距，因此只有培养自己的人才，才能在世界舞台上具有真正的竞争力。我国"十一五"期间调整了"科教兴国"的发展战略，并且强调了"自主创新"的思想，而数字图书馆的运用正是实施这些战略的基础工作。在数字图书馆领域中运用"数据挖掘""知识关联""异构跨库检索"等工具是为了快速获取世界最新创造发明的新技术，这就需要我们开发一流的新知识新资源，发展一流的信息新技术，加速数字图书馆建设，以适应科技创新的需要。

（1）我国数字图书馆的发展概况

其一，中国试验型数字式图书馆（CPDLP）。该项目以国家图书馆为组长单位，联合上海图书馆、南京图书馆、辽宁省图书馆、广东省图书馆以及深圳图书馆，于1997年获得批准立项，成为国家重点科技项目，主要有中国古籍善本、历史与图片、国内外旅游多媒体库等9个数据库。

其二，数字图书馆系统工程项目。该项目是由科学技术部支持和协调，国家"863"计划智能计算机系统主题专家组设置的数字图书馆重点攻关项目，是由国家图书馆初步建立的一个中国试验型数字图书馆系统。该系统构筑在互联网环境上，包含多个分布式数字资源库，采用人工智能技术，实现了横跨多个资源库的快速查询。

其三，中国数字图书馆工程。1998 年 8 月 25 日，中国数字图书馆工程筹备小组成立；2001 年 11 月，中国数字图书馆工程正式启动，标志着中国数字图书馆工程进入了实质性操作阶段。该项目的整体目标是在互联网上形成超大规模的高质量的中文数字资源库群，并通过国家骨干通信网向全国乃至全球用户提供服务；其总任务是建设十余个总容量不低于 20TB 的 200 万册图书、600 万幅图片、8000 部影视作品并相互连接的中文多媒体资源库群，实现全国联机采编及馆际互借，完成开发具有中国特色的数字图书馆应用系统。到目前为止，该项目已建成的信息资源总量达到了 10TB，包括 6380 万页图书、22 万首音乐作品、近 8 万篇博士论文等多种类型资源的数字化工作。

其四，国家科技图书文献中心（National Science and Technology Library，NSTL）。NSTL 成立于 2000 年，是由中国科技信息研究所、中国科学院图书馆、工程技术图书馆、中国农业科学院图书馆、中国医学科学院图书馆等 8 个图书馆合作开发的虚拟数字图书馆，网上共建单位包括中国标准化研究院和中国计量科学研究院。到目前为止，NSTL 系统主要提供"文献检索和原文提供、网络版全文数据库、期刊分类目次浏览、联机公共目录查询、文献题录数据库检索、网络信息导航、专家咨询服务和专题信息服务"等类型的文献信息服务，网站上同时还开通了中文期刊、中文会议论文、中文学位论文、外文期刊、外文会议论文和外文科技报告等文献的全文检索利用服务。

其五，中国知网。作为全球全文信息量最大的中文数字图书馆，中国知网被科学技术部确定为"国家级重点新产品重中之重"项目。CNKI 数字图书馆囊括了 20 多个国家批准的电子期刊以及源数据库、系列知识仓库等。通过与期刊界、出版界及各内容提供商达成合作，今天的中国知网已经发展成为囊括国际各类期刊、论文、年鉴、专利、图书等丰富数据库资源的国际化网络出版平台，中心网站的日更新文献量达 5 万篇以上。CNKI 工程的具体目标包括：一是大规模集成整合知识信息资源，整体提高资源的综合和增值利用价值；二是建设知识资源互联网传播扩散与增值服务平台，为全社会提供资源共享、数字化学习、知识创新信息化条件；三是建设知识资源的深度开发利用平台，为社会各方面提供知识管理与知识服务的信息化手段；四是为知识资源生产出版部门创造互联网出版发行的市场环境与商业机制，大力促进文化出版事业、产业的现代化建设与跨越式发展。

（2）建设数字图书馆的意义

构建数字化信息保障体系，对我国"十一五"期间的战略发展具有重要意义。为了实现"十一五"规划提出的重点学科建设目标，就必须密切跟踪国内外科学研究的前沿领域，充分吸收最新的研究成果，大力开发特色学术信息资源，加强教学科研信息交流，全面提高教育信息化、现代化的建设水平。因此，加快发展并且尽快改变图书馆文献知识资源的开发与利用相对滞后的现实情况是适应"自主创新"的战略需要。在构建数字图书馆保障体系的实施方式上，加快海量存储设备和电子资源的建设是必由之路。由于数字图书馆是一个拥有海量信息的多媒体数据库，其所涉及的信息全部通过数字化存储于信息载体之中，这些电子资源所占空间不大，也不受时间限制，通过将文本、图像、语音、视频等信息数字化并在数字化之后实施共享，能够使用户在任何时间、任何地点以任何身份进行查阅和利用，因此数字化信息的海量存储也就成了数字图书馆建设的重要组成部分。

（3）数字图书馆的未来发展方向

关于数字图书馆未来的发展方向，一般有三种观点：一是数字图书馆将成为实体型传统图书馆的一种补充，二是数字图书馆将成为21世纪主要的图书馆形态，三是数字图书馆与传统图书馆将并存互补。由此不难看出，第三种观点是比较切合实际的。这主要有两方面的原因：一方面，历史与环境的原因，传统图书馆有着几千年的历史，有着根深蒂固的基础，并且能够随着社会的变化不断变革进步，而随后出现的数字图书馆也是以传统图书馆为基础，按照其架构逐渐演变形成而来的；另一方面，数字图书馆与传统图书馆不完全相同，各有自身的优势和局限性，同时两者又具有不可分割的联系。因此，两者不是相互排斥的，而是相互补充、相互依存的有机混合体。这不仅是自身发展的需要，也是社会发展的必然要求。

3.1.3 特征

本小节将从数字图书馆的要素特点、功能、类型三方面进行简要介绍。

3.1.3.1 要素特点

数字图书馆是计算机技术、网络技术、通信技术、数据库技术以及多媒体技术等诸多内容的结合体，以计算机为主要手段的各种硬件设备对管理数字化的信息资源起到了很大的作用。与此同时，数字图书馆利用互联网的共享性，充分连接起了各类网络信息资源，实现了网络化，为用户提供全方位、多元化和高效能的数字化信息服务。总而言之，数字图书馆是一种拥有多媒体及内容丰富的数字化信息资源，能为读者方便、快捷地提供信息的知识中心。同传统图书馆相比，数字图书馆具有相当鲜明的基本要素特点：数字化资源、以用户为中心、传播和利用的共享化。

（1）数字化资源

信息资源的数字化是数字图书馆建设和发展的基础，其中包括数字、文字、图像、语音、虚拟现实，以及可视世界的各种信息等，实际上都可以通过采样定理用 0 和 1 来表示，这样数字化以后的 0 和 1 就是各种信息最基本、最简单的表示。因此，用数字媒体就可以代表各种媒体，就可以描述千差万别的图书馆信息资源。通过数字化的方法，以纸质为载体的信息就变成了存储在磁性物质上的电磁信号，这对珍贵文献的保护起到了至关重要的作用。由于各类数字化信息大多以数字化光盘、服务器数据库、硬盘等载体储存，数字图书馆中海量信息所占用的空间也得以极大减少。

（2）以用户为中心

数字图书馆经过几十年的发展，现今用户能够在任何时候任何地点通过数字图书馆进行资源的查阅，数字图书馆也从以资源为中心发展到以技术为中心，最后发展到以用户为中心上，这与数字图书馆建立的初衷——以读者为基础，方便更多人使用是分不开的。与传统图书馆不同，用户利用数字图书馆可以跳过与图书管理员沟通交流的环节，能更加便捷地查阅自己所需要的书籍或者信息。另外，面向不同的用户，数字图书馆能够根据每个用户个性化的需求，提供多样化的、可以定制的服务内容。同时，用户对数字化信息的查询、筛选、选择、阅读、评价等反过来又促进了数字图书馆的进一步改进，从而促使用户与图书馆之间的良性循环发展。

（3）传播和利用的共享化

数字图书馆通过对局域网、广域网、互联网等网络化设施的利用，使得图书馆中大量的数字化资源在网络上实现一定领域的共享，这也是数字图书馆发展的必然趋势。但是，随着互联网上各种科学信息和论文期刊等资源的急剧增加，如何快捷有效地获取自己想要查阅的内容已经成了一大难题，因此对数字图书馆的选择变得尤为重要。

与传统图书馆相比，数字图书馆有着很多的优势和特点，然而，正是因为数字图书馆系统结构的开放性和自由性，虽然它为用户共享信息资源、获得信息服务提供了方便，但是互联网的安全问题仍然不容忽视，这不仅涉及著作版权问题，同时也反映了社会道德问题。解决数字图书馆安全问题的一个较为行之有效的方法是：利用计算机读取管理技术和域名管理技术对访问权进行控制。

3.1.3.2 功能

通过以上的相关讨论，我们对数字图书馆有了一个大致的了解，接下来从数字图书馆业务功能以及社会功能两个角度作进一步的讨论。

（1）业务功能

数字图书馆的内容主要是由其各种各样的功能所体现出来的。本书以 IBM 细化的 5 个功能为标准（数字化信息的收录、存储与管理已获得的数字化信息、信息的访问与查阅、数字化信息的传输、权限的管理）来探讨数字图书馆的业务功能。

其一，数字化信息的收录。目前，比较广泛适用的电子文件格式有 TXT、DOC、PDF、HTML、SGML、XML、WAV、JEPG、MPEG、AVI 等。

其二，存储与管理已获得的数字化信息。数字图书馆大多采用 Client/Server 模式，客户和服务器数据库之间直接构成了信息传递的链条。同时，为了保证所存储信息资源的稳定性并防止因意外事故而造成数据流失，数字图书馆在管理上必须进行经常的数据更新和备份。

其三，信息的访问与查阅。用户对数字图书馆的利用是依赖用户页面来进行的，因此，一个便利的用户页面能使读者快速学会并熟练掌握该数字图书馆的操作方式。现在常用的全文信息检索技术有布尔逻辑检索、截词检索、限制检索和词频检索等。

其四，数字化信息的传输。互联网大环境为数字图书馆提供了一个很好的信息网络化共享的平台，通过一大批遵循 TCP/IP 协议的计算机相互联结，用户能够轻易地从数字图书馆数据库中分享或下载所需资源。然而，信息的传送涉及网络技术的应用层面，因此，这对计算机本身的硬件配备、网络的共享性有着较高的要求。

其五，权限的管理。上文已经提到，在数字图书馆快速发展的同时，网络信息的安全性也引起了人们的注意，网络知识产权的保护是数字图书馆的基本生存之道，也只有这样，信息拥有者和最终用户的权益才能得到根本保证。例如，IBM 数字化图书馆提供看不见的水印加密技术、鉴定水印功能、记账服务等，而中国的《信息网络传播权保护条例》已经于 2006 年 5 月 10 日国务院第 135 次常务会议通过，于 2013 年 1 月 30 日修订，自 2013 年 3 月 1 日起施行。

（2）社会功能

数字图书馆是传统图书馆的创新和发展，其社会功能也随着与外界环境的相互作用逐渐产生。1975 年，国际图书馆协会联合会（IFLA）在法国里昂召开了图书馆职能科学讨论会，该次会议确认了数字图书馆的四大类社会功能：

其一，保存人类珍贵文化遗产。因为有了图书馆这一机构，人类社会实践所取得的经验、文化、知识才能得以系统的保存并流传下来，成为今天人类宝贵的文化遗产和精神财富。数字图书馆通过对珍贵纸质资料的数字化保存，在大大增加了文化遗产拥有量的同时为用户的阅读提供了便利。

其二，开展社会教育。近代资本主义大工业的产生，要求工人有较多的劳动知识和劳动技能，因此图书馆真正走到平民百姓的生活当中，担负起了提高工人科学知识文化素质的任务。现代社会，数字图书馆与传统图书馆一样，成为继续教育、终身教育的温床，担负了更多的教育职能。

其三，快速传递社会信息。通过快捷的通信网络技术的传递，用户现在能够很快地利用数字图书馆获取大量的有用信息。

其四，作为休闲活动。进入 21 世纪以来，办公电脑和家庭电脑的保有量已经达到了一个相当惊人的数量，这也使用户能够利用数字图书馆获取各种服务。这既满足了社会对文化娱乐的需要，丰富和活跃了人民群众的文化生活，又在精神文明建设当中起到了不可磨灭的作用。

3.1.3.3 类型

数字图书馆和 SCI 科学引文索引、CNKI 中国知网、维普中文科技期刊数据库、万方数据库资源系统等具有很多相似之处，并且其资源类型丰富多样，如电子图书、电子期刊、电子报纸、博硕士论文等全文数据库资源，本书涉及的数字图书馆资源类型主要是电子图书等。

电子图书（Electronic Book，E-Book），作为一种新式书籍，是指通过数字化技术编辑、制作以及使用的图书，该类图书必须存储在一定的载体上，通过电子设备读取后在屏幕上显示出来。随着计算机技术的飞速发展，电子图书的运用也变得多样化，而电子图书主要包括两种：一是通过扫描设备直接将书籍内容转换为数字格式，如以图片形式存在，这对一些古籍的保存起到了重要作用；二是原生数字出版物，这种电子书是直接依赖于电子设备发行的出版物，以电子文本的形式存在。作为多媒体技术和超文本技术发展的产物，电子图书相较于传统书籍有着更多的优点：方便信息检索，提高了资料的利用率；存储介质相较传统书籍而言容量更大，可以容纳更多的信息量；成本更低，相同的容量比较，存储体的价格可以是传统媒体价格的 1/100~1/10 甚至更低；内容更丰富，数字化资料可以包含图文声像等各种资料；可读性大大增强，信息组织方式更为灵活，方便读者阅读。

（1）储存载体

电子图书根据存储载体不同可分为以下几类：

其一，CD-ROM 电子图书：数字化后的电子信息存储在光盘上，只能采用计算机单机阅读。

其二，软盘电子图书：数字化后的电子信息存储在软盘上，也只能通过计算机阅读，现在这种类型的电子图书由于计算机硬件技术的发展基本已不再采用。

其三，互联网电子图书：借助互联网的共享性，读者可以通过互联网访问并阅读所需电子图书，更新较快。

其四，电子图书阅读器：基于电子纸技术的电子书阅读器是一种方便携带的电子书存储设备，能存储多本电子图书，用户可以根据自己的兴趣更新电子图书的内容。

（2）电子读物格式

电子读物及电子图书存在的格式又有很多种，下面我们简单地介绍一下当前比较流行和比较常见的几种电子读物文件格式。

其一，EXE 文件格式。这是目前比较流行也是被许多人青睐的一种电子读物文件格式，这种格式的制作工具也是最多的。它最大的特点就是阅读方便，制作简单，制作出来的电子读物相当精美，无须专门的阅读器支持就可以阅读。这种格式的电子读物对运行环境并无很高的要求。

其二，CHM 文件格式。该文件格式是微软 1998 年推出的基于 HTML 文件特性的帮助文件系统，因此，CHM 类型文件被称作"已编译的 HTML 帮助文件"。IE 浏览器支持的 JavaScript、VBScript、ActiveX、Java Applet、Flash、常见图形文件（GIF、JPEG、PNG）、音频视频文件（MID、WAV、AVI）等，CHM 同样支持，并可以通过 URL 与互联网联系在一起。

其三，PDF 文件格式。这是美国 Adobe 公司开发的电子读物文件格式，这种文件格式的电子读物需要该公司的 PDF 文件阅读器——Adobe Acrobat Reader

来阅读，所以要求读者的计算机安装有这个阅读器。该阅读器完全免费，可以到 Adobe 的站点下载。PDF 的优点在于，这种格式的电子读物美观、便于浏览、安全性很高。但是这种格式不支持 CSS、Flash、Java、JavaScript 等基于 HTML 的各种技术，所以它只适合浏览静态的电子图书。

其四，WDL 文件格式。这是北京华康公司开发的一种电子读物文件格式，目前国内很多大型的电子出版物都使用这种格式。其特点是较好地保留了原来的版面设计，可以通过在线阅读也可以将电子读物下载到本地阅读，但需要使用该公司专门的阅读器 DynaDoc Free Reader 来阅读，该阅读器可以从该公司的网站免费下载。

其五，EBX 文件格式。该格式的电子读物可以使用名为 The Glassbook Reader 的阅读器来阅读，该格式还可以包括 Sound、Wave 等多媒体文档。目前，美国 BARNES&NOBLE 公司提供了大量的关于这种格式的电子读物。

3.2　OPAC 查询系统

联机公共目录查询（Online Public Access Catalogue，OPAC），是一种现代化检索方法，主要是利用计算机终端来查询基于图书馆局域网内的馆藏数据资源，通过联机查找为读者提供馆藏文献的线索。

OPAC 系统可能因集成系统的不同，用户页面也各有不同，但它们遵循的标准却是相同的，实现的功能也基本相同。OPAC 系统一般都具备馆藏文献目录查询、读者信息查询、信息发布、订购征询等功能。不同的图书馆可能根据自身情况，增加了一些本馆的特殊功能。不同的 OPAC 系统检索项是基本相同的，都遵循元数据标准。

OPAC 系统一般具有六个方面的功能，以下进行简要介绍：

3.2.1　藏书查询

书刊馆藏查询，其查询范围包括馆藏的中外文图书、中外文期刊、非书资料、中文古籍等，检索途径有题名、作者、分类号、关键词、ISBN/ISSN、出版社、主题词、排架号等。OPAC 系统简明、快捷，更重要的是它的多检索字段、检索策略等为用户提供了方便简洁的检索方式，同时检索页面的检索结果会显示该查询书目的馆藏信息（馆藏地点、数目）、借阅状态（已借出、是否可借）、借书时间、还书时间，使馆藏对读者完全透明，具体如图 3-1 所示。

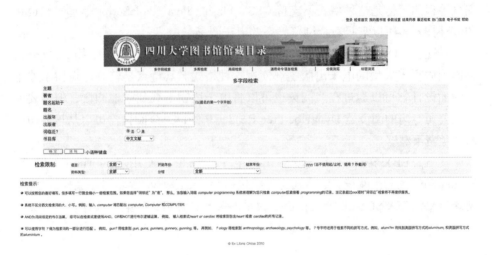

图 3-1　书刊馆藏查询页面

3.2.2　读者信息查询

单击"用户信息"，输入 ID 和密码登录后，即可看到读者现在的借书状态和借阅历史，以及读者的预约请求和是否欠款的情况，由此方便读者合理安排图书借还，具体如图 3-2 所示。

图 3-2　读者信息查询页面

3.2.3　网上预约和续借

用户在浏览使用 OPAC 系统时，当得到的检索结果显示自己需要的图书状态为已借出时，可以在任何一台计算机上通过网络预约此书。如若该书已经被还，OPAC 系统会为预约用户保留该书，并且通过网上信息告知用户。若读者在归还日期内没有读完此书，想续借此书，不用到原计算机上续借，只需在任何一台计算机上通过网络续借该书即可，减少在图书馆路途上的时间，方便用户进行借阅，具体如图 3-3 所示。

图 3-3　网上预约和续借页面

3.2.4　新书推荐

用户若发现馆藏里没有相关书目，可以在 OPAC 系统上向图书馆推荐购买此书，图书馆的采购人员则会根据反馈的推荐信息，核查信息，核对无误后安排此书的采购，提高馆藏书目质量，避免盲目采购书刊。

3.2.5　信息发布

OPAC 系统上可以发布新书的通报、书目借阅排行、培训信息、学术讲座以及一些试用数据库等信息，为读者提供服务，并加强对信息资源的宣传。

3.2.6　用户留言

用户可以在 OPAC 系统上针对图书馆的管理情况、馆藏书目等提出问题和建议，图书馆工作人员会及时反馈并采纳合理建议。通过读者留言，可以增强读者和图书馆之间的互动交流，有助于图书馆工作的改进和服务质量的提升。

3.3 数字图书馆

随着电子图书产业的迅速发展，中国电子图书市场也越来越活跃，目前国内数字图书馆主要有超星数字图书馆、书生数字图书馆、方正 Apabi 数字图书馆，国外数字图书馆主要有 ECCO（Eighteenth Century Collections Online）、EEBO（Early English Books Online）和 KIFDL（金图国际外文数字图书馆）等。本书主要对超星数字图书馆、书生数字图书馆与 Z-Library 电子书图书馆的使用方法进行介绍。

3.3.1 超星数字图书馆

超星数字图书馆是 2000 年由北京世纪超星信息技术发展有限责任公司投资兴建的国内第一个完全数字化图书馆，属于国家"863"计划中中国数字图书馆示范工程项目。该图书馆可提供丰富的电子图书资源，其中包括文学、经济、计算机等 50 余大类，数十万册电子图书，300 万篇论文，全文总量 4 亿余页，数据总量 30000GB，大量免费的电子图书仍在每天不断地增加与更新，是目前世界最大的中文在线数字图书馆。先进成熟的超星数字图书馆技术平台和"超星电子图书阅读器"能够为读者和用户提供各种读书所需的功能，专为数字图书馆设计的 PDG 电子图书格式，具有很好的显示效果，具有适合在互联网上使用等优点。"超星电子图书阅读器"是国内目前技术最为成熟、创新点最多的专业阅读器，具有电子图书阅读、资源整理、网页采集、电子图书制作等一系列功能。

为了能够更好地使用超星数字图书馆，用户需要下载超星数字图书馆研发的专门阅读软件——"超星电子图书阅读器"。

3.3.1.1 下载超星数字图书馆

下载超星数图书馆的具体操作步骤（以四川大学图书馆为例）如下。

首先，进入四川大学图书馆主页，鼠标滑至导航栏"文献服务"——"数字资源"中的"工具下载"，具体如图 3-4 所示。

图 3-4　四川大学图书馆主页

其次，单击"超星电子图书阅读器"，进入下载页面，具体如图 3-5、图 3-6 所示。

图 3-5　工具下载

图 3-6　下载页面

安装完毕，双击即可进入超星数字图书馆的阅读器。

为了使读者对书目的下载管理更加方便，可以根据超星阅读器首页的引导下载并安装"超星电子图书阅读器 5.7"。登录账号即在超星阅读器首次登录时所使用的账户及密码。

超星数字图书馆目前主要有两种途径可以使用：校内教育网用户通过学校图书馆 IP 地址登录；外网个人用户通过购买超星读书卡获得权限登录。一般来说，在校学生通过学校教育网登录是免费的，但不管是以哪种方式登录，用户在第一次使用超星数字图书馆时都需要进行用户注册和登录。

3.3.1.2　用户注册登录

用户注册登录超星数字图书馆的具体步骤为：

首先，进入超星数字图书馆主页 http://www.ssreader.com/，单击"注册"（已注册用户可直接单击"登录"），进入注册页面，完善用户注册信息。

其次，注册完毕后，单击"登录"，进行用户登录。

最后，登录超星数字图书馆后用户能够对自己的信息进行管理，包括"用户信息查询""最近读书记录""用户信息修改""图书下载记录""我的图书馆"等功能。

作为北京世纪超星信息技术发展有限责任公司研发的超星数字图书馆专用阅读软件，超星阅读器在经过多次升级更新之后到如今已经具有了适应不同用户需求的功能。

3.3.1.3　功能

（1）资源列表

进入超星阅读器后，在窗口的左侧会出现一个"资源列表"，通过对个人书籍资源的管理，用户可以选择"本地图书馆""光盘"等方式来阅读电子图书。"本地图书馆"是指用户通过超星数字图书馆下载到本地计算机的电子书数据库，"光盘"则需要光盘等存储载体来打开电子图书，"数字图书馆"是按照不同书籍领域的分类，读者能够在线阅读并保持更新。

（2）资源管理

超星阅读器为了方便读者对所需资料进行归纳分类和保存，工具栏的"资源"项针对保存或收藏在阅读器中的信息提供了"添加新的分类""导出""复制""删除"等功能。

（3）书签管理

为了使用户在阅读某本图书后在下次方便地找到该书并继续阅读和管理，添加了"书签"这一功能。在"书签"栏中选择"书签管理"，即能在书签管理器中导入、导出、删除书签。

本书以上内容对超星数字图书馆阅读器的基本使用方法作了一个简单介绍，下面就如何具体找寻用户所需要的图书来举例说明。

3.3.1.4　实例

比如，笔者打算通过四川大学图书馆链接超星数字图书馆后搜寻亚当·斯密的《国富论》，具体操作步骤如下：

首先，进入四川大学图书馆主页，找到超星数字图书馆数据库教育网镜像，单击进入。

其次，网站提供了书名检索、作者检索和全文检索，并且根据页面提示，用户可以选择通过阅读器在线阅读或下载该书到计算机后本地阅读。笔者选择"书名检索"并输入"国富论"后得到检索结果如图 3-7、图 3-8 所示。

最后，单击"图像阅读"后，书本内容将自动在新的网页中打开；单击"下载"后可在超星阅读器中查看内容。

图 3-7　首页搜索页面

图 3-8　下载页面

　　当然，连接互联网的外网用户也可以直接通过购买超星数字图书馆读书卡来实现电子图书的搜索和使用，并且超星数字图书馆为用户提供了读书卡充值服务，以便用户能够获取更多的信息资源，用户进入超星数字图书馆主页后在最上面一栏就能看到"购买读书卡"以及"充值读书卡"两项。

　　用户运用超星数字图书馆的图书功能，有两种方法可以获得满意的图书：第一种，在超星数字图书馆提供的 15 种大范围的分类目录中寻找，其涵盖了哲学宗教，社会科学，经济管理，文化艺术，语言、文字，文学，历史、地理，教育，自然科学，数理化，医学，工业技术，建筑交通，计算机通信，综合性图书等内容，而在这 15 个大分类中就形成了一个庞大的目录分支系统，因此不同用户的读书兴趣在这里基本都能得到满足；第二种，外网用户也可以利用超星数字图书馆的"图书搜索"功能针对性地进行图书搜索，如"全文检索"（搜索直达亿页图书全文，快速定位知识点）、"作者检索"（根据作者姓名以及出版时间精确搜索图书）、"书名检索"（在书名字段精确搜索包含检索词的所有图书）等。由于版面原因，非机构的外网用户搜索某本电子图书的具体步骤在这里就不进行赘述了。

3.3.2　Z-library 电子书图书馆

Z-library（https://1lib.ml/）始于 2009 年，是一个免费的学术文本和学术期刊文章的文件共享平台（见图 3-9），截至 2023 年 3 月 1 日共收录了 12076244本数字图书和 84837643 篇学术期刊文章；内容从各类知名文学著作、理工学科、人文艺术到学术论文等，几乎覆盖了各个领域、学科；文本支持 PDF、EPUB、MOBI 等多种格式，网站同时支持格式在线转换，在不登录的情况下可转换成TXT、RTF 等格式，游客用户每天可以免费下载 5 次，注册登录后，用户每天可免费下载 10 次，而超出部分需要以捐赠的形式向其支付部分费用方可继续下载。

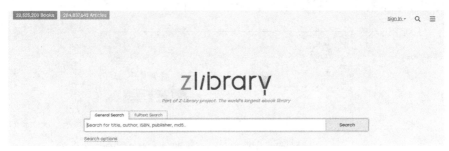

图 3-9　Z-library 电子图书馆首页

3.4　云图书馆

本节主要通过对百链云图书馆的中文期刊进行检索和实际操作，向读者介绍百链云图书馆文献资源的检索和获取方法。利用超星发现云资源搜索引擎，可以快速搜索众多图书馆资源。通过远程访问图书馆数字资源，可以在家搜索和获取所需的文献资源。

3.4.1　超星发现云资源搜索引擎

超星发现可以利用数据库的查询功能，在数据库中搜索出相关有用的信息再报告给使用者。超星发现是超星公司继读秀、百链之后，新推出的一个知识服务和检索平台。它们的功能和用法基本相同，但是，它们各自服务的重点却有所区别：读秀学术搜索平台的服务重点是解决图书馆目录体系（OPAC）整合、图书补缺、图书馆的资源检索和传递的问题；百链搜索平台的服务重点是解决外文文献资源、全国联网图书馆的文献资源共享、奇谈文献补缺等问题；超星发现平台的服务重点是解决知识发现、知识点之间的关联问题。超星发现的检索更简单，降低了检索者的信息素养门槛，不需要多少检索知识，就能在全国 1348 家图书馆的资源池内快速找到自己所需的文献，且检全率还很高。

超星发现依托数十亿海量元数据资源的优势，通过对这些资源的属性不断筛选、过滤搜索结果，从深层次、多方位、全面化地挖掘知识资源，然后将最全面、最核心、最有价值的资源展现给读者。超星发现网址为 http://ss.zhizhen.com/。超星发现检索页面极其简捷，其快速检索功能帮助读者像利用搜索引擎一样检索学术资源，超星发现页面如图 3-10 所示。

图 3-10　超星发现页面

3.4.2　远程访问图书馆数字资源

目前很多单位特别是图书馆都建立了自己的数字资源，如方正 Apabi 图书、超星电子图书、中国期刊全文数据库等，它们通常通过 IP 地址对访问者进行限制，使访问者只能在某些网站内访问这些数字资源。数字资源远程访问系统的目的就是突破这个限制，让合法使用者在互联网的任意角落都可以访问这些数字资源。

3.4.2.1　iReader 数字资源远程访问管理系统

（1）简介

北京瑞德宏图信息技术有限公司开发的 iReader 数字资源访问管理系统，是一套专门为数字图书馆用户量身定制的、用于用户远程访问图书馆数字资源的软件系统。该系统能解决用户在校外复杂的网络情况下访问校内图书馆数字资源的问题，让全校师生能在家里或宿舍方便、快捷地访问学校图书馆的数字资源。

iReader 数字资源远程访问管理系统具有使用容易、全面实用、安全稳定、维护简便的特点，并特别针对国内图书馆用户的特定需求进行研发，已成为国内高校及科研机构图书馆用户远程（校外）访问系统的理想产品。iReader 数字资源远程访问管理系统如图 3–11 所示。

图 3–11　iReader 数字资源远程访问管理系统

（2）智能化的客户端功能

智能化的客户端能极大地简化用户远程访问数字资源的操作，使不熟悉网络设置的用户，也能像平时在校园网或局域网内一样正常地访问图书馆的数字资源。在进行远程访问的同时，用户的其他上网操作也不受影响。

（3）自助故障诊断

该数字资源远程访问管理系统可自助诊断注册表、浏览器、防火墙等配置情况，以及网络的连接状况，方便用户自助维护。

（4）一键式使用

读者根据要求可以自动运行、自动认证登录、自动打开浏览器、自动进入图书馆主页，实现"傻瓜式"应用。

3.4.2.2　申请个人账户

学校教职工及学生，如果要在校园外访问本校图书馆的数字资源，可先在图书馆主页，单击"远程访问资源"进入，并按要求进行个人账户申请，下载、安装客户端。

（1）申请个人账户

单击 iReader 数字资源远程访问管理系统，进入 iReader 数字资源远程访问管理系统页面。再单击"在线申请"，出现在线申请表单后，必须真实填写表单所有项目，以便图书馆审核是否为本馆读者，账号审核后通过方可使用。

（2）下载、安装客户端

账号审核开通后，再进入 iReader 数字资源远程访问管理系统，进行"客户端下载"，并在本机上安装。安装成功后桌面生成快捷方式图标（"iReader 数字资源远程访问"）。

3.4.2.3　使用注意事项

登录 iReader 数字资源远程访问管理系统，用户可根据自身需要选择"保存密码""开机后自动加载本程序""自动连接"等登录方式。成功连接后，单击"设置"→"修改密码"，输入原密码及新密码后单击"确定"按钮即可；用户根据自身要求也可更改选项。

现在很多高校图书馆都为用户提供了数字资源远程访问服务，并且承诺本校毕业的用户长期免费试用，校外用户也可申请开通免费试用。用户不妨在本校图书馆申请一个数字资源远程访问账号。

3.5　移动图书馆

为使读者了解国内外关于移动图书馆的发展，本节主要介绍目前关于国内和国外移动图书馆的基本信息，使读者掌握利用移动图书馆进行文献检索的方法，并尽可能帮助读者扩大文献检索方式的范围。

随着数字化时代的到来和互联网技术的飞速发展，为了让人们不受时间和空间限制地享受各种方便快捷的信息服务，移动图书馆作为一种新型的图书馆服务方式正日益受到广泛的关注。

　　无线网络和各种职能移动端的普及应用使移动图书馆成为现实，移动图书馆打破了传统图书馆的单一书籍服务媒介和时间与空间的限制。因此，在信息化高度发展的今天，移动图书馆已逐渐被图书馆所重视并进行实践建设。

　　移动图书馆是数字图书馆的一个分支，以即时为传播效果，以互动为传播应用，同时，移动图书馆不受图书馆闭馆或其他时间、空间条件的限制，移动终端的多样化发展也使得以往的固定图书馆服务由被动变为主动。移动图书馆的主要功能包括信息发布、个人订阅、群组推送、馆藏图书检索、查看摘要、预约借书、续借、期刊检索、全文浏览、论文检索、期刊订阅等。

　　移动图书馆源自英文"Mobile Library"，原指大家熟知的汽车图书馆，是指为不能到达公共图书馆看书的民众设计的一种图书馆流动车，旨在为广大民众提供一种便捷的图书馆服务，这种以流动书车的形式为读者提供服务的图书馆，可称为传统的移动图书馆。在移动设备得到普及后，移动图书馆逐渐由实体的流动图书馆转变为用户将有声书、电子书、视频音乐等数字馆藏资源下载到手机、iPod、Kindle 等设备上进行阅读和使用的一种服务方式。随着无线网络的兴起，利用手机、PDA 等移动终端设备，以无线方式接受图书馆提供的服务，开始成为移动图书馆新的业务模式，如手机接收图书馆短信提醒服务、进行书目信息查询、获取相关信息资源等。在这一阶段，智能手机及其他智能移动终端的出现与广泛应用，突破了移动终端单一的媒介功能，让移动图书馆逐渐从实体的流动图书馆发展成为利用现代移动设备获取信息的新型服务方式，这种通过现代移动设备为读者提供服务的图书馆，称作现代的移动图书馆。现代移动图书馆的发展标志着图书馆的发展进入了一个全新的阶段，以能够实现图书馆用户随时随地获得信息服务为目标，更好地满足用户的信息需求。

3.5.1　世界移动图书馆

　　国内外对移动图书馆的学术研究进展过程基本一致，都经历了创新认识、实践应用、设计优化等阶段。但是从相关的理论研究可以发现，国外的移动图书馆建设更注重实践，结合其实践过程不断地对相应服务进行修正与完善。就其发展情况而言，国外的移动图书馆发展要早于我国，大部分国家的图书馆都相继推出了不同程度的移动信息服务，在以美国、日本、芬兰、韩国等国家为先导的同时，以 Google 为代表的网络出版商也相应地推出了图书移动搜索页面。

　　目前，国外对于移动图书馆的研究已经初具规模，有一些知名的网站设有专门的移动图书馆讨论区，并定期召开国际移动图书馆会议，已具备了比较成熟的管理流程和发展模式。

与此同时，国外众多知名的大学作为一个重要的信息服务主体，为建设移动图书馆开设了许多专项项目，并进行调查分析。例如，美国图书馆协会于2008年5月和2011年3月先后出版了两个移动图书馆研究专题；Frank在2010年的演讲报告中针对国外移动图书馆特别是美国图书馆界的总体发展情况进行阐述，对移动互联网的发展情况、移动手持设备功能、移动服务内容和方式等进行分析，提出了移动图书馆建设的相关策略、存在的问题以及当前正在采取的措施等。这些讨论分析为建设一个全新的面向手机、iPad等移动终端的移动图书馆提供了重要的参考依据。

总体看来，国外移动图书馆的发展领先于我国，并且其发展模式及相应的理论和管理模式都更加完善。

借助互联网科技和通信技术飞速发展的成果，国外很多移动图书馆在服务内容和传播媒介上不断进行拓展和创新。截至2012年10月，在移动图书馆的几个先导国家中，美国的移动图书馆已经成为领军者，占比约为78%，其中包括各类大学图书馆、公共图书馆和专业图书馆等。

本书着重对美国、日本、韩国的移动图书馆作介绍。

3.5.1.1　美国移动图书馆

美国的移动图书馆最早始于医学图书馆，美国亚利桑那州健康医学图书馆是最早使用掌上电脑开展移动服务的图书馆之一，医学人员是移动图书馆的第一批用户。1993年，美国南阿拉巴马大学图书馆也推出了"无屋顶图书馆计划"，这是图书馆第一次系统地使用蜂窝通信网络将PDA接入联机公共检索目录、商业在线数据库和互联网，可是由于当时移动终端功能与普及程度的限制，这个计划在几年后搁浅了。但是这一次尝试开了各国图书馆为用户提供移动服务的先河。

当前，美国强大的教育资源与科技资源已经使美国的移动图书馆成为世界上移动图书馆的领军者。很多公共图书馆和高校图书馆甚至为了满足特定人群的需求还专门设立了相应的门户系统，用户不用在移动终端上下载相应的应用，只要输入相应网址进入门户登录即可享受移动图书馆服务，不限制时间、地点、移动设备、App，最大限度地实现了移动图书馆的自由化。

本书以美国北卡罗来纳州立大学图书馆（见图3-12）为例，该校校内教师或学生，只要通过各类移动终端（本例以iPad作为终端设备）搜索美国北卡罗来纳州立大学图书馆的网页，进入个人门户页面，即可应用自己的用户信息登录图书馆，登录页面如图 3-13 所示，享受查询、订阅、浏览、借阅等相关的图书和信息服务。

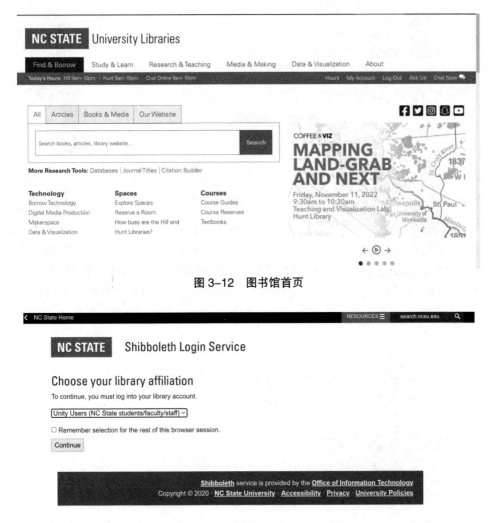

图 3-12　图书馆首页

图 3-13　图书馆教师、学生信息登录

　　没有对应用户信息的使用者可以通过网页搜索查询美国北卡罗来纳州立大学图书馆网址，进入图书馆首页后，直接对所需要的信息或图书进行搜索，以 HARRY POTTER 为词条的搜索结果如图 3-14 所示，并根据搜索结果筛选细化，选择浏览用户所需要的内容或者相关图书的信息。

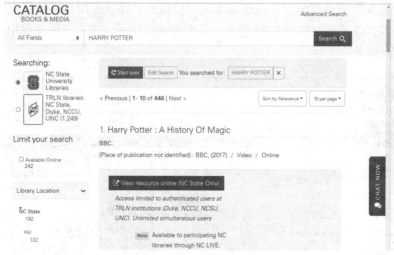

图 3-14　词条检索结果

美国北卡罗来纳州立大学图书馆不仅为用户提供完善的图书服务，还以日历提醒的形式进行众多学术会议或热点讨论讲座等活动的宣传与介绍（见图 3-15），以更全面的形式、更人性化的方式扩大信息的传递。针对用户，该大学图书馆还设立了专门的社交软件与其对接（见图 3-16），更加贴近现代人的生活趋势与习惯。

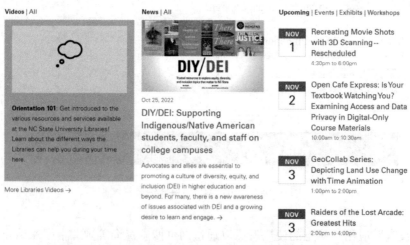

图 3-15　美国北卡罗来纳州立大学图书馆重大事件及讲座介绍

图 3-16　美国北卡罗来纳州立大学图书馆社交软件的对接

3.5.1.2　日本移动图书馆

众所周知，日本的移动通信技术在全球较为领先，是世界上第一个开展 W-CDMA 通信服务的国家，日本图书馆较早将移动通信技术应用于图书馆服务中，最早的例子可以追溯到日本的富山大学图书馆在 2000 年开发的利用手机查询的书目系统。在该系统中，移动用户可以随时连接互联网进行浏览，只要保持开机状态就能一直在线，在浏览信息的同时还可以享受图书的催还提醒、预约提醒等相关服务。经过十几年的发展，日本富山大学图书馆的移动图书馆服务已经得到不断的完善，其致力于为校内教师、学生和校外人员提供更加方便快捷、人性化的图书服务，富山大学图书馆页面如图 3-17 所示。

图 3-17　富山大学图书馆页面

3.5.1.3　韩国移动图书馆

韩国是移动图书馆发展的先导国家之一，也拥有了巨大的移动图书馆规模，其具体的实践发展起源于 2001 年 7 月，韩国西江大学与 WISENGINE 公司签订协议，共同推出了利用手机查阅馆藏资源的移动图书馆服务。该项服务以移动电话或 PDA 为无线通信终端，将现有的有线互联网站的内容同步地传递给用户，用户利用这种服务不仅可以随时随地查询书目，还可以查阅自己已借阅书籍、借阅日期等内容。随着移动通信技术和相关通信服务的增加，早在 2002 年，以手机为媒介开展的移动图书馆服务就已经成为时尚，而现在韩国国立中央图书馆（见图 3-18）等公共图书馆和各大高校图书馆都已经推出了相应的移动图书馆服务，实现了移动图书馆的影响范围最大化、个人服务人性化。

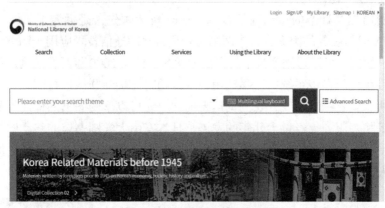

图 3-18　韩国国立中央图书馆

3.5.2　中国移动图书馆

我国对移动图书馆的研究相对国外起步较晚，我国最初对移动图书馆的研究可以追溯到 2003 年以前，具体的实践是 2003 年，北京理工大学图书馆在国内最早开通手机短信服务平台，拉开了国内移动图书馆实践的序幕；2005 年进入正式发展阶段，2007 年至 2010 年，移动图书馆的数量逐年增加，到 2011 年至 2014 年，全国开通移动图书馆服务的图书馆数量迅速增加。但是，尽管我国的移动图书馆数量在不断增长，普及范围在不断扩展，在个人服务的人性化和图书服务的全面性、便捷性方面，我国还需要向国外先进的移动图书馆学习，不断完善和提高自己的服务能力。

目前，我国还处于移动图书馆的发展阶段，对移动图书馆的建设资源仍有待补充，早期相关的学术研究内容也多以介绍国外移动图书馆的实践、国外移动图书馆的技术构建或服务性相关的一些功能分析等内容为主，但是随着数字信息技术和移动终端的飞跃性发展，我国图书馆界也开始关注移动图书馆的用户需求与应用研究，调查用户对移动终端的使用情况和对移动图书馆的功能需求等内容。可以说，我国关于移动图书馆的研究随着移动图书馆在我国的引进、应用、改进已经达到了一个新的研究水平，而不是停留在对国外经验的借鉴或浅显的认识上，这为我国移动图书馆的发展奠定了坚实科学的理论基础。

目前，我国开通移动图书馆服务的图书馆已经达几百家，主要分为两大类——国家公共图书馆和高校图书馆。本书针对国家公共移动图书馆和高校移动图书馆分别举例介绍（登录设备仍为 iPad）。

3.5.2.1 国家公共移动图书馆

以四川省图书馆为例，首先在网页搜索"四川省图书馆"，进入四川省图书馆首页（见图 3-19）。在首页中值得注意的是，除了图书馆基本的介绍，四川省图书馆还针对不同的阅读群体设立了不同的登录方式，提供了图书馆的路线、图书馆相关证件及借阅手续的介绍，并结合现在流行的社交方式设置了相应的二维码。这体现出我国移动图书馆在个人服务人性化、特色化方面的进步。

图 3-19　四川省图书馆首页

移动终端读者使用互联网读者登录门户，登录页面如图 3-20 所示，登录后即可进行相关的信息检索与浏览，以"哈利波特"作为词条进行中文文献的检索，可以获得与主题词相关的所有图书、期刊等信息，之后用户根据自己的需要可以对信息进行筛选，获得相关图书或文献的相关信息，具体如图 3-21、图 3-22 所示。

图 3-20　图书馆登录门户页面 　　　　　图 3-21　图书检索页面

图 3-22　图书检索结果页面

在检索结果页面可以看到在馆图书数量以及书本的详细信息，用户可以选择细化检索获得更加精确的信息，并且能够借助对应二维码更加方便地获得图书、文献等信息。但是，目前四川省图书馆在书本外借、预约及还书时限提醒等服务方面还不能实现终端无限制，需要办理证件并在图书馆指定系统或者图书馆内相应区域完成相关业务。

3.5.2.2　高校移动图书馆

以四川大学开通的移动图书馆为例，读者首先需要在网页搜索四川大学图书馆页面，如图 3-23 所示，在校教师或学生可以进入图书馆个人门户获得相应的图书服务，校外访问用户可以选择在线搜索或者扫描底部二维码安装移动终端应用软件进行使用。这里选择下载移动终端应用获得图书服务。

目前，国内各大高校所选用的移动图书馆应用多为"超星移动图书馆"，超星移动图书馆是专门为各图书馆制作的专业移动阅读平台，用户可在手机、iPad 等移动设备上享受自助式图书服务，如借阅查询、馆藏查阅、图书馆最新资讯浏览。线上数据库拥有国内外各类报纸文章或图书文献等海量资源，为用户提供方便快捷的移动阅读服务。其具有十分突出的特点与技术优势：基于元数据的一站式检索、适合手机的信息资源、云服务共享和个性化服务体验。移动图书馆的正确打开方式如下：下载至移动终端后打开应用，根据用户所在地和相应的高校或者公共图书馆借阅码登录应用，即可将所需要的信息或书目的检索、订阅、查询一并下载至终端应用或传递至个人邮箱实现随时浏览，并且可以在终端应用的个人门户中查询个人收藏记录、借阅信息、下载内容等信息，具体如图 3–24、图 3–25 所示。

图 3–23　四川大学图书馆首页

图 3–24　超星移动图书馆应用页面及个人中心页面　　图 3–25　书目检索结果页面

练习题

1. 国内数字图书馆的发展过程可以归纳为几个阶段?

2. 数字图书馆的特征是什么?

3. 请在计算机上练习超星数字图书馆的使用。

4. 说出世界最先开展移动图书馆的几个国家。

5. 请在移动客户端上练习移动图书馆的检索。

第4章 特种文献检索

 本章摘要

本章从特种文献的角度出发，主要介绍了专利文献、科技报告、标准文献、会议文献、学位论文五种类型文献的相关知识。在介绍上述特种文献基本概念的同时，本章还介绍了不同类型文献信息国内检索和国外检索的一些途径和方法。

 学习目的

◆ 了解专利文献、科技报告、标准文献、会议文献、学位论文五类特种文献方面的知识
◆ 了解不同类型文献信息国内检索和国外检索的一些途径和方法

4.1 专利文献

"知识产权"这一术语在 1967 年世界知识产权组织成立后才被广泛使用，是指"权利人对其所创作的智力劳动成果所享有的专有权利"，一般只在有限时间内有效。

4.1.1 概况

以下从专利文献的概念、分类两方面进行简要介绍。

4.1.1.1 概念

各种智力创造如发明、文学和艺术作品，以及在商业中使用的标志、名称、图像和外观设计，都可被认为是某一个人或组织所拥有的知识产权。

（1）专利类型

"专利"（Patent）从字面上讲是指专有的利益和权利。在我国，专利主要包含三方面的意思：专利权、专利技术以及专利证书或专利文献。

其一，专利权。专利权是国家依法在一定时期内授予发明创造者或者其权利继承接受者独占使用其发明创造的权利，这里强调的是权利。专利权是一种专有权，这种权利具有独占的排他性。非专利权人要想使用他人的专利技术，必须依法征得专利权人的授权或许可。专利权具有专有性、地域性、时效性等特征。

其二，专利技术。专利技术是享有专有权的技术，还包括技术秘密。专利是受法律规范保护的发明创造，它是指一项发明创造向国家审批机关提出专利申请，经依法审查合格后向专利申请人授予的在该国规定的时间内对该项发明创造享有的专有权，并需要专利所有者定时缴纳年费来维持这种国家的保护状态。

其三，专利证书或专利文献。专利证书或专利文献指专利局颁发的确认申请人对其发明创造享有的专利权证书或指记载发明创造内容的文献，指的是具体的物质文件。

"专利文献"（Patent Documentation）在世界知识产权组织1988年编写的《知识产权教程》中的概念定义为："专利文献是包含已经申请或被确认为发现、发明、实用新型和工业品外观设计的研究、设计、开发和试验成果的有关资料，以及保护发明人、专利所有人及工业品外观设计和实用新型注册证书持有人权利的有关资料的已出版或未出版的文件（或其摘要）的总称。"按一般理解，专利文献主要是指各国专利局的正式出版物，分为一次专利文献、二次专利文献、专利分类资料等。

（2）特点

同其他科技类文献相比，专利文献具有以下特点：关于新技术的报道早于其他科技类文献；有国际通用的专利分类法，著录和行文都比较规范；蕴含大量的经济、技术、法律等情报资源；数据性强，精确可知；对于技术细节的描述详尽具体。

4.1.1.2　分类

《国际专利分类表》（*International Patent Classification*，IPC）首次出现于 1975 年 10 月 7 日生效的《国际专利分类斯特拉斯堡协定》（1971 年发布）中，依据该协定第 1 条，建立了 IPC 国际专利分类联盟，除美国、英国、加拿大等少数国家以外的五十多个国家已经正式加盟。国际专利分类表以英文、法文两种文字出版，第一版正式版根据 1954 年签订的《发明专利国际分类欧洲公约》的规定编制，直到 2006 年 1 月 1 日起生效使用的最新版的正式发行，《国际专利分类表》已经出版了八版，经国家知识产权局专利局翻译编著，目前已有中译本。IPC 是使各国专利文献获得统一分类的一种工具。它的基本目的是作为各专利局以及其他使用者在确定专利申请的新颖性、创造性而进行的专利文献检索时的一种有效检索工具。与此同时，使用者可以方便地获得技术上和法律上的情报，专利情报使用者通过 IPC 有了选择性报道的基础，代表了某个技术领域现有的技术水平，从而对各个领域的技术发展状况作出评价。

（1）分类号的编排原则

《国际专利分类表》包括九个分册，前八个分册是相对应八个部的分类，第九册是 IPC 使用指南。其编排机制是按照部、大类、小类、大组、小组五级分类实现的。

其一，部。IPC 中的全部发明总共分为八个部，依次由大写英文字母 A、B、C、D、E、F、G、H 标明，类名如下：

A 部：人类生活需要

B 部：作业；运输

C 部：化学；冶金

D 部：纺织；造纸

E 部：固定建筑物

F 部：机械工程；照明；加热；爆破

G 部：物理

H 部：电学

其二，大类。每一个部按不同的技术主题范围分成若干个大类，每一大类的类名对它所涵盖的各个小类所包括的技术主题作一个全面的说明。每一个大类的类号由部的类号及在其后加上两位数字组成。例如，A22 表示：屠宰；肉品处理；家禽或鱼的加工。表 4-1 为《国际专利分类表》大类一览表。

表 4-1 《国际专利分类表》大类一览表

	01：农业；林业；畜牧业；打猎；诱捕；捕鱼	
	21：焙烤；食用面团	
	22：屠宰；肉品处理；家禽或鱼的加工	
	23：其他类不包括的食品或食料；及其处理	
	24：烟草；雪茄烟；纸烟；吸烟者用品	
	41：服装	
	42：帽类制品	
A	43：鞋类	
	44：男用服饰；珠宝	
	45：手携物品或旅行品	
	46：刷类制品	
	47：家具	
	61：医学或兽医学；卫生学	
	62：救生；消防	
	63：运动；游戏；娱乐	
	01：一般的物理或化学的方法或装置	
	02：破碎、磨粉或粉碎；谷物碾磨的预处理	
	03：用液体或用风力摇床或风力跳汰机分离固体物料；从固体物料或流体中分离固体物料的磁或静电分离	
	04：用于实现物理或化学工艺过程的离心装置或离心机	
	05：一般喷射或雾化；对表面涂覆液体或其他流体的一般方法	
	06：一般机械振动的发生或传递	
	07：将固体从固体中分离；分选	
	08：清洁	
	09：固体废物的处理	
B	21：基本上无切削的金属机械加工；金属冲压	
	22：铸造；粉末冶金	
	23：机床；未列入其他类的金属加工	
	24：磨削；抛光	
	25：手工工具；轻便机动工具；手动器械的手柄；车间设备；机械手	
	26：手工切割工具；切割；切断	
	27：木材或类似材料的加工或保存；一般钉钉机或钉 U 形钉机	
	28：加工水泥、黏土或石料	
	29：塑料的加工；一般牌塑性状态物质的加工	
	30：压力机	
	31：纸品制作；纸的加工	

B	32：层状产品
	41：印刷；排版机；打字机；模印机
	42：装订；图册；文件夹；特种印刷品
	43：书写或绘图器具；办公用品
	44：装饰艺术
	60：一般车辆
	61：铁路
	62：无轨陆用车辆
	63：舰舶或其他水上船只；与船有关的设备
	64：飞行器；航空；宇宙航行
	65：输送；包装；贮存；搬运薄的或细丝状材料
	66：卷扬；提升；牵引
	67：开启或封闭瓶子、罐或类似的容器；液体的贮运
	68：鞍具；家具罩面
	81：微观结构技术
	82：超微技术
C	01：无机化学
	02：水、废水、污水或污泥的处理
	03：玻璃；矿棉或渣棉
	04：水泥；混凝土；人造石；陶瓷；耐火材料
	05：肥料；肥料制造
	06：炸药；火柴
	07：有机化学
	08：有机高分子化合物；其制备或化学加工；以其为基料的组合物
	09：染料；涂料；抛光剂；天然树脂；黏合剂；其他各种材料；材料的各种应用
	10：石油、煤气及炼焦工业；含一氧化碳的工业气体；燃料；润滑剂；泥煤
	11：动物或植物油、脂、脂肪物质或蜡；由此制取的脂肪酸；洗涤剂；蜡烛
	12：生物化学；啤酒；烈性酒；果汁酒；醋；微生物学；酶学；突变或遗传工程
	13：糖工业
	14：小动物皮；生皮；毛皮；皮革
	21：铁的冶金
	22：冶金；黑色或有色金属合金；合金或有色金属的处理
	23：对金属材料的镀覆；用金属材料对材料的镀覆；表面化学处理；金属材料的扩散处理；真空蒸发法、溅射法、离子注入法或化学气相沉积法的一般镀覆；金属材料腐蚀或积垢的一般抑制
	25：电解或电泳工艺；其所用设备
	30：晶体生长

D	01：天然或人造线、纤维；纺纱
	02：纱线；纱线或绳索的机械整理；整经或络经
	03：织造
	04：编带；花边制作；针织、饰带；无纺织物
	05：缝纫、绣花、簇绒
	06：织物等的处理；洗涤；其他类不包括的柔性材料
	07：绳；除电缆以外的缆索
	21：造纸；纤维素的生产
E	01：道路、铁路或桥梁的建筑
	02：水利工程；基础；疏浚
	03：给水；排水
	04：建筑物
	05：锁；钥匙；门窗零件；保险箱
	06：一般门、窗、百叶窗或卷辊遮帘、梯子
	21：钻进；采矿
F	01：一般机器或发动机；一般的发动机装置；蒸汽机
	02：燃烧发动机；热气或燃烧生成物的发动机装置
	03：液力机械或液力发动机；风力、弹力、重力或其他发动机；未列入其他类的产生机械动力或反推力的发动机
	04：液体变容式机械；液体泵或弹性液体泵
	15：流体压力执行机械；一般液压技术和气动技术
	16：工程元件或部件；为产生和保持机器或设备的有效运行的一般措施；一般绝热
	17：气体或液体的贮存或分配
	21：照明
	22：蒸汽的发生
	23：燃烧设备；燃烧方法
	24：供热；炉灶；通风
	25：制冷或冷却；加热和制冷的联合系统；热泵系统；冰的制造或储存；气体的液化或固化
	26：干燥
	27：炉；窑；烘烤炉；蒸馏炉
	28：一般热交换
	41：武器
	42：弹药；爆破
G	01：测量；测试
	02：光学
	03：摄影术；电影术；利用了光波以外其他波的类似技术；电刻术；全息摄影

续表

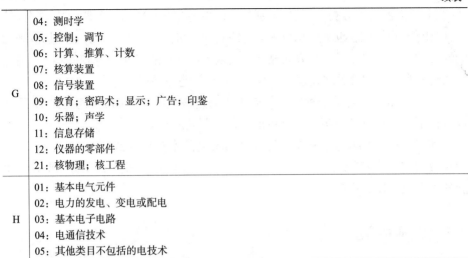

G	04：测时学 05：控制；调节 06：计算、推算、计数 07：核算装置 08：信号装置 09：教育；密码术；显示；广告；印鉴 10：乐器；声学 11：信息存储 12：仪器的零部件 21：核物理；核工程
H	01：基本电气元件 02：电力的发电、变电或配电 03：基本电子电路 04：电通信技术 05：其他类目不包括的电技术

其三，小类。每一个大类包括一个或多个小类。国际专利分类的编排原则是通过各小类的类名以及有关附注尽可能准确定义该小类所包括的主题范围。每一个小类类号由大类类号加上一个大写字母组成，如 A01J 代表：乳制品的加工。

其四，大组、小组。每一个小类包括多个组，其中有大组和小组。大组的类名明确表示检索发明有用的主题范围，而小组的类名明确表示检索属于该大组范围之内的一个主题范围。大组的类号是小类类号加上一个 1~3 位的数和符号"/00"，如 A01B 15/00 代表：犁的构件、工作部件或零件。小组的类号是在主组项目上进一步细分，方法是将主组类号中符号"/00"中的"00"改为其他数字，如 A01B 15/02 代表：犁刀；固定犁刀的。

由以上的编排原则可知，如我们需要找到"蛋白质"（A23L2/66）这一专利项目，检索顺序如表 4-2 所示。

表 4-2　蛋白质（A23L2/66）专利项目检索顺序表

部	A（人类生活必需品）
大类	A23（其他类不包含的食品或食料及其处理）
小类	A23L（不包含在 A21D 或 A23B 至 A23J 小类中的食品、食料或非酒精饮料；它们的制备或处理）
大组	A23L2/00（非酒精饮料及其干组合物或浓缩物；它们的制备）
小组	A23L2/66（蛋白质）

（2）分类号的分类原则

国际专利分类法的分类原则分为两种：功能性分类和应用性分类。专利文献中所涉及的发明技术主题以及某物的本质特性或功能，且不受某一特定应用领域的限制，称为"功能分类"，其他类别相应地称为"应用分类"。此外，"功能分类"和"应用分类"的说法也不应总被视为是绝对的，可能出现在某个方面更加体现功能性分类一点，但在另一个方面显现出更多应用分类的特征。当某一个技术主题在功能分类和应用分类之间模棱两可时，应该注意以下两点：

其一，如果指定了某种特殊的应用，但是该应用并不构成该主题的本质性技术特征，在这种情况下，只要可能应该按照功能分类。

其二，如果主题的本质技术特征既与某物的本身特性或功能有关，又与其特殊应用或其对某较大系统中的特定应用或组合有关，则只要可能，既应按功能分类，也应按应用分类。

4.1.2 国内检索

国家知识产权局，原名中华人民共和国专利局（以下简称"中国专利局"），1980 年经国务院批准成立，1998 年国务院机构改革，中国专利局更名为国家知识产权局，成为国务院的直属机构，主管专利工作和统筹协调涉外知识产权事宜。《中华人民共和国专利法》由中华人民共和国第十三届全国人民代表大会常务委员会第二十二次会议于 2020 年 10 月 17 日通过，自 2021 年 6 月 1 日起施行。

经过 20 余年的发展，国家知识产权局已经成为我国最大的专利文献收藏单位和服务中心，到目前为止，已经系统收藏了 28 个国家和地区的各种载体形式的全文专利说明书近 5000 万件。为了进一步加快专利文献信息检索的建设和发展，实现科学创新的目标，中国于 1993 年起实施了中国专利信息工程，以国家知识产权局为中心，逐步向全国各省（区、市）的管理机关、科研单位以及高校建设网点，组建了中国专利信息网。这不仅提高了国家知识产权局专利管理的自动化、网络化水平，而且基于互联网平台为用户提供了多方位、多领域、多层次的专利文献信息检索服务。

4.1.2.1 《中国专利公报》

《中国专利公报》是国家知识产权局每周定期公开出版的受理、审查和授权公告的唯一法定刊物，共分《发明专利公报》《实用新型专利公报》《外观设计专利公报》三种。每周每种公报合订为一期，全年 52 期，以大 16 开印刷品形式出版发行。它集经济、法律和技术信息于一体，反映了在中国申请专利保护的国内外最新发明创造成果，对促进科技发展、快速传播科技信息起着难以估量的作用。

（1）《中国专利公报》的特点

《中国专利公报》主要刊载专利申请公开、专利权授予、专利事务、授权公告索引等多项内容。它具有以下特点：①法律效力：是人民法院审理专利案件的重要证物，同时也是签订合同的合法依据；②唯一性：知识产权出版社为法定唯一出版公报单位，其他单位均无权出版；③共同性：美国、日本、欧盟各国专利商标局均出版类似出版物；④不可替代性：其他任何出版物无权替代，是国家知识产权局与美国、日本、欧盟各国专利局互换保存的专利文献资料；⑤客观公正性：客观反映每个专利申请人及授权人的专利全程法律状态；⑥史料性：是专利申请人、专利权人珍贵的历史资料。

（2）《中国专利公报》的组成部分

《中国专利公报》是企业、图书馆、高等教育院校查询专利文献，及时、准确地掌握相关领域专利动态的重要资料，也是专利申请人、专利权人及时、准确了解自己专利的法律状态和处理专利相关事务（专利转让、许可、实施等）的有力工具。其主要由以下几个部分组成：

其一，发明专利申请公开公告。它将发明申请按照国际专利分类 A~H 一次排列，著录项目包括国际专利分类号、申请号、申请日、申请人、地址、发明人、专利代理机构、代理人、发明名称、摘要、附图等。

其二，发明专利申请审定公告。同公开公告相类似，著录项目包括国际专利分类号、审定号、申请号、申请日、申请人、地址、发明人、专利代理机构、代理人、发明名称等。

其三，授予发明专利权公告。当申请该公告之日起三个月内无异议或经审查异议不成立的，专利局即作出授予专利权的决定，并将专利在此栏内作出公告。

其四，发明专利事务。包含以下 12 项事务：实质审查请求、专利局决定的实质审查、驳回申请决定、申请的撤回、被视为撤回的申请、变更、专利权的继承或转让、强制许可决定、专利权的无效宣告、专利权的终止、通知事项、其他相关事项。

其五，申请公开索引。包括三种索引：国际专利分类索引、公开号索引、申请人索引。

其六，审定公告索引。包括三种索引：国际专利分类索引、审定号索引、申请人索引。

其七，授予专利权公告索引。

4.1.2.2　中国专利检索及分析系统（http://www.pss-system.gov.cn）

中国专利检索数据库及分析系统是目前国内比较权威的网上专利查询系统，是一套高效/安全/稳定/高性能的检索应用系统。其在应用设计上遵从了当前系统（EPOQUE/CPRS）功能的保留，使用户的使用习惯得到很好的继承，而技术上设计采用 BS 应用结构、LINUX 系统平台、Java 应用程序、专业的搜索引擎系统作为检索核心软件，充分满足了专利局检索系统性能高效以及准确度和查全的要求。与此同时，该系统结合了专利检索的功能特性，在系统设计上还开发了专利检索的特殊功能，如通配符检索、逻辑运算符检索、多种排序、多种分类、语义检索、表达式检索等，用户可以通过"申请号""公开号""IPC 分类号""发明名称""主题词"等多种检索项目进行相关专利的搜寻。同时，该系统的高级检索能提供更为详细的定位专利文献的服务。另外，该系统《用户使用手册》详尽地介绍了该数据库系统的使用方法。

（1）检索应用名词

检索应用名词的具体内容如表 4-3 所示。

表 4-3　检索应用名词（匹配条件与记录）

名词	含义
检索	"通过匹配'输入条件'与'数据库中记录'"，获得全部记录信息的操作
语义	一段文本的含义
二次检索	在首次检索结果集合中，通过输入新的条件，检索到更精确的数据；也可以理解为保留前一次检索的所有检索条件，再加上新的检索关键词，进行检索
渐进检索	多次二次检索
关键词	全文检索系统中作为检索条件的具有代表意义的词汇
同义词	相同含义的单词，例如：计算机、电脑
禁用词	检索系统中不能作为关键词的单词，例如：我，你；of，the，an
分词	检索系统中根据词库进行全文分析处理；将语句分为若干单词的操作
字查找	对关键字进行字匹配检索的操作，不作分词处理
词查找	对关键词进行分词处理后再进行检索匹配操作
段落检索	检索条件为一段文字，通过分析语义，进行全文匹配
精确匹配	针对名称、摘要、关键词、主权利要求字段，完全匹配用户输入内容进行检索
模糊匹配	针对名称、摘要、关键词、主权利要求字段，采用通配符%进行模糊匹配搜索，例如：起重%（起重、起重机、起重架等）
相关度	检索结果页面的数据与用户输入的关键词的关联程度（一般以百分比表示）

（2）专利行业名词解释

专利行业名词解释的具体内容如表 4-4 所示。

表 4-4　专利行业名词解释

名词	英文缩写	含义
著录项目	—	描述专利信息的元数据项目，包含申请号、公开号、公开日、IPC 分类、名称等
申请号	AP	专利申请人向专利组织提交申请后，对应的一个编号（2003 年 10 月前为 8 位，以后为 12 位）
公开号	PN	专利获得认证后，向外公开专利的公开代码，7 位或 9 位数字，当没有公布日数据时，用 8 位零填充（00000000）
公开日	PD	公布公开号的公开日
IPC 分类	IC	国际专利分类数据是各专利机构提供的，EPO 不进行任何修改，这样会出现不同版本的 IPC 分类数据（国际专利分类数据示例如下：H04N7/15；H04N7/173）
名称	TI	专利信息的注册名称
摘要	AB	简要描述专利信息的文本信息
主题词	—	主题词是专利信息中名称、摘要、主权利要求的合集，即在专利信息的文字字段中出现的任何词都可以理解为该专利信息的主题词

其检索页面分为"常规检索""高级检索""导航检索"，页面分别如图 4-1、图 4-2、图 4-3 所示。

图 4-1　常规检索页面

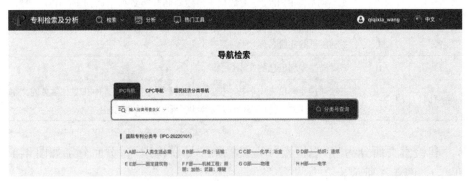

图 4-2　高级检索页面

图 4-3　导航检索页面

4.1.3　国外检索

　　世界上大多数国家的专利历史悠久，出版的专利资料也很多，每年全球出版的专利说明书大约 100 万件，专利文献的飞速增长成为历史发展的必然趋势。本书主要介绍英国德温特出版公司专利检索系统。

　　英国德温特出版公司（Derwnt Publication Ltd.）是全球最权威的专利情报和科技情报机构之一，1948 年由化学家 Monty Hyams 在英国创建。1951 年，该公司研发并出版了"德温特出版公司专利检索系统"（Derwent Publications Ltd. Patent Retrieval System），这是一套检索世界范围专利文献的检索工具，在提高专利文献检索效率方面起到了巨大的推动作用。该套系统同时也被称作《德温特专利索引》,包括《世界专利索引》(*World Patents Index*, WPI)、《世界专利文摘》(*World Parents Abstracts*, WPA)、《电气专利索引》(*Electrical Patents Index*, EPI)、《化工专利索引》(*Chemical Patents Index*, CPI) 4 本印刷版出版体系,并于 1978 年开始提供联机检索服务。

4.1.3.1　《世界专利索引》

《世界专利索引》于 1974 年开始出版,分为 General、Mechanical、Electrical、Chemical 四个分册,主要涉及内容如表 4-5 所示。

表 4-5　世界专利索引

一般分册	农业、轻工、医药和一般的工业加工工艺与设备,以及光学、摄影等
机械分册	运输、建筑、机械工程与原件、动力机械、照明、加热等
电器分册	仪器仪表、计算机和自动控制、测试技术、电工和电子元器件、电力工程和通信等
化工分册	一般化学与化学工程、聚合物、药品、农业、食品、化妆品、洗涤剂、纺织、造纸、印刷、涂层、照相、石油、燃料、原子能、爆炸物、耐火材料、硅酸盐及冶金等

4.1.3.2　《世界专利文摘》

《世界专利文摘》创刊于 1975 年,以文摘的形式重点报道了 13 个国家的专利,内容包括"分国本"(Abstracts by Country)和"分类本"(Abstracts by Subject),介绍了 General、Mechanical、Electrical 三大类,具体内容如表 4-6 所示。

表 4-6　世界专利文摘

日常生活必需品	农业、食品、烟草,个人和家庭用品,健康和娱乐品
成形加工	分离与混合、金属成形、非金属成形,压制、印刷,光学、照相,其他
交通运输与建筑工程	一般车辆,特种车辆、搬运、包装、储存,建筑物
机械工程	发动机与泵、机械原件、照明与加热
仪器仪表与计算技术	仪表、测量、试验、计算、控制
电子元件与电路	半导体、电子电路,电子元件
通信与电力	通信、电力工程

4.1.3.3　《电气专利索引》

《电气专利索引》创刊于 1980 年 6 月,其报道的专业领域是电气电子方面的专利文献，包含了6个分册，用英文字母S至X表示，具体内容包括：仪表、测量、试验，计算、控制，半导体、电子电路，电子元件，通信，电力工程。

4.1.3.4 《化工专利索引》

《化工专利索引》创刊于1970年，包含12个分册，用英文字母A至M（除去I）表示，内容有：聚合物，药物，农业、肥料，食品，洗涤剂，一般化学品，纺织、造纸、纤维素，印刷、涂层、照相化学，石油，化学工程，原子能、爆炸物、防护，耐火材料、陶瓷、水泥，冶金等。

德温特出版公司专利检索系统基于"ISI Web of Knowledge"平台（http://www.isiknowledge.com），具体检索方式分为专利权人代码索引、登记号索引、专利号索引等，具体如图4-4所示。

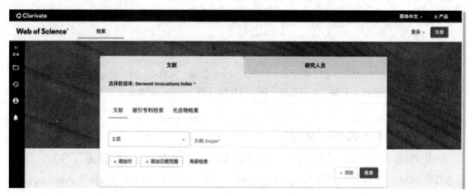

图4-4　德温特专利检索方式

（1）专利权人代码索引

专利权人是指获得并占有某项发明专利权的人。在德温特索引中采取专利权人代码索引方式能方便地查找到某一公司或个人在各国的专利申请情况。德温特索引将掌握专利较多的公司或个人用四个英文字母编成代码，并且出版了《公司代码手册》，并称之为标准公司。该手册的编著方式主要是按照标准公司的名字及代码的顺序实现的，从而保证了代码的唯一性。该检索方式的主要步骤如下：

首先，查找专利权人的准确名称，并可以根据需要译成其他国家的名称，但需要保持一致性。

其次，根据准确名称的字母顺序在《公司代码手册》中找出相对应的四个英文字母的代码。

最后，获得代码后在德温特出版的四种专利文献中相关的专利权人索引中查询该专利权人在各国所掌握的专利，这时根据对应的专利号也可以方便地获得专利文献原文。

（2）登记号索引

德温特登记号索引亦称德温特入藏号索引，作用是用于查找同族类的专利文献。1983 年以前，其编录方式为采用 4~5 位数字后加上相应的英文字母表示年份，具体英文字母所代表年份如表 4-7 所示。

表 4-7　登记号索引

R：1970	S：1971	T：1972	U：1973
V：1974	W：1975	X：1976	Y：1977
A：1978	B：1979	C：1980	D：1981
E/J：1982	K：1983		

1983 年以后，其编录方式统一改为公元年历后加上六位阿拉伯数字，并在其后加上符号"/"和期刊号，如"95-072935/16"表示 1995 年第 16 期的 072935 号专利文献。

（3）专利号索引

与上文所提到的《国际专利分类表》中的专利分类号不同，这里所指的为德温特分类号，是德温特专利信息出版物专门的分类法。其方法为按照专利国家英文缩写字母顺序将同一国家专利按专利号大小顺序排列后编入《专利号索引》中，这样就能方便地查找到各册各期的专利文献信息的内容了。如表 10-8 所示。

表 4-8　专利号索引

CC①（A⑥）
CC 1005②（A⑥）
*008③ 83-08320④　　METG⑤
=340③ 77-14340④　　OWEI-⑤

注：①专利国家（中国的英文代码为 CC）；②专利号；③相关专利号（"*"表示基本专利，"="表示相同专利）；④德温特登记号；⑤专利权人代码（"-"代表非标准公司）；⑥法律状态代码（A 表示申请公开说明书）。

4.2 科技报告

"科技报告"（Scientific and Technical Report），作为组成特种文献的一部分，出现于 20 世纪初，第二次世界大战后迅速发展，成为科技文献中的一大门类，是指记录着某一科研项目调查、实验、研究的成果或进展情况的报告，又称研究报告、报告文献。每份科技报告自成一册，通常载有主持单位、报告撰写者、密级、报告号、研究项目号和合同号等。其按内容可分为报告、论文、通报、札记、技术译文、备忘录、特种出版物，而这些大多与政府的研究活动、国防及尖端科技领域有关。科技报告具有发表及时、课题专深、内容新颖、成熟，数据完整，且注重报道进行中的科研工作等特点，是一种重要的信息源。

4.2.1 概况

4.2.1.1 科技报告的出版形式

一是报告（Report）：一般公开出版，内容较详尽，是科研成果的技术总结。

二是论文（Paper）：指准备在学术会议或期刊上发表的报告，常以单篇形式发表。

三是译文（Translations）：译自国外有参考价值的文献。

四是札记（Notes）：内容不太完善，是编写报告的素材，也是科技人员编写的专业技术文件。

五是备忘录（Memorandum）：内部使用，限制发行，包括原始试验报告、数据及一些保密文献等，供行业内部少数人沟通信息使用。

科技报告是在科研活动的各个阶段，由科技人员按照有关规定和格式撰写的，以积累、传播和交流为目的，能完整而真实地反映其所从事科研活动的技术内容和经验的特种文献。它是人类科技发展和信息文化发展的产物，在人类的知识信息传播和利用中起着越来越重要的作用，世界各国在科技文献信息交流中都将它列于首位。然而，科技成果和报告属于灰色文献，不批量公开出版，是比较难获得全文的一种文献类型，从数据库和网上只能找到一小部分全文，大多数科技报告或经济报告必须与项目单位联系。

4.2.1.2　编写或阅读科技报告的注意事项

无论是自己编写科技报告，还是阅读他人已有的科技报告，都应注意以下几点：

一是题目。在现在的一些科技报告或刊物中，不仅有作者和刊物的卷期号，报告的题目也越来越受重视，具有重要的参考意义，从题目中读者能够最直接地获取作者认为重要的信息。

二是摘要。一篇科技报告的摘要主要列出了有关工作的方法、目的、成果及结论等，是整个报告的综览，因此充分利用摘要的内容是掌握一篇科技报告主题的关键。

三是引言。引言主要介绍科技报告的研究背景和对前人工作的概述，是文章必不可少的组成部分，读者应当客观、实事求是地看待这部分内容。

四是主体。报告主体往往涉及作者多年来的工作成果，阅读量很大，因此条理是否清晰、叙述方式是否完备、层次是否分明直接影响着报告的质量。

五是结论与成果。许多读者在阅读文献或报告时有种习惯性的做法，即在浏览了摘要以后直接奔结果而去，我们姑且不论这种方式的好坏，但是这证明了科技报告结论的重要性。报告的结论是对前文的总结，然而，如何保持内容上的创新并避免重复是作者和读者都关注的一个问题。

六是参考文献。一篇报告或论文的内容往往不全是作者的"功劳"，参考文献起着重要的作用，那么，所引用的参考文献应当遵循"一对一"原则，即正文中涉及和引用的内容在参考文献里都应当相对应地找得到。从某种意义上说，参考文献是否完备，也是检验作者在进行研究工作之前是否全面占有资料，对资料进行了认真的、全面的研究的一个尺度。

4.2.2　国内检索

中国国内关于科技报告的检索在近几年刚刚发展起来，但是已经取得了出色的成果，主要分为实体出版物检索和数据库检索。

4.2.2.1　实体出版物检索

在中国，科技报告主要是以科技成果公报或科技成果研究报告的形式进行传播交流。自 20 世纪 60 年代开始，原国家科委（现科学技术部）就开始根据调查情况定期发布科技成果公报和出版研究成果公告，由科学技术部所属的中国科技信息研究所出版，名为《科学技术研究成果公报》，这就是代表我国科成果的科技报告，它是专门报道和检索《科学技术研究成果》的工具，于 1963

年创刊，著录内容包括科技成果名称、登记号、分类号、部门或地方编号、基层编号及密级、完成单位及主要人员、工作起止时间、推荐部门、文摘内容，每期内容分五大类：农业、林业，工业、交通及环境科学，医药、卫生，基础科学，其他。该检索工具还编有"分类索引"和"完成单位索引"等，近几年也以数据库的形式对外提供检索服务。

同时，《中国国防科技报告通报与索引》以月刊方式出版，由国防科工委情报研究所主编，报道和提供该所收藏的中文国防科研、实验、生产和作战训练中产生并经过加工整理的科技报告和有关科技资料的检索；《中国机械工业科技成果通报》，由机械工业部科技信息研究所主办，内容包括基础理论研究成果、科研成果、新产品研制成果、软科学成果、专利成果等，按类编排；《科学技术译文通报》，为月刊，由中国科学技术情报研究所编辑；《对外科技交流通报》，为双月刊，由中国科学技术情报研究所编辑。

4.2.2.2 数据库检索

随着网络技术的普及和发展，基于互联网的数据库资源搜索摆脱了传统信息搜索方式的束缚，为不同用户需求提供了更广阔的平台。除了一些保密的研究项目比较难以得到相关信息，其他关于经济、商业、行业、环境乃至健康等各个方面的研究报告分散在各种事实型的数据库中，本书主要介绍"国研网研究报告库""国家科技成果网""万方中国科技成果库"三种目前国内应用比较广泛的科技报告检索数据库。

（1）国研网研究报告库

国务院发展研究中心信息网（http://www.drcnet.com.cn/）（以下简称"国研网"）是以国务院发展研究中心丰富的信息资源为依托，全面整合中国宏观经济、金融研究和行业经济领域的专家资源及其研究成果的大型经济类专业网站，其中的国研报告主要提供中国经济、金融、各行业的经济研究报告。用户可以通过该平台选择"全文数据库""统计数据库""研究报告数据库""专题数据库""世经数据库"。以研究报告数据库为例，这里有着大量的各行业分析报告，用户可以"标题""关键词""作者""全文""时间排序"等方式进行检索，检索页面如图4-5所示，涉及范围如表4-9所示。

图4-5　国研网检索页面

表 4-9　国研网研究报告库内容范围

行业季度分析报告	汽车行业、房地产业、通信行业、钢铁行业、电力行业、石化行业、交通运输、医药行业、生物制药、通信设备、化工行业、水泥制造、食品制造
行业月度分析报告	汽车行业、房地产业、通信行业、钢铁行业、电力行业、石油化工、港口航运、医药行业
金融中国分析报告	金融中国季度分析报告、金融中国月度分析报告、金融周评
宏观经济分析报告	宏观经济季度分析报告、宏观经济月度分析报告

（2）国家科技成果网

国家科技成果网（http://www.tech110.net）（以下简称"国科网"）是由科学技术部创建的国家级科技成果创新服务平台，旨在促进科研单位、科研人员、技术需求方的交流、沟通，加快全国科技成果进入市场的步伐，促进科技成果的应用与转化，避免低水平的重复研究，提高科学研究的起点和技术创新能力。其所拥有的全国科技成果数据库内容丰富、权威性高，已收录全国各地区、各行业经省、市、部委认定的科技成果 50 余万项，库容量以每年 3 万~5 万项的数量增加，充分保证了成果的时效性。同时，该平台还可以提供方便、快捷的免费上网查询服务，也可以进行全国科研单位查询、发布科技成果供求信息等。该平台自 1999 年向社会开放以来，在国内外产生了较大影响，在全国各省市建有几十个科技成果信息服务中心，直接用户达数十万人。国科网开设的主要栏目如表 4-10 所示。

表 4-10　国科网开设的主要栏目

科技成果	以网站拥有的内容丰富、权威的国家科技成果库为核心，配合先进、强大的搜索引擎功能，为用户提供科技成果、技术项目等方面的信息，现已收录全国各地区、各行业经省、市、部委认定的权威性科技成果 50 万余项
科研单位	提供国内各科研院所、高校、企业等所完成的科技成果的查询，基本体现各科研单位近几年的研发工作重点与能力，便于全面了解科研单位研发工作的规模、领域、水平，有针对性地选择科研单位解决技术难题
科研人才	提供国内科研人才的查询，体现科研人员的研发重点领域
科技资讯	第一时间向用户报道及时、详尽的国内外科技产业发展动态、研究热点、行业科技进展等，并发布科学技术部等权威机构提供的科技要闻、政策导向等
科技政策	收录中国政府、行政管理部门公布的科技法规、管理办法、通知、细则及其他相关重要法规
会展	报道近期以科技创新、科技成果推广转化为主题的综合性、行业性会议及展览信息，宣传会展成果，为成果转化服务
统计与分析	提供全国科技成果的年度统计报告及其他专题分析报告
创新博客	提供科技方面的专业博客，也欢迎广大科研工作者在此建立博客，发布个人科研思路、见解，分享行业内知识、资料，提供最新的分析，讨论行业内现象、热点、发展前景等

在国科网成果库进行检索时主要分类有"国科分类""学科分类""高新技术分类""行业分类""登记成果""鉴定成果""计划项目""奖励项目"等,用户通过对"成果名称""关键词""完成单位""完成人""年份""地区""中图分类码""成果水平"等关键词的定位,能够根据成果、专家、机构进行高级检索,快捷方便地获得自己需要的科技成果内容,具体页面如图4-6所示。

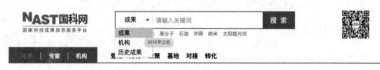

图4-6　国科网检索页面

（3）万方中国科技成果库

如果是机构内用户可以直接通过机构网络登录万方数据库,而外网用户可以使用网址,http://www.wanfangdata.com.cn进入数据库系统,通过这种途径,用户需要预先付费,获得用户名和密码后方可获取数据库资源。

万方中国科技成果库收录了自1964年至今的历年各省、市、部委鉴定后上报科技部的科技成果,截至2022年10月31日,共包含1268117项,内容涉及自然科学各个学科领域,该库已成为中国最具权威的技术成果库,具体分类如表4-11所示。

表4-11　万方中国科技成果库具体分类

行业分类	农、林、牧、渔业,采矿业,制造业,电力、燃气及水生产和供应业,建筑业,交通运输、仓储和邮政业,信息传输、计算机服务和软件业,批发和零售业,住宿和餐饮业,金融业,房地产业,租赁和商务服务业,科学研究、技术服务和地质勘查业,水利、环境和公共设施管理业,居民服务和其他服务业,教育,卫生、社会保障和社会福利业,文化、体育和娱乐业,公共管理和社会组织
学科分类	马克思主义、列宁主义、毛泽东思想、邓小平理论,哲学、宗教,综合性图书,自然科学总论,数理科学和化学,天文学、地球科学,生物科学,医学、卫生,农业科学,工业技术,交通运输,航空、航天,环境科学、安全科学,社会科学总论,政治、法律,军事,经济,文化、科学、教育、体育,语言、文字,文学,艺术,历史、地理
地区分类	北京、天津、河北、山西、内蒙古、辽宁、吉林、黑龙江、上海、江苏、浙江、安徽、福建、江西、山东、河南、湖北、湖南、广东、广西、海南、重庆、四川、贵州、云南、西藏、陕西、甘肃、青海、宁夏、新疆

4.2.3　国外检索

国外科技报告检索的主要对象是指世界上著名的美国四大报告：美国政府 PB（Office of Publication Board）报告、军事系统的 AD（ASTIA Documents）报告、国家宇航局的 NASA（National Aeronautics and Space Administration）报告、能源部的 DOE（U.S. Department of Energy）报告，以上报告可以通过美国的《政府报告通报及索引》（*Government Reports Announcements & Index*，GRA&I）和"美国政府报告数据库"来进行检索。

4.2.3.1　《政府报告通报及索引》

GRA&I 是检索美国科技报告的主要工具，于 1946 年创刊，现由美国商务部国家技术情报服务处（National Technical Information Service，NTIS）编辑出版，其以文摘的形式报道美国的四大报告，侧重于 PB 和 AD 报告。GRA&I 分为现期期刊和年度索引两部分，通过年度索引可以较为方便地进行报告检索，其现期期刊为半月刊，每期报道科技项目达 2500 多件。其包括的主要内容依次为：主题分类目录（Subject Field and Group Structures）、典型著录格式（Sample Entries）、报告文摘（Reports Announcement Abstracts）、主题索引（Subject Index）、个人作者索引（Personal Author Index）、团体作者索引（Corporate Author Index）、合同号索引（Contrast Number Index）、登录号 / 报告号索引（Accession/Report Number Index）。因此，用户如果想要查询某报告文献时，可以通过几种不同的途径达到目的，著录样例如图 4–7 所示。

4.2.3.2　美国政府报告数据库

美国政府报告数据库（https：//ntrl.ntis.gov/NTRL/）是由 NTIS 编录出版，主要内容包括了美国政府专项研究和开发的项目报告，即上文提到的美国政府四大科技报告，同时，还少量收录了西欧、日本及其他各国（包括中国在内）的科技报告项目，其检索页面如图 4–8 所示。该库 90% 的内容为英文文献，涵盖的学科领域如表 4–8 所示。

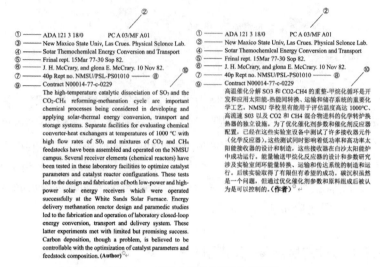

②

① —— ADA 121 3 18/0　　PC A 03/MF A01
③ —— New Maxico State Univ, Las Crues. Physical Sclonce Lab.
④ —— Sotar Themochemlcal Energy Conversion and Transport
⑤ —— Frinal rept. 15Mar 77-30 Sop 82.
⑥ —— J. H. McCrary, and glona E. McCrary. 10 Nov 82.　⑩
⑦ —— 40p Rept no. NMSU/PSL-PS01010 —— ⑧
⑨ —— Contract N00014-77-c-0229

The high-temperature catalytic dissociation of SO_3 and the CO_2-CH_4 reforming-methanation cycle are important chemical processes being considered in developing and applying solar-thermal energy conversion, transport and storage systems. Separate facilities for evaluating chemical converter-heat exchangers at temperatures of 1000 ℃ with high flow rates of $S0_3$ and mixtures of CO_2 and CH_4 feedstocks have been assembled and operated on the NMSU campus. Several receiver elements (chemical reactors) have been tested in these laboratory facilities to optimize catalyst parameters and catalyst reactor configurations. These tests led to the design and fabrication of both low-power and high-power solar energy receivers which were operated successfully at the White Sands Solar Furnace. Energy delivery methanation reactor design and paramedic studies led to the fabrication and operation of laboratory closed-loop energy conversion, transport and delivery system. These latter experiments met with limited but promising success. Carbon deposition, though a problem, is believed to be controllable with the optimization of catalyst parameters and feedstock composition. **(Author)**⑪

②

① —— ADA 121 3 18/0　　PC A 03/MF A01
③ —— New Maxico State Univ, Las Crues. Physical Sclonce Lab.
④ —— Sotar Themochemlcal Energy Conversion and Transport
⑤ —— Frinal rept. 15Mar 77-30 Sop 82.
⑥ —— J. H. McCrary, and glona E. McCrary. 10 Nov 82.　⑩
⑦ —— 40p Rept no. NMSU/PSL-PS01010 —— ⑧
⑨ —— Contract N00014-77-c-0229

高温催化分解 SO3 和 CO2-CH4 的重整-甲烷化循环是开发和应用太阳能-热能间转换、运输和储存系统的重要化学工艺。NMSU 学校里有能用于评估温度高达 1000℃、高流速 S03 以及 CO2 和 CH4 混合物进料的化学转炉换热器的独立设施。为了优化催化剂参数和催化剂反应器配置，已经在这些实验室设备中测试了许多接收器元件（化学反应器）。这些测试同时影响着低功率和高功率太阳能接收器的设计和制造，这些接收器在白沙太阳能炉中成功运行。能量输送甲烷化反应器的设计和参数研究涉及实验室闭环能量转换、运输和传达系统的制造和运行。后续实验取得了有限但有希望的成功。碳沉积虽然是一个问题，但通过优化催化剂参数和原料组成后被认为是可以控制的。**（作者）**⑪

图 4–7　《政府报告通报及索引》

注：①报告号（1983 年以前相当于文摘序号，1984 年起，每条文摘编有序号），按各类报告的代号顺序编排，先排 AD 报告代号，再接排 DE 报告（DOE 报告）代号；②文献价目：PC（Paper Copy）为印刷品，A 为单价代码（以前用 $ 表示），MF（Micro Film）为缩微胶片；③团体著者及其地址（提供原始报告的单位）；④报告题目（黑体）；⑤报告阶段类型和课题研究起止时间，样例上为“final rept.”，表示是总结报告；⑥个人著者姓名及报告写完时间；⑦报告页数；⑧报告代号（指原编写单位编制的代号）；⑨合同号；⑩文摘正文；⑪ 文摘来源（样例中“Author”表示该条文摘选自原著者的摘要，若为“ERA citation×× ：××××××”表示引用能源文摘 ×× 卷 ×××××× 条文摘）。

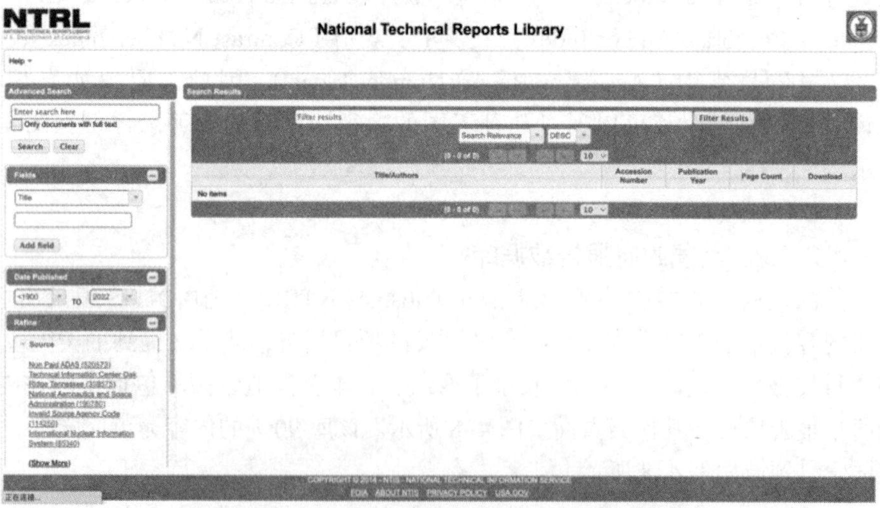

图 4–8　美国政府报告数据库检索页面

表 4–12　美国政府报告数据库涵盖学科

• Administration & Management（行政 & 管理）	• Industrial & Mechanical Engineering（工 业 & 机械工程）
• Aeronautics &Aerodynamics（航空学 & 空气动力学）	• Library & Information Sciences（图书馆 & 信息科学）
• Agriculture & Food（农业 & 食品）	• Manufacturing Technology（制造技术）
• Astronomy & Astrophysics Energy（天文学 & 天体物理能源）	• Materials Sciences（材料科学）
• Atmospheric Sciences（大气科学）	• Mathematical Sciences（数学科学）
• Behavior & Society（行为 & 社会）	• Medicine & Biology（医学 & 生物学）
• Biomedical Technology & Human Factors Engineering（生物医学技术 & 人因工程）	• Military Sciences（军事科学）
	• Missile Technology（导弹技术）
• Building Industry Technology（建筑工业技术）	• Natural Resources（自然资源）
• Business & Economics（商业 & 经济）	• Navigation（导航）
• Chemistry（化学）	• Nuclear Science（核科学）
• Civil Engineering（土木工程学）	• Ocean Sciences（海洋科学）
• Combustion，Engine & Propellant（燃烧、发动机 & 推进器）	• Ordnance（军械）
	• Photography（摄影）
• Communications（通信）	• Physics（物理学）
• Computers，Control & Info Theory（计算机、控制与信息理论）	• Problem Solving Information（问题处理信息）
	• Space Technology（空间技术）
• Detection & Countermeasures（探测 & 反措施）	• Transportation（交通运输）
• Electro technology（电子技术）	• Urban & Regional Tech. Development（城市 & 区域技术发展）
• Energy（能源）	
• Environmental Pollution & Control（环境污染 & 控制）	• And Much More...（更多……）
• Government Inventions for Licensing（政府发明许可）	
• Health Care（卫生保健）	

4.3　标准文献

在公元前 1500 年的古埃及纸草文献中即有关于医药处方计量方法的标准，是现存最早的标准。现代标准文献产生于 20 世纪初。1901 年，英国成立了第一个全国性标准化机构，同年，世界上第一批国家标准问世。此后，美、法、德、日等国相继建立全国性标准化机构，出版各自的标准。中国于 1957 年成立国家标准局，次年颁布第一批国家标准（GB）。20 世纪 80 年代，已有 100 多个国家和地区成立了全国性标准化组织，其中 90 多个国家和地区制定有国家标准，国家标准中影响较大的有美国（ANSI）、英国（BS）、日本（JIS）、法国（NF）、联邦德国（DIN）等。国际标准化机构中最重要、影响最大的是 1947 年成立的国际标准化组织，它制定或批准的标准具有广泛的国际影响。随着标准化事业的迅猛发展，标准文献激增。据统计，中国标准化综合研究所标准馆作为中国标准文献中心，收藏有国际标准 1 万件以及 56 个国家的国家标准、专业标准、标准目录等形式的标准文献 33 万件。

4.3.1　概况

所谓标准文献，从狭义上理解，是指按规定程序制定，经公认权威机构（主管机关）批准的一整套在特定范围（领域）内必须执行的规格、规则、技术要求等规范性文献，而从广义上则定义为与标准化工作有关的一切文献，包括标准形成过程中的各种档案、宣传推广标准的手册及其他出版物、揭示报道标准文献信息的目录、索引等。

4.3.1.1　标准文献的特点
标准文献一般具有以下三个特点：时效性、规范性、针对性。

（1）时效性

只在某一特定的时期内起作用，当科学技术、经济水平提高后，旧的标准就不适用，从而制定新的标准。

（2）规范性

在一定条件下具有法律性和约束性，是生产管理、科学研究、经济发展等众多领域的依据。

（3）针对性

某一标准一般只作为某一产品或问题的依据，不同种类和级别的标准在不同的范围内执行。

4.3.1.2　标准文献的分类

标准文献主要按照三种方式进行分类：一是按专业分类，二是按级别分类，三是按对象分类。

（1）专业分类

专业分类是以《中国标准文献分类法》为依据，其一级类目表如下：A. 综合，B. 农业、林业，C. 医药、卫生、劳动保护，D. 矿业，E. 石油，F. 能源、核技术，G. 化工，H. 冶金，J. 机械，K. 电工，L. 电子元器件与信息技术，M. 通信、广播，N. 仪器、仪表，P. 工程建设，Q. 建材，R. 公路、水路运输，S. 铁路，T. 车辆，U. 船舶，V. 航空、航天，W. 纺织，X. 食品，Y. 轻工、文化与生活用品，Z. 环境保护。

（2）级别分类

按级别分类有国际标准、国家标准、部门标准、区域标准、行业标准、地方标准、企事业标准等。

（3）对象分类

按对象分类有产品标准、方法标准、工艺标准、数据标准、工程建设标准、环境保护标准、服务标准、包装标准、过程标准、文件格式标准等。

4.3.2　国内检索

自中共十一届三中全会以来，我国的文献标准化工作取得重大进展，不仅成功地确立了完整的文献国家标准体系，而且使标准文献检索在全国范围内广泛实施成为可能。标准文献在特种文献中具有不可或缺的地位，因此如何检索标准文献成为热门话题，标准文献的检索工具包括手工检索和网络数据库检索两种。

4.3.2.1　手工检索

手工检索是利用各收藏出版单位的实体书的检索方式。目前，我国各类标准文献检索工具主要包括以下几种：

（1）《中国标准化年鉴》

《中国标准化年鉴》由国家技术监督局编，中国标准出版社出版。该年鉴每年出版一卷，主要内容是对前一年标准化工作的全面阐述，其中包括机构管理、标准化事业的发展现状、法规建设以及科学研究工作的进展情况；前一年中新发布的国家标准目录等。《中国标准化年鉴》中的国家标准目录包括：分类目录和标准号顺序目录，而分类目录是根据《中国标准文献分类法》进行排列的，如果在同一类中则按照标准顺序号进行排列。

（2）《中华人民共和国国家标准目录》

《中华人民共和国国家标准目录》是由国家标准化管理委员会编录的，对我国的经济发展起着重要作用。本目录收编了当年度批准、发布的所有国家标准的信息，包括编号、名称、分类、采用标准、发布日期、修订日期、实施日期、代替标准等信息，按《中国标准文献分类法》的专业分类顺序编排，中文目录在前，英文目录在后。书后附有中英文目录标准顺序号索引，方便读者的查询。

（3）《中国国家标准汇编》

《中国国家标准汇编》由中国标准出版社出版，自1983年开始，收录我国公开发行的标准文献全文，是一部大型综合国家标准全集，在一定程度上反映了新中国成立以来我国标准化事业发展的基本情况和主要成就，是各级标准化管理机构、工矿企事业单位，科研、设计、教学等部门必不可少的工具书。《中国国家标准汇编》分为346分册，收录了GB 20601～20631的最新版本。

4.3.2.2　网络数据库检索

在传统文献检索的方式下，标准文献显得更加难以查询，而网络数据库技术的发展使标准文献信息的共享和查询成为可能。本书主要介绍国内比较常用的标准文献网络数据库检索系统。

（1）万方标准文献检索数据库

同万方中国科技成果库一样，在万方数据库的读者也能够较为方便地检索万方标准文献检索数据数据库中的标准文献信息。截至2022年10月31日，该库可搜索的中外标准文献信息总共达到了2473719项，内容涉及自然科学各个学科领域，该库已成为我国最具权威的中外标准文献数据库，具体涉及综合，农业、林业，医药、卫生、劳动保护，矿业，石油，能源、核技术，化工，冶金，机械，电工，电子元器件与信息技术，通信、广播，仪器、仪表，工程建设，建材，公路、水路运输，铁路，车辆，船舶，航空、航天，纺织，食品，轻工、文化与生活用品，环境保护等 24 大类。其检索方式主要分为一般检索、高级检索和专业检索（输入 CQL 表达式），检索页面如图 4-9、图 4-10 和图 4-11 所示。

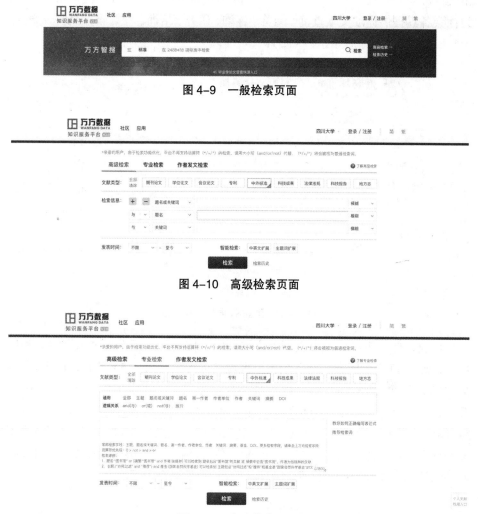

图 4-9　一般检索页面

图 4-10　高级检索页面

图 4-11　专业检索页面

（2）中国标准化研究院国家标准馆

中国标准化研究院国家标准馆（https：//www.nssi.org.cn/nssi/front/index.jsp）（以下简称"标准馆"）成立于 1963 年，馆藏历史始于 1931 年，是我国唯一的国家级标准文献和标准化图书情报馆藏、研究和服务机构，是中国图书馆学会专业图书馆分会委员单位和国家科技图书文献中心（NSTL）九家成员单位之一，是国家市场监督管理总局科技基础支撑机构和服务社会的窗口单位，以及国家标准化管理委员会批准成立的"标准联通'一带一路'支撑机构"。标准馆集标准知识管理与服务机构、标准文献馆、标准档案馆、标准博物馆于一体，为社会各界提供标准文献查询、阅览、咨询、研究、培训、专题服务及科普服务，为政府提供决策支持（见图 4–12）。

图 4–12　国家标准馆检索页面

目前，标准馆已形成覆盖国外主要国家、国内各类标准的文献资源库和信息库，藏有 60 多个国家，70 多个国际区域性标准化组织，450 多个专业学（协）会的成套标准以及全部中国国家标准和行业标准，馆藏标准文献资源达 160 余万件，数据总量现已超过 199 万条。近几年，根据国家科技发展需求及"一带一路"倡议的实施，标准馆又重点补充了新兴领域、重点产业和"一带一路"沿线国家的标准文献资源，新增了巴西、印度、马来西亚、印度尼西亚、泰国、越南、沙特阿拉伯、埃及等国家标准。

4.3.3　国外检索

目前，国外标准文献信息检索主要依照 ISO 标准、IEC 标准、ITU 标准来进行检索，ISO、IEC、ITU 并称国际三大标准化机构，在国际标准化文献信息检索中使用最为广泛。

4.3.3.1　ISO 标准

ISO（International Organization for Standardization，国际标准化组织），成立于 1947 年 2 月 23 日，是世界上最大的非政府性标准化专门机构，是国际标准化领域中一个十分重要的组织，其主要任务是促进全球范围内的标准化及其有关活动，以利于国家之间产品与服务的交流，以及在知识、科学、技术和经济活动中发展国家之间的相互合作，因此，越来越多的国家参与其活动。ISO 标准的内容涉及范围广泛，从基础的紧固件、轴承各种原材料到半成品和成品，其技术领域涉及信息技术、交通运输、农业、保健和环境等。

4.3.3.2　IEC 标准

IEC（International Electrotechnical Commission，国际电工委员会），成立于 1906 年，至今已有 100 多年的历史，是世界上成立最早的国际性电工标准化机构，负责有关电气工程和电子工程领域中的国际标准化工作。目前，IEC 的工作领域已由单纯研究电气设备、电机的名词术语和功率等问题扩展到电子、电力、微电子及其应用、通信、视听、机器人、信息技术、新型医疗器械和核仪表等电工技术的各个方面。IEC 标准已涉及世界市场中 35% 的产品，到 20 世纪末，这个数字已达 50%。

4.3.3.3　ITU 标准

ITU（International Telecommunication Union，国际电信联盟）是联合国专门机构之一，主管信息通信技术事务，由无线电通信、标准化和发展三大核心部门组成，其成员包括 191 个成员国和 700 多个部门成员及部门准成员。国际电信联盟的宗旨是：维护和扩大会员国之间的合作，以改进和合理使用各种电信；促进提供对发展中国家的援助；促进技术设施的发展及其最有效的运营，以提高电信业务的效率；扩大技术设施的用途并尽量使之为公众普遍利用；促进电信业务的使用，为和平联系提供方便。

鉴于版面原因，本书将主要介绍 ISO 标准数据库的检索。

ISO 标准数据库（http://www.iso.org/iso/store.htm），即"ISO 在线"，成立于 1950 年，其按照国际分类标准进行分类，包括超过 17500 种已出版的标准信息。"ISO 在线"为用户提供三种检索服务：标准文献检索、出版物及电子产品、网站检索，其中标准文献检索标准目录包括 ISO 国际标准数据库，收录了有关基础科学、社会科学、自然科学、农业、医学、土木工程、环境工程等方面的国际标准题录，另外，"ISO 9000"专门介绍了关于 ISO 9000 体系下的质量管理和质量认证的详细标准文献信息。通过 ISO 标准数据库，用户可以采用"搜索范围"（Search scope）、"关键词或词组"（Keyword or phrase）、"ISO 标准号"（ISO number）、"文献类型"（Document type）、"补充类型"（Supplement type）、"ICS 分类号"（ICS number）等方式来进行检索，主要页面如图 4-13 所示。

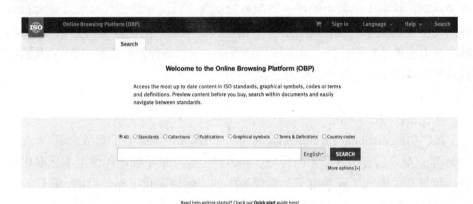

图 4-13　ISO 标准数据库检索页面

通过 ISO 标准数据库检索，用户可以根据检索指令得到的清单选择 PDF 或 TXT 格式印刷文本，从而达到检索目的。

4.4　会议文献

会议文献（Conference Literature），是指在学术会议上宣读和交流的论文、报告及其他有关资料。会议文献多数以会议录的形式出现。随着科学技术的迅速发展，世界各国的学会、协会、研究机构及国际性学术组织举办的各种学术会议日益增多。目前，世界上每年举办的科学会议 1 万个，其中科技会议就达四五千个，产生会议论文十余万篇，每年出版的各种专业会议录达 3000 余种。

4.4.1　概况

会议文献没有固定的出版形式，有的刊载在学会协会的期刊上，作为专号、特辑或增刊，有些则发表在专门刊载会议录或会议论文摘要的期刊上，主要表现形式为会议录、会议论文集、会议论文汇编、报告及会议记录等。同时，一些会议文献还常常汇编成专题论文集或出版会议丛刊、丛书，还有些会议文献以科技报告的形式出版。此外，有的会议文献以录音带、录像带或缩微品等形式出版。为更好地利用会议文献，现在世界各国都研发了各种会议文献检索工具或者建立了会议文献数据库，如国内的 CNKI 中国知网数据库、万方会议论文数据库、国家科技图书文献中心，国外的《科技会议录索引》（ISTP）、*ISI Proceedings* 等。

4.4.1.1　分类
按照时间段分类，会议文献主要可以分为以下三种：

（1）会前文献

会前文献包括征文启事、会议通知书、会议日程表、预印本和会前论文摘要等。其中，预印本是在会前几个月内发至与会者或公开出售的会议资料，比会后正式出版的会议记录要早 1 ~ 2 年，但内容完备性和准确性不及会议录。有些会议因不再出版会议记录，故预印本就显得更加重要。

（2）会中文献

会中文献有开幕词、讲话或报告、讨论记录、会议决议和闭幕词等。

（3）会后文献

会后文献有会议记录、汇编、论文集、报告、学术讨论会报告、会议专刊等。其中，会议记录是会后将论文、报告及讨论记录整理汇编而公开出版或发表的文献。

4.4.1.2　特点
一般会议文献具有以下特点：

（1）及时性

传递情报比较及时，内容新颖，其中的观点是最新的研究成果，比一般期刊上发表的论文要早很多。

（2）连续性

由于大多数学术或科技会议都是在连续的时间段内召开的，因此会议文献也是连续发行的，并随着时间的推移，其涉及的内容逐渐强化和体现出更多领域的交叉性。

（3）专业性

学术或科技会议通常只有一个或几个主要议题，大多是某个领域的专家或研究人员参加会议，因此，作为特种文献的重要组成部分，会议文献一般是经过挑选的、质量较高的研究成果。

4.4.2 国内检索

国内会议文献信息的检索主要用到的数据库有中国知网重要会议论文全文数据库、万方学术会议论文文摘数据库以及国家科技图书文献中心等。

4.4.2.1 中国知网重要会议论文全文数据库

中国知网重要会议论文全文数据库（http://www.cnki.net/）是经国家新闻出版总署批准，中国学术期刊（光盘版）电子杂志社出版发行，收录我国1999 年以来国家二级以上学会、协会、高等院校、科研院所、学术机构等单位的论文集，截至 2012 年 6 月，已收录出版 2500 次国际学术会议投稿的论文，累计文献总量 34 万多篇。产品分为十大专辑：基础科学、工程科技Ⅰ、工程科技Ⅱ、农业科技、医药卫生科技、哲学与人文科学、社会科学Ⅰ、社会科学Ⅱ、信息科技、经济与管理科学，十大专辑下分为 168 个专题文献数据库和近 3600 个子栏目。

该数据库提供了"文献检索""会议导航""论文集导航""主办单位导航"等服务，包括快速检索、标准检索、专业检索、作者发文检索、科研基金检索、句子检索、来源会议检索 7 种方式，用户根据输入控制条件和检索控制条件的选择可以完成自主检索，输入控制条件和检索控制条件分别如表 4–13、图 4–14所示。

表 4–13 自主检索

输入控制条件	会议时间、更新时间、会议名称、支持基金、报告级别、会议级别、论文及类型、作者、作者单位
检索控制条件	主题、篇名、关键词、摘要、全文、论文集名称、参考文献、中图分类号、词频

图 4-14　自主检索页面

4.4.2.2　万方学术会议论文文摘数据库

同上文已经介绍的专利文献、科技报告、标准文献相类似，在万方数据库系统（http://www.wanfangdata.com.cn）中，用户可以按照需要，选择相应的数据库，检索较为完善的会议论文文献信息。该数据库收录了由中国科技信息研究所提供的、1985 年至今世界主要学会和协会主办的会议论文，主要以一级以上学会和协会主办的高质量会议论文为主。该数据库每年涉及近 3000个重要的学术会议，总计 97 万余篇，每年增加约 18 万篇，每月更新，截至2022 年 10 月 31 日，会议文献总数已达到 15113893 篇。其具体分类如表 4-14所示。

表 4-14　文献分类

学术会议分类	哲学、宗教，社会科学总论，政治、法律，军事，经济，文化、科学、教育、体育、语言、文字，文学，艺术，历史、地理，自然科学总论，数理科学和化学，天文学、地球科学，生物科学，医药、卫生农业，科学工业技术，交通运输，航空、航天，环境科学、安全科学
会议主办单位	一级协会，二级协会，二级以下协会，一级学会，二级学会，二级以下学会，国家重点实验室，研究会，其他

该数据库检索方式分为"高级检索"和"专业检索"，根据用户类型和需求的不同可提供不同的服务。

4.4.2.3 国家科技图书文献中心

国家科技图书文献中心（NSTL）（http://www.nstl.gov.cn/）是根据国务院的批示于 2000 年 6 月 12 日组建的一个虚拟的科技文献信息服务机构，参与馆藏及文献检索的单位包括中国科学院文献情报中心、工程技术图书馆（中国科学技术信息研究所、机械工业信息研究院、冶金工业信息标准研究院、中国化工信息中心）、中国农业科学院图书馆、中国医学科学院图书馆；网上共建单位包括中国标准化研究院和中国计量科学研究院。该中心的组建目的是负责国家科技文献信息资源共建共享的组织、协调与管理等工作。其主要任务是统筹协调，较完整地收藏国内外科技文献信息资源，制定数据加工标准、规范，建立科技文献数据库，利用现代网络技术，提供多层次服务、推进科技文献信息资源的共建共享、组织科技文献信息资源的深度开发和数字化应用并开展国内外合作与交流。

NSTL 数据库提供中文、西文、俄文、日文库的检索，查找年限为 1984 年至今，检索方式分为高级检索和专业检索（见图 4-15、图 4-16）。

图 4-15 高级检索页面

图 4-16　专业检索页面

4.4.3　国外检索

与专利文献检索中的德温特出版公司专利检索系统的检索平台一样，国外会议文献的检索主要涉及的数据库检索系统也是基于"ISI Web of Knowledge"平台（http://www.isiknowledge.com）的，即《科技会议录索引》（*Index to Scientific & Technical Proceedings*，ISTP）。该项目创建于 1978 年，由美国科学情报研究所编辑出版并提供网络数据库平台的共享服务。该索引收录生命科学、物理与化学科学、农业、生物和环境科学、工程技术和应用科学等学科的会议文献，包括一般性会议、座谈会、研究会、讨论会、发表会等，其中工程技术与应用科学类文献约占 35%，其他涉及学科基本与 SCI 相同。ISTP 收录论文的多少与科技人员参加的重要国际学术会议多少或提交、发表论文的多少有关。我国科技人员在国外举办的国际会议上发表的论文占被收录论文总数的 64.44%。

国外检索的一般检索是按照主题、作者、出版物名称、关键词、分类号等字段进行的，引文数据库有 Science Citation Index Expanded、Social Science Citation Index、Arts & Humanities Citation Index、Index Chemicus、Current Chemical Reactions 等。

4.5　学位论文

学位论文（Thesis）是指为了获得学位，要求被授予学位的人所撰写的研究论文。学位论文一般分为两大类型，即理论研究类和调研综述类，前者是在前人提出的结论和论点的基础上进一步提出新的论点或假说；后者是以大量文献资料为前提，进行科学统计或总结分析后，对专业领域进行研究性的概括，从而提出新观点。

4.5.1　概况

根据《中华人民共和国学位条例》的规定，学位论文分为学士论文、硕士论文、博士论文三种，主要具有以下特点：①丰富性：参考文献多、全面，有助于对相关文献进行追踪检索；②出版形式多样性：单纯的文摘数据已无法满足读者需要，读者对电子论文全文的需求呈上升趋势；③特殊性：学位论文是高等学校、科研机构的毕业生为获得各级学位所撰写的论文；④专业性：学位论文选题新颖，理论性、系统性较强，阐述详细。

一般学位论文的结构内容如下：①封面；②版权声明；③题目：应准确概括整个论文的核心内容，简明扼要，让人一目了然，一般不宜超过 20 个字；④中文摘要：内容摘要要求在 3000 字以内，应简要说明本论文的目的、内容、方法、成果和结论，要突出论文的创新之处，语言力求精练、准确，在本页的最下方另起一行，注明本文的关键词（3-5 个）；⑤英文摘要：英文摘要上方应有题目，内容与中文摘要相同，在英文题目下面第一行写研究生姓名，专业名称用括弧括起置于姓名之后，研究生姓名下面一行写导师姓名，格式为 Directed by...，最下方一行为英文关键词（Keywords 3-5 个）；⑥目录：既是论文提纲，也是论文组成部分的小标题；⑦绪言（或绪论、导论）：内容应包括本课题对学术发展、经济建设、社会进步的理论意义和现实意义，国内外相关研究成果述评，本论文所要解决的问题，本论文运用的主要理论和方法、基本思路和行文结构等；⑧正文：根据学科专业特点和选题情况，可以有不同的写作方式，但必须言之有理，论据可靠，严格遵循本学科国际通行的学术规范；⑨注释：可采用脚注或尾注的方式，按照本学科国内外通行的范式，逐一注明本文引用或参考、借用的资料数据出处及他人的研究成果和观点，严禁掠人之美和抄袭窃取；⑩结论：论文结论要明确、精练、完整、准确，突出自己的创造性成果或新见解，应严格划分本人的研究成果与他人的科研成果的界限；⑪参考文献：论文中凡引用他人的内容应当指明其出处，尊重他人的研究成果。

4.5.2　国内检索

近年来，国内一些大型文献信息机构具有国家学位论文定点收藏单位的优势，一些大型学位论文文摘数据库逐渐建立并开始运营。同时，国内一些高校也开始进行本校学位论文数据库的建设。本书主要介绍中国知网博 / 硕士学位论文全文数据库和中国学位论文全文数据库。

4.5.2.1　中国知网博 / 硕士学位论文全文数据库

中国知网博 / 硕士学位论文全文数据库（http://epub.cnki.net）出版 510 余家博士培养单位的博士学位论文 50 余万篇，790 余家硕士培养单位的硕士学位论文 520 余万篇。因此，该数据库是目前国内相关资源最完备、高质量、连续动态更新的中国博 / 硕士学位论文全文数据库。

该数据库提供了"文献检索""学位授予导航""博 / 硕士学位论文电子期刊"等服务，用户根据输入控制条件和检索控制条件的选择可以完成自主检索，输入控制条件和检索控制条件如表 4-15、图 4-17 所示。

表 4-15　自主检索

输入控制条件	发表时间、更新时间、学位单位、学位年度、支持基金、优秀论文级别、作者、作者单位、第一导师
检索控制条件	题名、关键词、摘要、目录、全文、参考文献、中图分类号、学科专业名称

图 4-17　中国知网博士学位论文全文数据库自主检索页面

4.5.2.2 中国学位论文全文数据库（http://www.wanfangdata.com.cn/）

作为我国法定的学位论文收藏机构，中国科技信息研究所于1995年委托北京万方数据股份有限公司收录自1977年以来我国自然科学领域博士、博士后及硕士研究生论文，并建立了中国学位论文全文数据库（CDDB），截至2022年10月31日，文摘已达5834524篇。其具体分类如表4-16所示。

表4-16　中国学位论文全文数据库具体分类

学科、专业目录	哲学、经济学、法学、教育学、文学、历史学、理学、工学、农学、医学、军事学、管理学
地区分类	北京、天津、河北、山西、内蒙古、辽宁、吉林、黑龙江、上海、江苏、浙江、安徽、福建、江西、山东、河南、湖北、湖南、广东、广西、海南、重庆、四川、贵州、云南、西藏、陕西、甘肃、青海、宁夏、新疆

该数据库检索方式分为"高级检索"和"专业检索"，根据用户类型和需求的不同可提供不同的服务。

4.5.3 国外检索

学位论文国外检索主要应用的数据库为"ProQuest Dissertations & Theses Global"（PQDT Global），由美国的ProQuest Information and Learning公司作为资源供应商，是国外著名的博/硕士学位论文数据库。从2002年开始，为满足国内对博/硕士论文全文的广泛需求，国内各高等院校、学术研究单位以及公共图书馆，以优惠的价格、便捷的手段共同采购国外优秀博/硕士论文，建立了ProQuest博士论文全文数据库，实现了学位论文的网络共享，是目前世界上最大和应用最广的学位论文数据库。其联盟的运作模式是：凡参加联盟的成员馆皆可共享各成员馆订购的资源；各馆所订购资源不会重复；一馆订购，全国受益；随着时间的推移，加盟馆的增多，共享资源数量也会不断增长。该数据库本地服务（服务器所在地）主要是上海交通大学图书馆，中国科技信息所和CALIS全国文理中心（北京大学图书馆）。

PQDT的字段检索主要包括摘要（AB）、作者（AU）、论文名称（TI）、学校（SC）、学科（SU）、指导老师（AD）、学位（DG）、论文卷期次（DISVOL）、ISBN、语种（LA）及论文号（PN）。检索页面如图4-18、图4-19所示。

图 4-18 PQDT 检索页面

图 4-19 高级检索页面

练习题

1. 什么是特种文献，主要包括哪几类文献？

2. IPC 分类号由哪几部分组成，分别代表什么？请举例说明。

3. 专利文献的定义是什么，常用的国内外专利文献检索系统有哪些？

4. 科技报告的定义是什么，常用的国内外科技报告检索系统有哪些？

5. 标准文献的定义是什么，常用的国内外标准文献检索系统有哪些？

6. 会议文献的定义是什么，常用的国内外会议文献检索系统有哪些？

7. 学位论文的定义是什么，常用的国内外学位论文检索系统有哪些？

第二部分

专业学位论文写作

第5章 专业学位论文写作概述

 本章摘要

本章主要介绍专业学位论文的写作要求、准备工作等相关内容，八种常见体裁的界定与比较，以及论文选题、研究设计、资料收集、文本布局与评审答辩的写作流程等相关内容，使读者对专业学位论文的写作有一个清晰和整体的了解。

 学习目的

◆ 了解专业学位论文的写作要求
◆ 明晰专业学位论文写作的准备工作
◆ 厘清专业学位论文的体裁类型
◆ 认识专业学位论文的基本写作流程
◆ 掌握专业学位论文各个流程环节的原则与方法

5.1　写作要求

专业学位论文要求研究生通过整理自己在课题研究中的研究思路、研究方法、研究过程和研究结果，来证明学位论文作者已经具备相应学位所要求的科学素质、学术水平、科研能力和坚实的理论基础。

5.1.1　综合实践锻炼

专业学位教学要求研究生能综合运用课堂所学的理论知识，了解企业或公共管理部门的实际运作，发现管理中存在的问题，并能解决这些问题。这就要求学生亲自动手、独立作战或合作研究，进行文献检索和社会调查，收集数据并进行分析整理，提出问题、解决问题。这个过程能锤炼学生的伦理道德和社会责任，历练自己系统分析、处理、解决实际问题的能力。

5.1.2　培养挑战精神

撰写学位论文的过程就是一个发现问题、解决问题、不断挑战自我的过程。撰写学位论文只是一种手段，更重要的是，在今后的职业生涯中，这种勇于挑战的精神将永远伴随大家。以认真、负责的态度来对待专业学位论文，主动选择挑战，是专业学位研究生必备的精神。

5.1.3　专业学位论文主要考察的重点

一是选题的前瞻性、实用性、新颖性、重要性。

二是理论与方法。理论应用是否有一定的深度，是否有独立见解，能否正确运用研究方法。

三是应用价值。参考价值和借鉴意义、直接或间接的经济效益与社会效益、可操作性。

四是综合能力。综合运用知识、调查研究、分析问题和解决问题的能力。

五是文字表达能力。逻辑性是否强，结构是否严谨，文字是否通顺流畅，引注、参考文献（中外文）标注是否规范等。

5.2　准备工作

学员在进行论文写作之前，不仅需要具备扎实的管理学知识基础（这是课程学习和社会实践过程解决的问题），还需要与导师进行充分的沟通，学习文献资料查阅方法，对论文的可行性进行论证。

论文并非生硬地"写"出来的，而是在知识、实践积累的基础上，思考出来的，"写"只是最后的一个环节。因此，建议学员在动笔之前首先做好一定的知识储备。

5.2.1　阅读书籍

专业学位申请进入论文写作阶段时，主要的课程都已经结束了，学员在大致思考清楚写哪个方面的论文之后，还应该有针对性地阅读书籍。阅读书籍的目的是获得、温习系统性知识。

业务方面的书籍。如果要写战略管理方面的论文，则需要看 3~5 本战略管理方面的教材，其中需要有一本最经典的教材，比如波特的《企业战略管理》；如果要写政策分析方面的论文，就要看几本与政策相关的教材。

关联的教材。管理的各个领域是相互关联的，即使你只研究其中一个领域（如营销），也需要了解其他领域的知识，如战略管理、生产管理、财务管理等。

数理基础知识。数理基础知识包括概率论与数理统计、运筹学原理等。数理知识是调查、分析、解决问题的过程中经常要用到的知识。

实践调研。专业学位硕士论文更偏向于解决实际问题，因此善于观察、分析、总结工作过程中的实际问题，并将其凝练为可研究的科学问题是学员必备的一项能力。与此同时，论文所需数据也需要通过调研的方式获得。因此，论文写作要求学员掌握各种调研方案的设计、组织和实施，了解各种方法的适用性及其局限性。常见的调研方法包括问卷调查、现场考察、专访、电话调查、网络调查等。

5.2.2　阅读文章

阅读文章的目的是快速了解国内外专家、同行的观点，以便借鉴。

学术期刊的文章。学术期刊具有一定的权威性，尤其是核心期刊，代表了那个领域专家公认的观点。学员可以通过中国知网、万方数据库等渠道获得这些期刊的文章。

网络文章。很多专业网站上有很多新颖、时效性强的文章，虽然从学术的角度看不一定严密，但实践性较强。

学员在进行大量阅读之后，再来分析问题，眼界会更加开阔。

5.2.3　了解辅助工具

One note 具有 Office 的强大的编辑能力，同时涵盖了思维导图的功能，是资源共享的一大神器。科研人员可以用其记载任何想法、规划、结果，且可以插入图表进行编辑。这款笔记应用可以极大地提高工作效率，且整个笔记可以打包成 PDF 格式，方便备案和阅读。

Origin 是简单易学、操作灵活、功能丰富全面的画图软件，既可以满足一般用户的制图需要，也可以满足高级用户数据分析、函数拟合的需要。目前，它已成为专业论文 SCI 的标配绘图软件。

Math type 相当于 Office 的一个公式插件，可以提高论文公式的输入效率，该软件支持订阅制，但 Mac 端不支持简体中文。

CorelDraw 也是一款网络图绘制软件，比 Visio 占用内存小，但是功能同样强大，并且风格更漂亮。其内存虽小，功能齐全。

此外，还有 Visio/OmniGraffle（分别适配 windows 系统 /mac 系统）常用于研究思路图的绘制，X mind、亿图图示 与 Mind manger 软件常用于思维导图与流程图的绘制。

5.3　体裁类型

本节主要针对专业学位论文常见的八种体裁类型及其之间的比较进行相关阐述。

5.3.1　体裁界定

专业学位论文常见的八种体裁类型分别为专题研究型、调研报告型、企业诊断型、案例分析型、体系应用型、规划型、政策分析型、技术方案型。

5.3.1.1　专题研究型

专题研究是针对一个或若干单位的某种具体问题（专题），运用管理学、经济学理论进行深入、系统的分析，提出系统的解决方案和实施计划，使问题得到解决。以专题研究为核心的论文，就是专题研究型论文。专题研究型论文应主要着眼于实际应用，对所要研究的实际管理问题进行清晰的阐述，论证解决此问题的意义、方法和推广价值，并对国内外本领域中的研究动态有较好的了解和评价，提出的解决方案要有很强的针对性。

5.3.1.2　调研报告型

调查研究报告（以下简称"调研报告"）是运用科学的调查研究方法，通过对某行业、企业或其他组织进行调查研究，提出有关决策建议，并形成相应的研究报告。其特点应是调查方法正确，调查资料翔实，结论有普遍性和说服力。

作为学位论文的调研报告，不同于企事业单位一般的调研报告，而要按照学位论文的要求，运用科学的调查分析方法，针对调查对象进行充分的调查、分析，了解调查对象的现状、性质、特点以及存在的问题，提供有效的决策建议。在此基础上，学员可撰写调研报告型论文。

为保证调研报告型论文的质量和应有的水平，学员在撰写时必须注意下列要求：①选题具有理论和实际意义；②方法科学且有先进性；③调查工作由作者本人完成，且调查工作量较大；④数据、资料处理工作由作者本人完成；⑤调查研究结论正确且具有一定范围和一定程度的普遍意义；⑥调研报告由作者撰写，必要的第一手调查资料应作为附录与调研报告一起提交评审与答辩。

5.3.1.3　企业诊断型

"企业诊断"是指由具有丰富经营管理知识和经验的专家，深入企业现场与企业管理人员密切配合，运用各种科学的方法，找出经营管理上存在的主要问题，进行定量或确有论据的定性分析，查明产生问题的原因，提出切实可行的改善方案，进而指导实施改善方案、提高企业素质、增强企业活力、谋求企业健康发展的一种改善经营管理的活动。

学员所做的企业诊断报告，则是运用管理理论及方法，在对企业或行业调查分析的基础上，找出被诊断的企业在经营管理中存在的一个或几个问题，进行定量或定性分析，找出产生问题的原因，提出具体的改善方案。

为保证企业诊断型论文的质量和应有的水平，学员在撰写时必须注意下列要求：①所完成的企业诊断报告必须具有一定的典型性和代表性，所反映的是当前某领域的重要问题；②企业诊断报告必须真实可靠，不允许虚构企业或杜撰其经营状况；③报告应反映对企业进行的调查、对调查资料进行的分析、提出解决问题的措施或方案等全部工作内容；④应符合企业诊断报告的规范要求；⑤企业诊断报告提交答辩前，应在所诊断企业举行诊断报告会，并由企业出具书面评价意见。

5.3.1.4　案例分析型

工商管理案例是对某一特定工商管理情境的客观描述或介绍。其主题应对应于某种具体的管理理论。采用工商管理案例教学的主要目的在于培养学员独立的分析判断能力，是工商管理教学中独特而有效的手段。"案例法被列为诸法之冠"，已经被世界各国工商管理教育界普遍采用，美国的哈佛大学在这方面最为突出。案例是对企业特定管理情境进行真实、客观的描述和介绍，是企业管理情境的真实再现。按照论文的要求编写案例，就是案例型论文。

在实际工作中，经常会出现很多成功或失败的事例，以案例的形式将宝贵的经验或教训总结出来，在更大的范围内交流，用于课堂学习和讨论，无论是对案例编写者本人，还是对所涉及的单位，都具有十分重要的意义。因此，专业学位教育非常鼓励学员编写高质量的案例型论文。

案例型论文主要包括描述型和问题型两大类。从专业学位论文的要求来看，描述型案例适合作为专业学位论文。

5.3.1.5 体系应用型

自 20 世纪 80 年代以来，西方发达国家逐步推出了一系列认证和标准化的管理方法。这些认证和管理方法是在总结管理科学理论和实践的基础上，形成的完整的理论体系和可以实际操作的程序、规范，称为体系应用。例如，政府部门推行 ISO 9000 质量体系认证，公司实施企业资源计划（ERP）项目、应用全员生产维护（TPM）、推广目标管理等。围绕某单位某项体系应用写出的论文，就是体系应用型论文。

5.3.1.6 规划型

规划是组织制订的比较全面、长远的发展计划，是从未来整体性、长期性、基本性问题出发，设计未来整套行动的方案。以某单位的规划作为核心写出的学位论文，就是规划型论文。

5.3.1.7 政策分析型

政策是指国家政权机关、政党组织和其他社会政治集团为了实现自己所代表的阶级、阶层的利益与意志，以权威形式标准化地规定在一定的历史时期内，应该达到的奋斗目标、遵循的行动原则、完成的明确任务、实行的工作方式、采取的一般步骤和具体措施。政策分析型论文，是指通过对现行政策的分析，提出改进方案（政策修订方案）的论文。

5.3.1.8　技术方案型

技术方案是为研究、解决各类技术问题，有针对性、系统性地提出的方法、应对措施及相关对策。其内容可包括科研方案、设计方案、施工方案、技术路线、技术改革方案等。在很多专业中，很多学员偏重于技术性岗位，其主要工作是和各种技术方案打交道。以技术方案设计为主要内容的论文，就是技术方案型论文。例如，MLE 的技术是广义的工程技术，包括物流作业方法、物流设备设施设计、物流选址布局、运输线路规划等。

5.3.2　体裁比较

以上八种体裁有相同之处，也有一定区别，具体分析如下：

5.3.2.1　共性

一是选题对象都是企业、政府或事业单位存在的问题。大部分情况是研究具体某个企业的微观问题，少数情况是研究某一地区或行业的宏观问题。

二是核心内容不可缺少。调查、分析问题、提出方案等核心内容，对于各种体裁的论文而言都是不可缺少的，这是解决实际问题所必需的内容。

三是突出学位论文的要求。研究性、管理思想性和实践性，是学位论文区别于一般的工作报告、调查报告、企业诊断等管理报告的要求。因此，写作时，我们要按照学位论文的要求，对实际调查、诊断工作的质量进行大幅度提升。

5.3.2.2　区别

由于研究目的和方式的不同，因此上述八种体裁的论文在写作重点、内容上存在一定的差别。表 5-1 列出了各种体裁论文的研究目的和主要研究工作的比较。

从表 5-1 可以看出，专题研究型论文的重点在于解决问题，调研报告型论文在于调查过程，企业诊断型论文在于问题及其原因分析，案例型论文在于经验总结和决策建议，体系应用型论文在于应用方案设计，规划型论文在于方法，政策分析型论文在于问题甄别和修订建议，技术方案型论文则在于实用性。这些大的原则决定了各种专业学位论文不同的写作思路。

表5-1 论文体裁比较

序号	论文体裁	研究目的	主要研究工作
1	专题研究型	通过系统分析、研究所在单位某一个方面的问题，提出系统的解决方案	理论概述、行业分析、现状和问题分析、解决方案及其实施
2	调研报告型	通过调查，发现企业经营中的现象、规律或者经验，提出有关决策建议	调查方法的选择、调查的设计和实施、数据分析、改进建议
3	企业诊断型	通过调查，发现问题并诊断其产生的原因，提出解决思路或方案	调查方法的选择、调查过程和问题诊断、解决方案建议
4	案例型	通过对一个企业或者具体事件的描述，揭示管理原理或发现规律	描述事件的来龙去脉，归纳问题、管理原理或规律
5	体系应用型	针对本单位的具体需求，设计某一体系的应用方案	体系介绍、需求分析、体系应用方案设计、实施过程
6	规划型	运用科学方法，为组织制定未来一段时间的发展规划	规划背景、规划方法的选择、规划目标和主要内容、实施保障
7	政策分析型	根据环境变化，分析现有政策存在的问题和不足，提出政策修订建议	环境变化分析、政策分析、问题界定、政策修订依据和效果评估
8	技术方案型	针对现有的某项技术的不足提出改进方案或设计一项新的技术、工程方案	文献回顾、需求分析、整体架构设计、子系统设计、技术实现、技术方案评价

5.4 写作流程

专业学位论文主要在选题，理论与方法的选择，应用价值，运用知识、调查研究、分析问题和解决问题的综合能力，文字表达能力五个方面进行相关评审与考核。为了达到上述五个方面要求，应采取科学合理的研究思路。专业学位教育强调运用管理学理论解决实际问题，发现问题、分析问题、解决问题是最核心的逻辑结构，具体如图5-1所示。

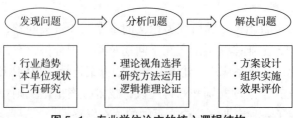

图5-1 专业学位论文的核心逻辑结构

在发现问题即确定核心问题阶段，需要注意的是，如果自己所就读的专业与自身工作高度相关，那么结合行业趋势与本单位现状发现实际问题是发现问题最快捷的方法，也能保证问题的实用性与重要性，同时需要通过阅读大量文献以确保自己的研究问题具有前瞻性与新颖性。

调查结束后，要结合人员访谈和定量调查获得的信息，从现象分析问题，对现象进行归类、提炼，按照问题的层次、重要程度，找出存在的主要或核心问题。在分析问题的过程中需要重视理论或理论视角的选择，以确保理论应用有足够的深度且具有独到的见解。此外，合理地运用研究方法是正确分析问题、找出解决方案的重要保障，分析问题的最后一步是进行逻辑推理与论证，这是撰写论文的重要步骤。

发现问题、分析问题的最终目的是解决问题，而解决问题所依靠的是系统化、科学化、针对性的解决方案。好的方案设计，不会仅停留于解决问题的层面，更为重要的是其可以优化相关运营流程，达到事半功倍的效果。解决方案应包括目标、原则、整体思路、主要方面的改进措施以及方案的实施。在解决问题阶段，主要针对问题分析结果提出合理的方案设计，如果解决方案已被采纳，需要将组织实施的过程以及最终效果的评价结果作为论文的重要支撑内容，予以详细阐释以验证问题分析的正确性、方案设计的合理性与可行性。

在对专业学位硕士论文进行初步整体的介绍后，为使学员在撰写过程中更具有实操性，有必要针对各个阶段的关键要点进行详细阐述。

5.4.1　论文选题

本小节将针对专业学位论文的选题原则、选题步骤与方法、注意事项进行相关阐述。

5.4.1.1　选题原则

选题不仅是给论文定题目和简单地规定论文范围的问题，也是一个创造性思维的过程，是作者初步研究所得结论的一种确定。这种确定不只是对文章具有引发性，规划了文章的方向、角度、规模等，也能够提前对论文作出基本的估计，具有一定的预测性，即预测论文价值。作为专业学位论文写作的关键一环，选题时应遵循以下五点原则：

（1）与实践结合，富有现实性和实用价值

对于学位论文，我们不是为了写论文而写论文，而是要通过论文写作切实解决实际存在的某些问题，并带来看得见的成效。确定论文题材时，一定要扬长避短，结合自己现有的优势，这样写起论文来才会得心应手，容易出成果。

（2）有一定的理论指导

作为专业学位研究生，完全独自创造一种方法来解决企业实际问题是非常困难的，在绝大多数情况下，需要借鉴国内外先进的理论、方法，而不能仅仅依靠本人有限的经验。选题的先进性也是评价论文的重要指标。

（3）有丰富的资料来源

选择一个具有丰富资料来源的课题，对于进一步深入研究课题很有帮助。我们需要查阅图书馆、资料室的资料，更需要通过访谈和实地调查研究等方式来收集资料。收集的资料越具体、越细致越好，最好把想要收集的资料的文献目录、详细计划都列出来。如果选择自己所从事的工作，至少是熟悉的工作作为论文选题，获取资料就容易得多。

（4）有研究或经验积累

尽量选择自己熟悉的、有过相关研究或经验的课题；尽量避免选择自己不熟悉或题目过大而自己又无法完成的课题。例如，一位在某机场营销部门工作的学员，就可以写"某某机场营销策略改进研究"的论文。

（5）个人有兴趣

个人的研究兴趣是论文研究工作的动力，更可以焕发出潜在的创造力，调动自己的主动性和积极性，以积极的心态完成论文写作。如果没有自己的想法，又觉得自己的优势不突出，也没有什么特别的兴趣，可以请导师帮忙确定题材。这样既可以根据导师的优势选题，又可以跟着导师一起做研究课题。

5.4.1.2 选题步骤与方法

专业学位论文的选题步骤以及每个步骤中使用的方法如下：

（1）拓宽思路，探索钻研

要找出问题，首先需要刻苦钻研。因为写好一篇论文是一项非常艰辛的工作，需要研究者反复探索、不断实践。对观察的事物启动发散性思维，从各个不同的角度分析思考，能获得对事物较为全面的认识。因此，大胆解放思想，运用积极的思维，拓宽思路在选题阶段显得极为重要，在此前提下还需要存同求异。所谓存同求异，就是暂不考虑事物的同一性，只积极寻求事物的差异性，并分析研究为什么有此差异，探索现成理论所没有发现、没有概括、没有解释的问题。只有这样才能发现矛盾与问题，发现主要矛盾和矛盾的主要方面，抓住问题的突出之点，从而找准课题。拓宽思路的方法一般有以下五种：

其一，延伸法。科学研究具有传承性，人们对某个问题的研究，并不是割裂历史与传统，也不是改变研究方向，而是沿着前人或今人研究的路子，拓展它的深度与广度，进行更深层次或更高层次的研究。这种研究是在原有研究基础上的延续和拓展，而不是独辟蹊径。

其二，补缺法。在所涉足的领域和学科中，有许多是属于前人或今人没有研究过的，或者是研究得很少、很不深入的问题，选择这样的一些问题来研究，能弥补某些欠缺，使之更加充实、完善，或者填补理论上的空白。这种研究需要总揽全局，能对此领域的学科研究的现状及进展有全面深刻的了解，并能作深入细致的分析，独具慧眼地找到新的研究点。

其三，交叉法。这是指利用科学的交叉、渗透，用另一学科、另一领域的研究成果来开拓本学科的研究方法。在科学技术高度发展的今天，运用交叉法来进行研究，这样产生的新课题应该是有很多的，这种课题也很有研究前景，学生在写论文时应该善于选择这种研究。

其四，比较法。这是通过对几种事物或问题，或者同一事物或问题的若干方面进行比较研究的方法。有比较才有鉴别，选择学位论文的题目，用比较的方法能开启人们的思路，好中选优，使论文更有学术价值和应用价值。

其五，全新法。这是指对人们从未研究过的领域和问题进行开创性的研究，从而建立某种新的理论或理论体系的方法。要求研究者用全新的理论来研究或写作是比较困难的。对此，一定要有清醒的认识，做到量力而行和扬长避短。这也是搞好选题的重要前提，否则会走错路或走弯路。

总而言之，在选题时，一定要全方位地开拓自己的思路。只要善思和多思，就有可能摸索出更多更好的选题方法，从而发现和选定题目。

（2）浏览捕捉，材料提取

这是通过对占有的文献资料快速地、大量地阅读，在比较中来确定题目。浏览一般在占有的资料达到一定数量时集中一段时间进行，便于对资料进行集中的比较和鉴别。浏览的目的是在咀嚼消化已有资料的过程中提出问题，寻找自己的研究课题。只有冷静地、客观地对所有资料进行认真的思考而形成的看法才会有研究的必要。一般来说，学员都是在漫无边际、内容丰富的资料中反复筛选、不断思考琢磨良久之后，才能突然有所发现，并最终选定自己的课题。这种方法一般可以按照以下步骤进行：

首先，广泛地浏览资料。在浏览过程中有选择、有重点地记下资料的纲目，资料中的论点、论据和论证方法，包括脑海中涌现的点滴体会。要注意详略得当，方便以后查找。

其次，将材料分类。将阅读所得到的内容进行分类、排列、组合，从中寻找问题、发现问题。材料可按纲目分类。例如，可分成系统介绍有关问题研究发展概况的资料、对某一个问题研究情况的资料、对同一问题几种不同观点的资料、对某一问题研究最新的资料和成果等。

再次，分析材料。将自己在研究中的体会与资料分别加以比较，并且找出：哪些体会在资料中没有或部分没有；哪些体会虽然资料已有，但自己对此有不同看法；哪些体会和资料是基本一致的；哪些体会是在资料基础上的深化和发挥；等等。经过几番深思熟虑的思考过程，就容易萌生自己的想法。把这种想法及时捕捉住，再作进一步的思考，选题的目标就会渐渐地明晰。

最后，选题查新。部分学员在论文选题或开题之前并没有进行系统的文献检索与查新，仅凭手头的几篇论文或书籍，或者仅凭自己的兴趣和爱好，就匆匆选题或开题，这就容易陷入重复他人研究成果的困境。开题查新积累的相关文献资料可以为后续的学位论文写作提供线索，可以了解在本研究方向上哪些已取得了一定进展、哪些还存在不足和有待改进，从而找准破题之处。对检索年限，一般以最近 5~14 年为好，具体年限应视不同学科的具体情况而定。

（3）提出拟想，追溯验证

这是根据自己平时的积累，以客观事实、客观需要等作为依据，在有一定想法的基础上，初步确定准备研究的方向、题目或选题范围。但想法是否可行，还需要按照拟想的研究方向跟踪追溯，去了解本学科的研究历史、现状、成果及新问题、新动向。这就要求作者查阅大量的资料，可以通过阅读已经收集到的资料，再进一步有选择地收集每篇文献中所引用的参考资料，这样就可以在较短时间内，建立起自己研究工作所需要的一整套资料目录。这种顺着参考文献中所引用的参考资料去追寻自己所需要的参考文献资料的方法，可简称为追溯法。追溯可从以下几方面考虑：

其一，看自己的设想是否对别人的观点有补充作用，或者自己的设想别人没有论及或论及较少。如果得到肯定答复，再具体分析主客观条件，如果通过努力能够对该题目作出比较圆满的回答,则可以把拟想确定下来,作为论文题目。

其二,如果自己的设想虽然别人还没有谈到,但自己尚缺乏足够的理由来加以论证,考虑到写作时间的限制,那就应该终止,再作重新构思。

其三,看设想是否与别人重复。如果自己的想法与别人完全一样,就应马上改变设想,再作考虑;如果自己的想法只是部分与别人的研究成果重复,就应再缩小范围,在非重复方面深入研究。

其四,要善于捕捉一闪之念,抓住不放,深入研究。在阅读文献资料或调查研究中,有时会突然产生一些思想火花,这种火花往往是在对某一问题作了大量研究之后的理性升华,如果能及时捕捉,并顺势追溯下去,那么最终形成的观点便很有价值。

总之,论文选题所要达到的目的,就是寻找在理论上或实践上未被发现、揭示、概括、解释或者概括、揭示、解释不够完善,适于作为自己研究课题的事物和规律。无论哪种论文选题方法都是为这一目的服务。了解和掌握一定的选题方法是非常必要的,但最根本的是要了解本学科研究的历史与现状,了解现实理论和实践上的需求,正确估计主观能力和水平。

5.4.1.3　注意事项

论文选题时的注意事项如下:

(1)研究的工作量和难度要适当

论文选题不宜过大、过难,否则不利于深入;同时也应避免研究生将手头工作简单罗列或总结后作为论文选题,避免论文选题过于一般化。如果研究生的选题实际上已经完成,作为学位论文,则要求进行更深入的探讨,重新归纳、提炼,从中发现已完成工作的不足并加以改进。

(2)论文选题要符合专业研究生的素质和特长

研究生来自全国各地,他们的工作经历不同,积累的技术经验或管理经验也不同,个性化特点非常突出。这就要求在论文选题时要考虑研究生本人的工作背景、实际水平、自身素质和特点,以利于充分调动他们的积极性和潜在能力。

(3)选题务必紧密结合实际

论文选题应该与作者的工作实践紧密结合,直接解决企业的实际困难或为增加企业的盈利点创造条件,专业学位论文的选题应该立足于应用性,放在科技转化能力上。

5.4.2 研究设计

研究设计涉及研究方法、技术路线、结构设计与可行性论证四部分内容。

5.4.2.1 研究方法

论文选题一旦确定，便可围绕主题确立合适的研究方法。下面是常用的几种研究方法：

（1）历史文献法

这是通过收集国内外与研究内容方面相关的文献资料，并对这些材料进行分析比较、去粗取精，为进一步的研究打下基础的方法。

（2）参与式研究法

参与式研究法，就是使研究者积极参与研究对象、研究方法等的选择的全过程，是一种合作式或协作式的研究方法。这种方法以研究对象为中心，充分应用灵活多样、直观形象的研究手段，鼓励被研究者积极参与研究过程，成为其中的积极成分，加强研究者与被研究者之间的信息交流和反馈。

参与式研究法的理论依据主要是心理学的内在激励与外在激励关系的理论以及弗洛姆的期望理论。根据心理学的观点，人的需要可分为外在性需要和内在性需要。外在性需要所瞄准和指向的目标或诱激物是当事者本身无法控制而被外界环境所支配的。与此相反，内在性需要的满足和激励动力则来自当事者所从事的工作和学习活动本身。当事者可从工作或学习活动本身，或者从完成任务时所呈现的某些因素而得到满足。

（3）实证研究法

实证研究方法兴起于20世纪80年代中期，包括观察法、谈话法、测验法、个案法、实验法。

观察法，分为自然观察与实验室观察或称参与观察与非参与观察，由研究者直接观察他人的行为，并把观察结果按时间顺序系统地记录下来。

谈话法，分为有组织谈话与无组织谈话两种，由研究者与研究对象面对面交谈，在口头信息沟通的过程中了解研究对象的心理状态，讲究目标明确、言简意赅。

测验法，分为问卷测验、操作测验和投射测验，通过各种标准化的心理测量表对被试者进行测验，以评定和了解被试者的心理特点。

个案法，对某一个体、群体或组织在较长时间里连续进行调查、了解，收集全面的资料，从而研究其心理发展变化的全过程。

实验法，分为实验室实验和现场实验，研究者在严密控制的环境条件下，有目的地给被试者一定的刺激以引发其某种心理反应，并加以研究。

（4）调查研究法

社会调查是最基本的调查研究法，它是通过对各种现象、关系进行全面、深入的调查，从动态和变量上把握研究内容与现实社会的内在联系。调查研究法是让被调查者就某些有限定的问题作出回答，主要反映的是被调查者的看法。调查研究法偏重对事件发生的频率、程度的测量，或者在某一时间截面构建变量间的量化关系，调查法的逻辑是所调查的样本对总体的代表性。

（5）比较分析法

比较分析法是认识对象之间的相同点或不同点的方法，可以通过实际数与基数的对比来提示实际数与基数之间的差异，借以了解经济活动的成绩和问题。

（6）案例研究法

案例研究法（case study method）是一种社会科学研究方法，通过对一个或多个案例进行分析，通过多种渠道获取案例中的各种信息，分析它们之间的逻辑关系，是对现实中某一复杂的和具体的现象进行深入和全面的实地考察，是一种经验性的研究方法。

案例研究法有三个特点，分别是：

一是需要情境与过程，也就是说案例研究首先需要进入一种情境，强调根据特定的时空情境解释某一事件，而不是抽象地考虑问题、得出结论。

二是需要合作与分享，要求研究者通过实地考察、亲身体验、访谈交流等，了解在"自然、真实的情境"中到底发生了什么事、为什么会发生、产生了什么后果以及当事人对此的感受和看法。

三是需要开放与多元，无论是写人还是记事，都可以作为案例进行研究，在写作形式上可以不拘一格，没有规定什么样的人可以进行案例研究，什么样的人不可以进行案例研究，同样的事件在不同的背景下可以进行不同的分析，在相同的背景下因为研究者的视角不同也有可能作出不同甚至相反的解释。

案例研究法要坚持六个原则，分别是：①典型性原则，能以小见大反映出某一类事物或教育活动的基本共性；②真实性原则，可以从正反两方面总结经验教训，提升教育理念；③个性化原则，能够反映人们所忽视的东西，或是人们没有预见到的情景；④启发性原则，要有一定的冲突，引发人们深思，以提升读者的教育理念；⑤创造性原则，要符合形势发展的要求，要符合新课程提倡的教学理念；⑥理论联系实际原则，描述的是一个实践的过程，反映的却是理性的问题。

（7）综合分析法

综合分析法，是综合法与分析法的结合。综合法，就是"由因导果"的思想方法，即从已知条件出发，不断地展开思考，去探索结论的方法；分析法，就是"执果索因"的思想方法，即从结论出发，不断地去寻找已知，直至达到已知事实为止的方法。

通过上述介绍，我们大致可将在分析问题阶段使用到的方法分为定性与定量方法。其优缺点如下：

其一，定性方法。对于管理类问题，深入实际进行调查是非常有必要的。访谈效率高，可以快速获得信息，但由于只能访谈少数人，获得的信息必然存在一定的片面性。在进行访谈前，我们需要列出访谈对象、访谈提纲，以便有效利用访谈的机会。

其二，定量方法。问卷调查可以快速获得大量数据，用软件处理调查结果，获得的效果较好，但我们需要认真设计问卷，选择合适的调查对象。在很大程度上，调查能力是导师判断论文水平的重要指标。很多论文缺少调查环节，如果所有的信息都不可信，其解决方案的科学性就值得怀疑。

5.4.2.2　技术路线

论文研究的核心问题确定后，不是立马动笔撰写，而是要先开始研究。研究工作就是围绕选定的问题，收集资料，进行调查分析，发现问题所在，寻找解决方案。在明确整套研究工作流程以及各流程所需要详细开展的工作后，需要在不同阶段确定对应的研究方法，研究的具体内容与研究方法或技术一一对应的过程就是技术路线的形成过程。需要注意的是，技术路线作为研究设计过程中的关键内容，是论文作者与导师沟通交流的有效形式，合格的技术路线图能够让导师更为快速直接地了解论文想要解决的问题以及解决问题的方式，并对研究的合理性与可行性作出初步判断，而且以技术路线图为媒介，也能让导师的指导更加有效。

关于技术路线图的画法，需要注意以下三点：

其一，技术路线图应具有一定的特殊性而非普适性。技术路线图并非只罗列基础抽象的研究步骤，而是需要结合自己的研究问题对研究步骤中涉及的主要内容作进一步梳理与汇总，并将其适当地体现在技术路线图中。

其二，技术路线图应清晰明了，注意排版。具体而言，则是在对应步骤中体现出具体使用的方法或技术的同时，也应考虑到内容排版问题，尽量以最佳的形式呈现在读者眼前。技术路线图的画法可以是左主右辅结构，左边根据流程从上自下罗列出内容要点作为图的主体部分，右边对应位置标明预计使用的方法或技术。

其三，技术路线图不宜太过复杂。如果左边主体内容罗列非常详尽，或者流程步骤混乱，会失去该图所想表达的重点；如果右边方法罗列过于复杂，或者过于"高大上"，则会被质疑方案是否可行，因此作图过程中一定要注意精简内容，仔细考虑解决不同问题所适用的最佳方法。

5.4.2.3　结构设计

核心问题与技术方案确定之后，它们需要具体落实在文章核心逻辑结构的安排上。核心逻辑结构最直接的体现是论文提纲，与技术路线图的作用类似，论文提纲也是论文作者前期与导师沟通的重要桥梁。下面将一则范例作为引入，对论文提纲的结构安排作必要提示。现有一篇开题报告中的论文提纲如下所示：

第 1 章　绪论

第 2 章　项目管理理论概述

第 3 章　某公司项目管理概况

第 4 章　项目进度管理分析与改进

第 5 章　项目成本管理分析与改进

第 6 章　项目质量管理分析与改进

第 7 章　结论

从上述提纲可以总结出以下两点注意事项，也是研究生普遍存在的问题：

一是从形式出发，论文提纲应细化至三级标题。这一点容易被大多数研究生忽略，因为研究生可能会将更多的精力放在国内外研究现状等其他内容的撰写方面，认为开题报告中的提纲只是一种形式或者走"过场"，所以并没有对其进行仔细钻研，而是仅细化至二级标题作为敷衍。然而，细化至三级标题的论文提纲恰恰是作为整篇论文的行文骨架，既可以看到章节之间所呈现出来的具体行文思路，也能够在三级标题中了解到论文的要点内容。

二是从内容出发，论文提纲应体现出章节间的基本逻辑。上述论文提纲中主要存在的问题是缺乏针对性，没有分析需要解决的问题，虽然对项目进度、成本、质量分别进行了分析与改进，但没有系统解决问题的科学方法。如果一篇论文没有贯穿全文的"问题"，那么这样的论文即使文采再好，也是空谈。

5.4.2.4　可行性论证

研究方案制定之后，是否合理，能否顺利执行，研究生还需要和导师讨论，进行可行性论证。研究方案的可行性主要体现在以下方面：

（1）技术路线的可行性

从选题、调研、分析问题到提出解决方案，这个过程就是论文研究的技术路线。在这条路线上，有很多过程，每个过程是否都可行，需要论证。比如调研，计划要调研的行业协会，对全国同类企业发问卷，但这件事的难度很大，除非行业协会的主要领导下决心来做，否则很难做到。

（2）论证逻辑的可行性

以 MBA 论文为例，论证逻辑流程可以分为：回顾相关理论，分析环境，描述现状，分析问题，提出解决方案，组织方案实施，最终使问题得到解决。此时需要借鉴相关理论和别人的成功经验。多数学员只顾埋头写作，虽然资料很多，但从逻辑框架看上去是一盘散沙，可能会导致论文最终的呈现结果与预期不符。这方面存在的问题主要包括：缺少必需的论证要素，在理论分析、环境分析、现状描述、问题分析、方案制定、组织实施等环节总是丢三落四，缺乏关键内容；各章节之间缺乏逻辑联系，往往前面分析发现的问题，在后面制定方案和组织实施时，没有得到根本解决。

（3）研究内容的可行性

研究内容主要体现在所设计的解决方案、技术方案、诊断结论、决策建议等方面。经过调研分析最后提出的解决方案等内容是否可行，需要论证。论证的主要内容包括：目标是否合理，主要改革措施是否符合单位实际，需要的资源能否得到保证，是否考虑了风险等。从可行性研究的角度来看，学员还需要论证研究成果的经济可行性、技术可行性和应用可行性。

其一，经济可行性：研究生对论文中所提出方案的经济效益进行评价，即论证经济可行性，研究生可以采用统计学、数学等具体方法，分析投资、成本、收益等经济指标。

其二，技术可行性：有些方案除了涉及管理上的改进，还需要房屋和设施建设、软硬件采购、工艺路线设计等，因此需要从技术上分析、判断主要技术指标能否顺利实现。

其三，应用可行性：应用可行性主要是分析新方案的实施对原方案的扰动有多大，实施的难度如何，新方案的实施引起的各工作岗位流程的变化大小是否能被大多数员工所接受，有哪些障碍以及如何克服它们等。

（4）工作量与时间进度的可行性

从选题、调研、分析问题到提出解决方案，每个环节都需要时间，有些环节（比如问卷调查）可能还有反复，需要多次调查才能得到可靠的数据，而且后期数据处理也需要时间。研究结束之后，论文写作还需要相当长的时间。专业学位的学员大多属于在职学习，论文的写作大多是在业余时间完成的，时间很紧迫。因此，工作量与时间进度的可行性分析很有必要。

当学员在估计各环节的工作量，以及判断技术路线和内容的可行性时，建议做一个参考列表，列出所有需要完成的任务细节。表 5-2 有助于直观判断论文研究的可行性。

表 5-2　论文研究可行性分析表

过程	具体任务	预估工作天数	难度	可行性
论文选题				
理论资料收集	1. 2.			
初步调查	1. 2.			
开题报告提交				
单位内部调查				
外部调查				
论文初稿写作				
论文定稿、完善				
论文答辩				

5.4.3　资料收集

本小节将针对资料收集过程中的收集原则与收集方法进行相关阐述。收集资料的目的主要有三个：第一，学习知识，虽然课程教学有相关内容，但范围宽、不深入，需要深入收集和学习更多的知识；第二，看看前人有哪些研究可以借鉴；第三，看看类似单位有没有成功或失败的案例可以借鉴。收集的资料包括理论资料、企业内部资料和外部资料三类。

5.4.3.1　收集原则

（1）辨析资料的适用性

选择资料的依据，只能是论文作者所要阐明的中心论点。尽量避免把一些不能充分说明问题的资料搬来作牵强附会的解释，也不能将所有资料统统塞进文章里，搞得文章臃肿庞杂，只是扩大了篇幅，中心反而不突出。比如，在论文《"城市更新"与园林绿化关系的几个问题》中，论文作者收集了大量的有关园林绿化的资料，却没有收集城市建设与园林绿化关系的资料，这些不适用的资料塞入论文之中，导致论文中心被冲淡，降低了论文质量。

（2）辨析资料的全面性

如果材料不全面，缺少了某一方面的材料，论文的论述也往往不圆满、不全面，会出现偏颇、漏洞，或者由于证据不足难以自圆其说。比如，在论文《浅论厂长负责制与职工民主管理》中，作者只收集了两者互相依赖、互相促进的资料，没有收集两者存在矛盾的资料，结果论文只做了一半，如何处理好两者之间的矛盾这一重要方面被疏漏了，大大影响了论文的质量。

（3）辨析资料的真实性

只有从真实可靠的资料中才能引出科学的结论，在这方面要注意：其一，要尊重客观实际，避免先入为主，选择资料不能夹杂个人的好恶与偏见，不能歪曲资料本来的客观性；其二，采用的第一手资料要有来源，选取的第二手资料一定要与原始文献认真核对，以求得最大的准确性；其三，对资料来源要加以辨别，弄清原作者的政治态度、生活背景、写作意图。

（4）辨析资料是否新颖

所谓新颖的资料，包括两方面的含义：一方面是指近期才出现的新事物、新思想、新发现、新方向。比如《股份合作制经济几议》中作者选取了当时中国大地上新出现的农村股份合作制经济中的新动向进行研究。另一方面是指某种事物虽早已存在，但人们尚未发现其价值，同样是新颖的资料。比如《试论人口与经济的循环》一文中，人口与经济的关系早已存在，它们之间存在着良性循环和恶性循环也是客观事实，但这两种循环会带来两种根本不同的后果，这是前人没有考虑到的。现在以两种循环的资料来揭示两种循环的后果，从而阐明控制人口的重要性，不失为一种新颖的资料。

（5）辨析资料的典型性

所谓资料的典型性，就是指这种材料对于它所证实的理性观点来说具有充分的代表性。恩格斯的《论权威》选择航海作为论据时，没有过多阐述，就把问题说明了：“一方面是一定的权威，不管它是怎样造成的，另一方面是一定的服从，这两者，不管社会组织怎样，在产品的生产和流通赖以进行的物质条件下，都是我们所必需的。”这样的材料不多，却具有无可辩驳的逻辑力量。之所以能产生这样的效果，一个重要原因就在于材料选得十分精悍典型。

5.4.3.2　收集方法

在管理类学科的研究中，书面问卷、个人访谈或电话访谈等方式是最常用的收集第一手数据的方法。这三种方式各具特点，前面已有论述，这里仅就其各自优缺点概括比较如下，以供读者根据实际情况有针对性地采用：

（1）书面问卷

书面问卷的优点是成本较低（特别是通过电子邮件），可匿名，可减轻被调查者要立即回答的压力，也可避免研究者的偏见；其缺点是回收率低，缺少答卷指导和控制，容易误解或含糊，准确性和可靠性相对较差，且不适用于文盲。

（2）个人访谈

个人访谈的优点是研究者能有效控制访谈过程，避免误解或含糊；面对面交流的形式可应用于复杂问题，得到的信息质量较高，还可能发现深层次的东西；其缺点是经济和时间成本较高，对被调查者影响也较大。

（3）电话访谈

电话访谈的优点是答复率高，成本较低，访谈时间长短灵活，过程容易控制，总调研时间短，可利用计算机辅助及时输入数据；其缺点是对被调查者有一定影响，非面对面的形式不适用于复杂问卷。

（4）互联网数据收集

新闻资讯类互联网数据，可以通过编写网络爬虫，设置好数据源后进行有目标性的数据爬取。使用到的工具可以是 Crawler，DPI 等；Scribe 是 Facebook 开发的数据（日志）收集系统，又称网页蜘蛛，网络机器人，是一种按照一定的规则，自动地抓取万维网信息的程序或者脚本，它支持图片、音频、视频等文件或附件的采集。除了网络中包含的内容，对于网络流量的采集可以使用 DPI 或 DFI 等带宽管理技术进行处理。随着新一代信息技术的发展，以爬虫的方式抓取数据逐渐受到大多研究者的青睐。

（5）观察法

观察法是通过开会、深入现场、参加生产和经营、实地采样、进行现场观察并准确记录（包括测绘、录音、录像、拍照、笔录等）调研情况，主要包括两个方面：一是对人的行为的观察，二是对客观事物的观察。观察法应用很广泛，常和询问法、搜集实物结合使用，以提高所收集信息的可靠性。

论文研究与写作技能所需的资料、宏观经济资料、行业资料可以通过网站、书店、图书馆进行收集。对于企业内部资料的收集，建议采用以下步骤进行。

首先，列出所有需要收集的资料，具体如表 5-3 所示。

表 5-3　企业内部资料收集清单

资料名称	具体要求	来源部门	联系人	完成时间

其次，按照清单的项目，一一向有关部门收集。我们可以通过邮件、电话等形式和有关人员联系，必要时需登门拜访，取得所需资料。

最后，对收集的资料进行整理，发现资料不足的，再补充收集。当然，企业内部资料收集也可以和企业内部调查结合起来，在调查的同时收集相关资料。

5.4.4　文本布局

根据研究设计中的研究思路，并结合收集到的资料进行系列分析与总结后，即可形成论文的初稿。按照专业学位论文发现问题、分析问题、解决问题的基本逻辑，可以总结出专业学位论文的基本结构依次为前置部分、正文部分与后置部分。

5.4.4.1　前置部分

由于学位论文文章的具体格式有其特定的规范与要求，根据国家标准GB 7713—87《科学技术报告、学位论文和学术论文的编写格式》，学位论文构成要素包括以下部分：

（1）封面

封面是学位论文的外表面，起到保护正文的作用并注明相关信息。封面内容可包含如下信息：

第一，分类号，一般应注明《中国图书资料分类法》的类号并应尽可能注明《国际十进分类法》（UDC）的类号，在论文封面左上角标注。

第二，本单位编号，一般标注于右上角。

第三，密级，根据国家规定的保密条例，在封面右上角标注。如果是公开发行，则无须标注。

第四，题名，用大号字体标于封面明显处。

第五，卷、分册、篇的序号和名称，如果是全一册，则无须此项。

第六，责任者姓名，包括作者、作者导师、评阅人等，必要时需注明相关责任人的单位名称、职务、职称、学位等。

第七，申请学位级别，按《中华人民共和国学位条例暂行实施办法》规定的名称标明。

第八，专业名称，指学位论文作者所在的专业名称。

第九，工作完成日期，包括论文提交日期、答辩日期与学位授予日期。

可在论文封二标注相关版权规定与其他应注意事项等。题名页上应注明名称和序号，置于封二和衬页之后，学位论文如分装两册以上，则每一分册均应各有其题名页。

（2）题名

题名又称题目、标题、篇名等，包括正题名与副题名，其中副题名可根据需要选择是否添加。题名是对学位论文内容最简洁与恰当的反映，并具有画龙点睛、启迪读者兴趣的作用。题名用词尽量精练，字数要少，一般不超过20个字，并且在写作时要避免化学结构式、数学公式、非常见缩略词、首字母缩写、代号等。

（3）摘要

第一，摘要是对论文内容的简要陈述，是对论文精华内容的高度浓缩，并且注意在摘要陈述时不应有作者的主观评论。

第二，在中文摘要后通常还附有外文摘要，且多为英文摘要。

第三，论文摘要内容具有独立性与自明性，包括作者的研究内容、研究方法与结论，拥有与一次文献同等量的主要信息。它能回答研究什么、如何做以及得到什么这三个问题。

第四，中文摘要一般为200~300字，外文摘要不宜超过250个实词。

第五，摘要中不要使用图、表、化学结构式、非公知公用的符号和术语，不使用一次文献中列出的章节号、图号、表号、公式号、参考文献号等。

第六，排除在本研究领域已成为常识的内容。

第七，论文摘要可用另页置于题名页之后。

（4）关键词

关键词是为了满足文献标引与检索的需要，从论文题名、摘要、主体、结论内容中选取出来可用于表示全文主题的单词或术语。关键词对词性没有具体要求，可以是名词、动词、形容词、复合名词等，其中使用较多的是名词与复合名词，其他词性相对较少见。一篇论文一般选取3~8个关键词，格式上作为独立部分排在摘要段落之后。

在撰写关键词时要选择意义确定的词语，避免概念含糊的词语出现。词义相近的关键词不能同时出现，要避免重复。在关键词选出后要根据论文主题内容进行逻辑排序，通常遵循研究对象、目的、方法、结果和结论的顺序进行安排。

（5）目录页

以另页排在摘要之后，由论文的章、条、款、项、附录等内容的序号、题名与页码组成。

作为论文逻辑结构的重要体现，论文目录一般需要着重注意以下五点：

第一，一般要列到三级，即章、节、目。少数可只列到"节"，但主要内容如问题分析、解决方案，必须列到"目"。

第二，目录从第 1 章开始，摘要等不能列入目录。

第三，一般而言，每章包含三四节，每节包含三四目的总体结构比较均匀，也是最佳。每章尽量不少于 3 节，也不超过 5 节。

第四，章节标题须为书面、专业性语言。

第五，作为章标题的支撑，节的标题要紧扣章的标题，章的标题也应能涵盖下属各节。必须避免出现章和节标题相同或者和论文标题一样的情况。

（6）插图与附表清单报告

如果全文中的图表较多，可分别列出图表清单，置于目录页后。其中图清单包括序号、图题和页码，表清单包括序号、表题和页码。为避免出现细节错误，或是减少因后期增删图表而不断统一修改图目录或表目录带来的不必要的工作量，建议在正文添加图表时使用 Word 软件中"引用"一栏的"插入题注"功能添加图头或表头，以便后期使用"引用"一栏的"插入表目录"功能，并选择对应的标签，即可自动添加并更新目录内容。此外，使用"插入题注"功能也可以自动为图表排序，请注意在后期增删图表后，可以通过打印预览操作更新全文的图表序号。

5.4.4.2　正文部分

专业学位论文的正文是对所研究的问题进行充分、全面的论述，需要提出独到的论证与见解。正文通常先提出论题，然后分析论证，最后得出结论，即包括绪论、本论、结论三部分。

（1）绪论

绪论作为论文的开头，其作用是表明作者研究的目的、范围、理论基础、研究设想、研究方法、预期结果与意义等。引言内容应做到不与摘要内容雷同且不是摘要的注释，还要做到简明扼要、言简意赅。在学位论文引言中，关于历史的回顾，以及表明前人工作成果的评述与分析等，可以独立成章进行描述。在评述他人研究工作时应客观中肯，防止吹嘘自己和贬低他人。

在撰写引言前作者需要系统查阅文献，对前人的研究理论有基础性的了解，这样才能确保在写作中做到内容全面、层次分明。

专业学位论文的绪论，在写作上应包括下列内容：

第一，说明研究这一课题的理由、意义。这一部分要写得简洁。一定要避免像作文那样，用很长的篇幅写自己的心情与感受，不厌其烦地讲选定这个课题的思考过程。

第二，提出问题，这是绪论的核心部分。问题的提出要明确、具体。有时，要写一点历史的回顾，如关于这个课题，谁进行了哪些研究，作者本人将有哪些补充、纠正或发展。

第三，说明作者论证这一问题将要使用的方法。如果是一篇较长的论文，在绪论中还有必要对本论部分加以扼要、概括的介绍，或者提示论述问题的结论。这是为了便于读者阅读、理解本论。

第四，绪论只能简要地交代上述各项内容，尽管绪论可长可短，因题而异，但其篇幅的分量在整篇论文中所占的比例仍相对较小。

（2）本论

本论即围绕论题展开一系列观点论证并展示个人研究成果的部分，也是专业学位论文的主体部分，主要涉及论点、论据、论证三要素。

论点是作者在论文中提出的对某一个问题或某一类事件的看法、观点、主张，要做到正确、鲜明、有针对性，所言有理，精练概括，有实际的意义，且进行阐述时需考虑使用合适的表达方式。

论据是证明论点正确性的证据。要证明论点的正确性，首先，使用的论据要真实、可信，能够充分证明论点；其次，论据要具有典型性，具有充分的代表性；最后，论据要新颖，尽可能寻找一些新鲜的、能给人耳目一新的感受和启示的论据。论据的使用十分重要，不能使用模棱两可、立场不明确的论据。因此，我们对于论据的基本要求是真实、可靠、充分、典型。

论证是指运用证据诠释、证明论点正确性的过程。论证过程要求语言表达深刻，逻辑关系严密。论证过程是一项具有艺术性的活动，确保推理的逻辑性是论证过程的基本要求。

对于本论的结构安排，一般有直线推论（又称递进式结构）与并列分论（又称并列式结构）两种方式。直线推论是指提出一个论点之后，一步步深入，一层层展开论述，论点由一点到另一点，循着一个逻辑线索直线移动；并列分论是指把从属于基本论点的几个论点并列起来，一个一个分别加以论述。专业学位论文理论和实践问题的论述较为复杂，通常使用直线推论与并列分论两者相结合的方法，往往是直线推论中包含并列分论，而并列分论下又有直线推论，有时下面还有更下位的并列分论。专业学位论文中的直线推论与并列分论是多重结合的。

此外，在本论撰写过程中需要注意以下三点：

一是必须避免在方案实施之后再提出需要解决的问题。

二是评审考察的重点在于其逻辑性是否强，结构是否严谨，文字是否通顺流畅，引注、参考文献（中外文）标注是否规范等。

三是避免出现绪论中提出的问题新颖、有见地，而本论部分过于单薄，论证不够充分的情况。勉强引出的结论难以站住脚，同时也缺乏科学价值。

（3）结论

结论是论文的收尾部分。专业学位论文的结论应包括下述内容：

一是论证得到的结果。这一部分要对本论分析、论证的问题加以综合概括，引出基本论点，这是课题得出的答案。这部分要写得简要具体，使读者能明确了解作者独到见解之处。最值得注意的是，结论必须是绪论中提出的、本论中论证的、自然得出的结果。专业学位论文最忌在论证并不充分的情况下妄下结论。结论要首尾一致，使论文形成一个严谨的、完善的逻辑结构。

二是对课题研究的展望。个人的精力是有限的，尤其是对于学员而言，对某项课题的研究所能取得的成果也只能达到一定程度，而不可能是顶点。所以，在结论中最好还要提出本课题研究工作中的遗留问题，或者还需要进一步探讨的问题，以及可能解决的途径等。

三是结论是对正文中实验结果和讨论过程的总结，它不是研究结果的简单重复，而是对研究结果更深入一步的认识，进而形成作者的总体观点。其内容要点应包括论文研究结果说明的问题、得到的规律性内容、解决的理论或现实问题、研究的不足之处与遗留问题等。结论内容应该做到完整、准确与精练，避免冗长拖沓。对论文成果的评价应该公允恰当。如果通过论文内容推导不出相应的结论，则可以没有结论，但必须进行分析与说明。

上面所讲的是专业学位论文正文结构的基本型。这个基本型比较常用，但并不是一成不变的死板公式，作者可以根据研究内容和表达的需要灵活地变通处理。

5.4.4.3　后置部分

（1）参考文献

参考文献又叫参考书目，列在学位论文正文之后，用来表明作者写作论文的过程中查阅参考过的相关专著、文献、论文、期刊等。它说明了学位论文研究的科学依据，是对前人成果与著作权的尊重与肯定，同时便于读者查阅原始资料。论文所列的参考文献必须是与本论文内容密切相关的主要文献，应做到全面准确，多参考近年来发表在权威期刊上的文献。所列参考文献应注明书名或篇名、作者、出版者和出版年份等。

（2）附录

附录是对学位论文主体的补充项目，不是必要组成部分，它是把一些不便于写入正文的有关资料另行编号排列，附于论文主体之后，不是必要的组成内容。比如：重要的原始数据、数学推导计算过程、工艺文件、计算机输出结果等，对于一般读者非必要但对于专业同行学者具有参考价值的资料，不便于编入正文的罕见珍贵资料等。

附录中图、表、公式、参考文献等的序号要与正文分开，另行编制。

（3）感谢

作者为了向在论文写作过程中给予过指导和帮助的单位和个人表示谢意，同时也是对他人贡献的一种肯定，可在论文正文之后书写一段致谢词。致谢是作者可以选择的部分，并非强制性内容。在写致谢词时应真挚诚恳、有分寸，常用"深表谢意""谨致谢忱"等词。

5.4.5　评审答辩

本小节将针对专业学位论文的评审答辩环节进行相关阐述。

5.4.5.1　论文评审

专业学位论文要经过指导教师、有关专家学者和答辩委员会成员依据有关标准规定进行审阅评定，并作出能否参加答辩的判定。具体流程是在完成专业学位论文之后，先将论文提交指导教师初审，再根据导师意见修改后提交给论文评阅人。评阅人对论文进行认真评阅并写出评审意见后,将论文及评审意见在答辩前送交研究生管理部门,学位评定委员会主席综合审理评阅人的评价意见后作出是否同意参加答辩的决定。

在参加论文评审之前,切记根据有关标准要求对论文进行再次的自我检测和评判。论文的评审一般围绕论文选题、文献综述、论文成果、技术难度、理论深度与工作量、论文写作及科学作风等方面进行,不同类型专业学位论文的具体评审标准也会有所不同。

5.4.5.2　论文答辩

《中华人民共和国学位条例》规定,学位授予单位应当设立学位评定委员会,并组织有关学科的学位论文答辩委员会。论文作者只有通过答辩才能获得学位。了解答辩的概念、意义、目的、基本流程和方法技巧等,将有助于论文作者顺利通过论文答辩。

（1）答辩目的

为了进一步审查论文,考察专业研究生对论文所涉及的论题的认识程度、当场论证论题的能力、对论文研究的深入程度、对专业知识掌握的深度和广度,检验专业研究生是否独立完成论文研究工作,论文答辩环节是必要的。答辩考察目的具体可以分为以下三点:

第一,论文研究的某些问题可能在论文中没有充分展开和详细论述,通过答辩可以了解专业研究生没有充分展开和详细论述的原因,从而判断其对自己论文的认识程度、理解深度和论证能力等。

第二,通过答辩可以考察专业研究生对论述的问题是否有扎实的基础知识,他们在运用这些知识的过程中是否有独到的见解。因此,在答辩前论文作者应首先确保论文中所运用的知识已能够融会贯通地运用,特别是从前人研究中生搬硬套过来的内容,避免出现对基本含义理解不到位的一知半解的情况。

第三,在答辩会上以提问的方式,可以鉴别论文的真假,揭露作弊者,从而保证论文的质量和维护学校的声誉。因此,切记确保论文为自身完成的成果,避免任何形式的投机取巧,甚至是作假舞弊。

（2）基本程序

学位论文的答辩流程如图 5-2 所示。

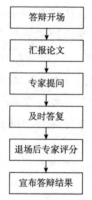

图5-2　学位论文的答辩流程

第一，在答辩会上先由答辩委员会主席或秘书进行学位论文答辩开场，答辩委员会主席介绍答辩委员会成员，然后进入正式答辩环节。

第二，汇报论文的简要情况。答辩介绍的内容包括：自身的工作背景，选题的目的与实际工作的关系，较详细地介绍论文的主要论点、论据，研究结论或成果如何应用到实践当中，如何针对评审专家的意见进行修改的情况等。

第三，答辩专家提问。答辩提问的类型包括：对选题意义的提问、对重要观点及概念的提问、对论文新意的提问、对论文细节的提问、对论文数据来源的提问、对论文薄弱环节的提问、对建议可行性的提问、对论文作者自己所做工作的提问、对超出论文范围的提问、其他没有标准答案的提问。

第四，及时答复。答辩专家提完问题后，一般要求学员立即作出回答。回答的方式可以是对话式的，也可以是答辩专家一次性提出问题，在听清楚记下来后，按顺序逐一作出回答。根据回答的具体情况，答辩专家随时可以有适当的插问。

第五，学员答辩后退场，答辩专家根据学位论文的质量和学员答辩时的表现和能力、个人见解及论文指导教师的意见，对论文作出整体评分，并填写或修正论文答辩评定及建议的分数和评语。

第六，答辩委员会就是否通过答辩，给学员以肯定的答复，并向学员解释答辩后的建议及修改事项的详情。

（3）答辩准备

学员要顺利通过答辩，并在答辩时真正发挥出自己的水平，应充分做好准备。

一是思想准备。答辩是对学位论文成绩进行考核、验收的一种形式。学员要明确目的、端正态度，通过学位论文答辩这一环节，提高自己的分析能力、概括能力及表达能力。

二是内容准备。学员应在反复阅读、审查自己论文的基础上，编写答辩提纲报告（特别是那些临场应变能力欠缺的 MBA 学员），背熟讲稿。

三是要以必胜的信心、饱满的热情参加答辩。树立信心，消除紧张心理很重要，因为过度的紧张会使本来可以回答出来的问题也可能答不上来。只有充满自信，沉着冷静，才会在答辩时有良好的表现，而自信心主要来自事先的充分准备。

四是仪表整洁，穿着得体。动作要自然，姿态要端正；答辩开始时要向答辩专家问好，答辩结束时要向答辩专家道谢，体现出良好的修养。

 练习题

1. 专业学位论文写作的要求有哪几点？
2. 常见的专业学位论文的类型有哪几种？
3. 案例研究法的三个特点是什么？
4. 专业学位论文写作的选题原则有哪几点？
5. 请简述论文三要素（论点、论据和论证）的定义与要求。
6. 请简述论文论证逻辑的流程与逻辑论证中容易出现的两大问题。

第6章　专业学位论文常见类型

本章摘要

　　本章将分别针对 MBA/EMBA、MEM、MPAcc/MAud、MPA 以及其他管理类专业学位论文（MLIS/MTA）的写作，介绍其研究对象、体裁选择、论文评审要求以及相关注意事项。

学习目的

◆ 掌握各类专业学位论文的研究对象
◆ 明晰各类专业学位论文的体裁选择
◆ 了解各类专业学位论文的评审要求
◆ 明确各类专业学位论文写作的相关注意事项

6.1　MBA/EMBA 学位论文写作

　　工商管理硕士（Master of Business Administration，MBA）教育于 20 世纪初起源于美国，经过百余年的发展，逐渐成为国际上通行的工商管理教育的主流模式。1990 年，国务院学位委员会正式批准在我国设立工商管理硕士学位并于 1991 年开始招生。目前，MBA 教育已经成为我国培养高层次管理人才的重要渠道，对我国的改革开放和经济社会发展作出了重要的贡献。自 2002 年起，我国开始培养高级管理人员工商管理硕士（Executive Master of Business Administration，EMBA）。EMBA 教育是面向高层管理人员招生的工商管理硕士教育。

6.1.1　研究对象

MBA 学位论文的写作与其他论文的写作相似，同样有论证、论点、论据等；但它又有其自身的一些特点和要求，存在明显的倾向：针对现实经济、管理问题开展研究，特别是面向微观问题、面向工作中的实际问题，是对学员综合能力，尤其是调查研究的能力、理论联系实际的能力、分析问题与解决问题的能力、观察表达能力、逻辑能力等最为直接、有效的考察与发掘。

MBA 学位论文的研究对象一般是企业，选题应来源于管理实践，要求从企业管理的实际需要中发现问题，提倡问题导向型研究和案例分析型研究，论文涉及范围比较广泛，包括：市场营销、财务管理、法律管理、企业管理、运营管理、会计管理等多方面，是 MBA 研究工作的记录和总结。撰写 MBA 论文的宗旨是通过对各种企业案例的研究分析，具有显著的解决现实经济、管理问题的倾向，注重实战，注重调研和案例，注重现实问题的解决方案。但其中的理论分析也必不可少，它一方面反映了论文的层次，另一方面也使 MBA 学位论文有别于单位的工作报告、汇报等。

论文选题应在学员调查研究的基础上，紧密结合我国改革与建设、企业经营管理及学员所在单位的实际需要，注重前瞻性、实用性和重要性；论文形式可以是专题研究，也可以是高质量的调查报告或企业诊断报告以及编写高质量的案例等。研究领域可以限定在学员目前所在的工作领域，如食品加工业、服装制造业、银行业等。一般贴近所在的企业去选题，可以提高答辩通过的概率。利用一些职场关键词也可以帮助我们进行选题，如马太效应、绩效、财务考核体系等。无论什么形式，对论文水平的评价，主要考核学生综合运用所学理论解决实际问题的能力，看内容是否有新见解，或看其是否具有实用价值。

6.1.2　体裁选择

MBA 学位论文写作的体裁即论文的具体形式，可以是专题研究，可以是调查研究报告或企业诊断报告，也可以是企业管理案例及分析等。MBA 学位论文所选的研究对象必须具有一定的典型性、代表性和实用性，并取得样本单位的同意。所选材料的内容必须真实，能体现现代管理理论与方法在实际中的应用，反映当前某个领域的主要问题，具有一定的理论意义和现实意义。

6.1.2.1 专题研究型

专题研究型论文的写作要求主要有以下三点：

一是针对现实、具体的企业管理、产业发展、区域经济等问题展开，不应过于宽泛。提倡"小题大做"或"小题深做"，切忌"大题小做"或"大题泛做"。例如，"××公司绩效考评系统设计""××公司库存管理改进"之类的题目较"专"，"中国国有企业产权制度研究""民营家族企业接班人问题研究"之类的题目就显得过于宽泛，收集资料与写作的难度较大。

二是理论和实践相结合。通过解决一个具体企业的具体问题，揭示若干具有指导性的思路、方法、方案、措施与政策等，体现论文的实际意义。

三是就事论理。综合运用所学的管理、经济理论，对所研究的问题进行理论抽象与提炼，不要把面铺得太开。例如，有些同学因为在企业分管销售、采购工作，所以想把论文写成"××公司供销管理研究"，企业采购和销售管理的理论与方法都有较大差异，这样的选题，很难兼顾两个方面，不能深入，这是需要避免的。

6.1.2.2 调研报告型

调研报告是运用科学的调查研究方法，通过对相关部门或单位的现实管理问题进行深入、系统的调查研究，应用管理理论与方法对相关数据、资料进行科学分析，从而总结归纳、推导出正确的结论。

为保证调研报告型论文的质量和应有的水平，学员在撰写时必须注意下列要点：选题具有理论和实际意义；方法科学且有先进性；调查工作由作者本人完成，且调查工作量较大；数据、资料处理工作由作者本人完成；调研结论正确且具有一定范围和一定程度的普遍意义；调研报告由作者撰写，必要的第一手调查资料应作为附录与调研报告一起提交评审与答辩。

调研报告型论文的一般结构组成包括：摘要（中、英文）、目录、绪论、正文、结论、参考文献、攻读硕士学位期间发表的论文和取得的工作业绩（可选项）、致谢、个人简历、附录（可选项）。

调研报告型论文的写作要求主要有以下五点：

一是调研报告应注重数据资料的翔实性和可靠性，说明调查对象的典型性，以及调研报告在多大程度上有普遍意义；调研报告中引用的事例、数据应有调查期间的手稿笔记备查。

二是论文的绪论应介绍论文的背景、意义，并且说明论文调查对象的典型性、普遍意义和论文内容的前瞻性。

三是论文的正文是对所调查问题展开和分析的过程，应通过典型事例对问题的各个层次、各个侧面进行剖析。论文中的数据必须真实全面，所采用的调查方法必须注意科学性、先进性。正文部分应直接综合运用学到的理论、方法、工具，通过翔实的资料数据揭示问题的本质，找出深层次原因，有针对性地提出建议措施。

四是结论部分应概括调查和研究工作所得出的有意义的观点、思想和建议。

五是论文全文字数一般应在2万~3万字。

6.1.2.3　企业诊断型

企业诊断型论文的一般结构组成包括：摘要（中、英文）、目录、绪论、正文、结论、参考文献、攻读硕士学位期间发表的论文和取得的工作业绩（可选项）、致谢、个人简历、附录（可选项）。

企业诊断型论文的写作要求主要有以下五点：

一是企业诊断型论文应具有一定的代表性，所反映的应是当前某个领域的重要问题，对该行业企业或相关企业具有一定的参考价值。

二是企业诊断型论文的绪论应介绍论文写作的背景、意义，应说明论文内容的典型性、前瞻性、新颖性和重要性。

三是企业诊断型论文的正文部分应介绍被诊断企业的基本情况，诊断类型和范围，并综合运用所学的理论、方法、工具进行剖析，提出诊断意见、改进方案和措施等。

四是如果确有保密的必要，应在论文中可对诊断对象的有关资料（如企业名称、有关人物姓名、有关数据等）进行适当的处理。

五是企业诊断型论文应结构严谨、语言流畅，具有可读性。

6.1.2.4　案例分析型

相当多的MBA学员在入学前已经是所在单位或企业的管理者，在实际的工商管理工作中有许多经验或教训，有些目前仍面临着一些重大的疑难问题。因此，以案例形式将其宝贵的经验和教训总结出来，或将其所面临的问题暴露出来，结合所学课程，组织MBA学员进行讨论或咨询，无论是对案例编写者本人，还是对MBA学员及所涉及的企业，都具有十分重大的意义。因此，MBA教育鼓励MBA学员撰写高质量案例分析型的学位论文。

案例分析型论文的一般结构组成包括：摘要（中、英文）、目录、案例正文、案例讨论题（可选项）、案例分析报告、案例使用说明（可选项）、参考文献、攻读硕士学位期间发表的论文和取得的工作业绩（可选项）、致谢、个人简历、附录（可选项）。

学员在撰写管理案例的过程中常常会发现前期调研不充分的情况，进行补充调研有时是非常必要的。案例分析型论文的写作要求主要有以下六点：

一是案例的标题应含蓄、客观、具有新意。案例的标题应注意避免加入作者的主观倾向，也应避免带有不必要的感情色彩。

二是案例正文是案例的主体部分，应介绍案例的人物、组织及事件的经过，可按事情发展的逻辑顺序组织案例的主要内容，尽量加入一些数字和图表，以加深读者对案例的理解。在案例正文写作中，要做到全面、周密、客观，避免加入作者的主观分析评价。同时，要注重情节的真实感和生动性。案例正文中涉及的组织、人物等，可以作适当处理，内容可根据编写需要进行适当标注。

三是案例讨论题是为案例的教学与研究提供的参考内容。在案例中列出案例讨论题时，必须结合案例的主要问题进行设定。

四是案例分析报告是对案例正文的全面、系统、深入的分析。分析报告的内容必须针对案例正文：案例正文中的重要信息与内容应在分析报告中得到全面体现；案例分析报告中用到的素材应是案例正文所提供的；对案例中某些有价值的问题可作适当的引申与探讨，但所作的引申与探讨必须与正文相关。

五是案例使用说明是为教学中使用本案例提供的参考内容。案例使用说明是教学案例的重要组成部分，主要包括适用的课程及潜在用途、教学内容、建议向学员布置的任务与时间安排、教学思路（可能的课堂讨论题、主要问题的分析思路、建议的附加读物或参考书、建议的教学方式等）及案例所涉及事件的后续发展等内容。为了取得更直观的教学效果，还可以制作一些能与案例一起使用的电影、录像带、幻灯片、剪报、样品和其他材料。

六是附录，若想更好地把握案例，但又限于篇幅较长，则可以将相关内容放在正文之后的附录当中。将附录放在案例正文不利于读者对案例的整体把握，可以将其放在案例正文后面作为补充。

6.1.3 评审要求

根据全国工商管理专业学位研究生教育指导委员会发布的《MBA专业学位基本要求》，针对MBA学位论文写作的基本要求如下：

MBA学位论文要综合反映学员独立运用所学知识发现问题、分析问题和解决问题的能力，以及调查研究和文字表达的能力，要求内容充实，联系实际，观点鲜明, 论据充分, 结论可靠, 写作规范。论文写作要求概念清晰, 条理清楚, 文字通顺。

对 EMBA 的要求包括 EMBA 教育是主要面向企业和政府经济管理部门高级管理人员的 MBA 教育。MBA 学位基本要求适用于 EMBA。由于培养对象的特殊性, EMBA 在基本素质和基本能力要求方面强调具有较强的开拓创新能力和领导能力, 掌握系统的现代管理知识和国际政治、经济、技术发展的最新动态, 具有全球经营的战略思维和总揽全局的决策能力。在知识学习方面, 强调面向国际竞争环境的知识整合运用与决策导向。EMBA 学位论文形式一般为综合研究报告, 提倡研究解决企业管理中的全局性问题。

6.1.4 注意事项

关于 MBA 学位论文的写作, 本书主要分享以下三点技巧:

一是写作近期准备。从实验结束后到着手写作论文前一段时间, 首先, 应该收齐材料, 处理好数据, 制备好图表, 完成统计处理; 其次, 应打好论文腹稿, 列出论文提纲, 明确基本观点和主要结论; 最后, 应与指导者和合作者讨论, 取得共识, 深思熟虑后一气呵成。其中, "打腹稿"是写论文的关键环节, 这时应将所有工作和数据通盘考虑, 做到全局在胸。

二是写作中期准备。会写论文的人不是做完实验后才开始考虑写论文的, 而是在研究工作的全过程中都在考虑如何写论文。论文"题目"和"引言"是论证时各种思考的凝练; "材料和方法"是在找方法、建方法时形成的, 写论文时只要如实叙述就可以了; "实验结果"是在实验设计、实验操作、阶段归纳、资料整理等过程中不断积累、整理而来的; "讨论"是综合平时的思考, 同周围人员经常讨论商量, 查阅和分析文献等过程后最后归纳而成的, 是将平时思考过的众多问题集中几个主要观点以讨论的形式表达出来; "结论"则只需将最终结果进行归纳。所以会写论文的人, 是在做研究的整个过程中不断地自然形成着最后的论文。整个过程就是论文的中期准备, 以论文题目之始为始, 以题目之终为终。题目结束之日, 也就是论文中期准备完成之时。

三是写作远期准备。如果只着力于做好论文近期准备和中期准备, 则往往不能写出高质量的论文, 还需要看论文作者的远期准备, 也就是学习阶段的基础准备。这种准备是指对研究动态的掌握, 专业基础的积累和逻辑思维、文字表达、分析综合等各方面能力的总体水平。平时积累知识所下的功夫, 决定着作者论文的写作水平。

6.2 MEM学位论文写作

工程管理硕士（Master of Engineering Management，MEM），属于管理类专业硕士，具体包含4个领域，分别是工程管理、项目管理、工业工程与管理、物流工程与管理。工程管理注重向学员提供对核心管理领域知识的理解（如市场、会计、组织行为、商业道德、法律及金融等），内在的和共同的管理知识的理解（如系统工程、全面质量管理、生产管理、产品设计和过程设计管理等），不同管理层面工程管理所需的知识和技巧，在实际工程项目或问题中将技术和管理进行集成的经验，主要涉及管理学、工程学、经济学等专业内容，根据学校的实际课程授予管理学学位或者工学学位，主要从事国内外工程建设和在房地产领域从事项目决策、项目投资与融资、项目全过程管理和经营管理。

6.2.1 研究对象

MEM学位论文选题应来源于生产实际或具有明确的工程背景和应用价值，应解决一个（或以上）完整的项目管理问题。因此，项目管理领域专业学位论文的研究对象可以从建设工程、信息工程、制造工程、农业工程、国防工程等行业项目和相关服务项目，以及其他广泛使用项目管理技术的组织中选取。选题应密切结合工程管理实际，解决问题的思路应反映出有针对性的项目管理模块的特点。一般来讲，工程管理论文只要能够体现"工程技术＋经济管理"，写作方向就是合适的。

MEM学位论文选题应符合专业培养目标的基本要求。例如，项目管理专业的培养目标是培养从事项目决策、计划、实施、评估等项目全生命周期管理工作的复合型、应用型项目管理人才；项目管理专业要求具备项目策划与评估技术、项目融资方式和策略、项目建设总体组织、项目采购与合同、项目设计与建设的管理、项目团队建设与激励等方面坚实的理论基础和较宽广的知识面，熟悉项目管理在国内外的发展过程、现状和趋势，能独立从事某些工程领域项目策划、项目评估、项目计划与监控、项目融资、项目采购管理、项目合同管理等工作。这些既是培养目标的基本要求，也可以成为论文选题的范围来源。

对于基础性技术、管理模式或软件开发性研究，应该给出其理论依据、完整描述、应用范围、应用实例及结果分析；对于应用性研究，应该给出问题的完整描述、解决问题的方法、结论、合理性分析和效益。这种应用性研究可以是项目策划、融资、组织方案的设计，项目计划与控制的模式或方法的研究，项目纠纷处理方案，也可以是项目管理模式、技术、方法、环境的研究等。

6.2.2　体裁选择

学位论文应以实践性论文为主，形式可以是专题研究、案例分析、工程管理模型与方法、工程管理方案设计、管理诊断、调研报告等。

专题研究是围绕有代表性的某项新技术、成熟技术或工程项目实施中的工程管理问题开展的研究。

案例分析是对一项工程或一项技术进行剖析，以发现其中存在的工程管理问题，并运用工程管理相关知识，提出解决方案。

工程管理模型与方法可以是实际工程管理中解决问题的分析框架、程序或步骤的设计，也可以是数学或计算机模型的建立。

工程管理方案设计是指针对工程组织形式、人力资源配置、进度计划与控制及财务资源管理等设计合理方案。

管理诊断是指对工程项目管理现状进行分析，发现其中存在的问题，对问题进行深入研究，并提出改进建议。

调研报告是指运用科学的方法对某工程进行调查研究，提出调研报告，根据需要可以提供有关的决策建议。

6.2.3　评审要求

根据全国工程管理专业学位研究生教育指导委员会发布的《工程管理硕士专业学位基本要求（试行）》，针对 MEM 学位论文写作的基本要求如下：

一是选题新颖。选题应紧密结合工程管理实践。

二是资料翔实。资料应该真实、新颖、典型，紧扣主题,如近几年的行业数据、主要竞争对手数据、分析单位的数据等。

三是论述严谨。论文的论点表述准确精练，论文的论据严谨，论文的论证过程逻辑性强。

四是成果实用。成果可以是解决方案、经验总结、政策建议等。成果需要解决工程管理实际问题，具有可行性；结论要有独到见解，对类似问题的解决具有借鉴和参考意义等。

6.2.4 注意事项

MEM 学位论文定位于"应用研究"，强调解决实际问题的"应用创新"，要求运用所学的理论和方法正确解决或者分析工业管理中的实际问题。所用理论、方法不限于课程所学，学员应广泛阅读学术文献，鼓励使用新方法解决和分析问题，同时鼓励理论创新，在硕士论文中开发新方法、新技术。学位论文在开始研究前应撰写开题报告，厘清论文研究的主要内容及框架。因此，在开题报告中要回答研究什么、为什么研究、如何开展研究三个问题。

在开展论文研究时，强调聚焦问题核心，识别关键参数和变量。学位论文需要运用一定的模型和规范化的定量分析方法解决问题，从而获得规律性知识。干扰变量太多，会阻碍模型和方法的明晰性，因此需要切中问题核心，而不是在外围浪费精力。所以，需要选择合理的理论与工具，对参数和变量进行逐步的精炼。

对 MEM 学位论文的内容要求包括：第一，应对选题所涉及的项目管理问题的国内外状况有清晰的描述、归纳和分析；第二，综合运用项目管理基础理论、科学方法、专业知识和技术手段对所解决的工程管理实际问题进行分析研究，并能在某方面提出独立见解；第三，论文选题应有明确的项目管理应用背景，有一定的技术难度或理论深度，论文成果应具有一定经济效益或社会效益。

好的论文结尾体现在以下三方面：第一，从宏观上对论文进行观点性的总结。前面主要是论证，证实或者证伪，但还没有突出自己的观点，所以必须有一个结尾来提炼作者的观点，使读者清楚地知道作者的观点。第二，要有大气磅礴之势，有行云流水之气。前面的论证是一个小心求证的过程，不能展示作者的文笔，但在结尾部分，可以放开手脚，解放思想，可以充分展示作者的问题归纳和抽象论文的要义。第三，除归纳观点外，还可以对该问题研究的发展趋势进行科学的预测，或者总结对该问题的进一步思考。

6.3 MPAcc/MAud 学位论文写作

会计／审计专业学位教育直接面向职业需求，培养具有良好职业道德、进取精神和创新意识，能够熟练运用现代会计、财务、审计等相关领域专业知识解决实际问题的高素质、应用型、国际化的专门人才。学位论文是会计硕士（MPAcc）/审计硕士（MAud）专业学位研究生获得学位的重要依据，也是衡量会计硕士专业学位研究生教育质量的重要标志之一。

6.3.1　研究对象

MPAcc/MAud 学位论文的研究对象一般为特定企业、组织的某一特定管理事件，选题的原则如下：

第一，最好立足于个体。没有立足于个体、不适合的选题如"我国企业作业成本法应用问题及对策探讨""企业风险导向内部审计应用问题和对策探讨"，立足个体、合适的选题如"某制造公司作业成本法应用问题及对策探讨""某公司风险导向内部审计应用问题和对策探讨"。

第二，应立足于应用问题。"企业网络财务报告存在问题及改进""作业基础的预算方法探讨""执行非审计业务对审计独立性的影响"等，就不太像是可以写成应用问题的，而很像是理论探讨。

6.3.2　体裁选择

为了体现专业学位的特点，会计/审计硕士专业学位论文应紧密结合实际，从实践中提炼问题，通过研究分析问题、解决问题，以有利于组织提高管理水平，改善经营管理，实现经济效益和社会效益。因此，论文类型一般采用案例分析型、调研（调查）报告型、专题研究型、组织（管理）诊断型等。

6.3.2.1　案例分析型

（1）案例的选取

案例研究型论文采用案例分析的方法，通过对相关案例的深入剖析，挖掘典型的实际问题，充分利用会计相关专业理论对实际问题进行分析，形成对理论的验证、补充和修正。案例是对组织特定管理情境真实、客观的描述和介绍，是组织管理情境的真实再现。案例大体可以分成两类：一是决策型案例，具体包括对策型案例、政策制定型案例和定义问题型案例；二是事实说明型案例，具体包括说明型案例和概念应用型案例。

学员可根据案例对象经营情况，收集第一手资料、访谈内容和统计资料，围绕组织管理问题对某一管理情境进行客观描述，避免就事论事，应综合运用所学的理论和方法，从分析问题出发，揭示问题的本质，找出存在问题的深层次原因。

（2）论文内容

案例分析型论文一般应包括绪论、案例背景、案例分析、解决和实施方案四个部分。

其一，绪论。简述选题背景、研究目的和意义、典型性和代表性、主要研究内容和结论等。

其二，案例背景。应较为详尽地叙述案例的背景、案例的主题、面临和需要解决的问题、需要作出的决策、需要采取的行动，以及实际状况，要求呈现完整的事例。

其三，案例分析。应用会计学科的相关理论、方法和技术，多角度地分析案例所反映的主题、问题、过程与结果，评估其优劣成败、利弊得失，并在此基础上进行深入探讨，总结相应的经验和教训。

其四，解决和实施方案。概括论文所应用或印证的主要理论，提炼自己的新观点或新见解，提出可以得出的启示，进一步揭示研究的意义和价值；提示读者进行讨论、评判和借鉴的要点或方向；对未来提出展望与建议。

6.3.2.2　调研（调查）报告型

调研（调查）报告是运用科学的调查研究方法，通过对某行业、企业或其他组织的调查研究，提出有关决策建议，并形成相应的研究报告的论文形式。选择写作调研（调查）报告类的会计硕士专业学位论文，应运用科学的调查分析方法（如问卷调查、访谈等），对调查对象进行充分的调查、分析，了解调查对象的性质、特点、现状和存在的问题，并提供有效的决策建议。在此基础上，学员应结合学位论文的规范要求，撰写学位论文。

（1）选题和标题

选题主要分为两类：一是介绍经验的调研（调查）报告：主要反映具体企业或单位典型的、具备示范效果的经验，可以为同类单位提供借鉴；二是反映现象的调研（调查）报告：客观、真实地反映经济生活中出现的各种现象，提供给企业或组织领导、政府部门参考。调研（调查）报告型学位论文的标题一般采用完全式，由调查对象、事由（调查内容）、文种类别（调查或调查报告）三要素组成。

作为学位论文，需要根据调查对象的特点，分析比较并合理选择调查方法，应具体介绍调查范围选择、调查表设计思路、预备调查和正式调查过程、样本选择及其依据，并对数据处理方法的选择进行阐述。

（2）论文内容

调研（调查）报告型论文一般应包括绪论、调研设计、调研实施、资料和数据的处理与分析、结论与建议等内容。

其一，绪论。简要介绍国内外现状及相应的研究概况、研究目的和意义，调研的核心问题和主要内容，调研的时间、地点、对象、范围、程序，调研的方法等。

其二，调研设计。调研设计包括对调研对象、调研内容、调研方法、调研过程、调研问卷等内容的设计。

其三，调研实施。调研实施包括组织调研人员，采用各种有效的方法，对调研对象实施调研，获取第一手资料和第二手资料的过程。

其四，资料和数据的处理与分析。采用科学适用的方法和技术，对各种第一手资料和第二手资料及各种数据进行处理与分析。

其五，结论与建议。就调研主题，对调研对象存在的问题或者调研结果应用于实际中可能出现的问题，通过科学论证，提出调研结果，并提出相应的对策或建议。对策及建议应具有较强的理论与实践依据，具有可操作性及实用性。

6.3.2.3　专题研究型

专题是指围绕某个或某类问题而形成的相关问题的集合。专题研究则是指对典型的、具有代表性的问题进行深入、专注的研究。专题研究型论文是针对现实中的某个或某类问题，运用相关理论和方法进行深入、系统的分析研究，并提出一定的应用领域拓展、移植或方法的创新。

（1）选题确立原则

其一，专题研究型论文应主要着眼于实际应用研究，通过解决某个具体企业或组织的具体问题，揭示若干具有指导性的思路、方法、方案、措施与政策等。

其二，专题研究应源于对企业、组织经营发展现状的翔实分析，发现其急需解决的某些或某种问题。

其三，选题应当体现一个"专"字，要针对现实、具体的会计或管理相关问题展开，体现"小题目、大文章"的特点，避免空泛、广博及宏观的选题。

其四，专题必须具有代表性、普遍性或者独特性、典型性，通过研究揭示若干具有指导性的思路、方法、方案、措施与政策等。

（2）论文内容

由于专题研究的选题多种多样，其写作形式也较为多样化。正文一般包括绪论、研究对象叙述、分析与论证、结论与讨论等内容。

其一，绪论。简述选题背景、研究目的和意义、相关文献综述或相关理论、所研究专题的来源、研究的典型性和代表性、主要研究思路和内容等。

其二，研究对象叙述。较为详细地叙述研究对象或研究专题的基本状况，如历史沿革、内外部条件、影响和制约因素等。

其三，分析与论证。运用相关理论、方法和技术，对研究专题进行全面、科学的分析论证，作出全面深入的说明、分析、评估或解释。如有必要，应提出对策与建议或前景展望。

其四，结论与讨论。概括论文所应用或印证的主要理论，提炼新观点或新见解，提出可以得出的启示，进一步揭示研究的意义和价值。提示读者进行讨论、评判和借鉴的要点或方向，并对未来提出展望与建议。

6.3.2.4 组织（管理）诊断型

组织（管理）诊断就是分析和调查组织实际经营状态，归纳总结其性质和特点，发现存在的问题，并以建设性报告方式，提供一系列的改善建议。

（1）选题确立

选择写作组织（管理）诊断方式的会计硕士专业学位论文，需要运用相关会计或管理理论及方法，在对组织调查分析的基础上，找出被诊断组织在经营管理中存在的一个或几个问题，进行定量或定性分析，找出产生问题的原因，提出具体改善方案。除诊断报告本身的要求外，还应体现出学位论文的研究性、思想性和实践性。

诊断是找出组织（管理）中存在的问题，并为其解决问题的过程。因此，组织（管理）诊断型论文的主要研究内容应包括针对组织的诊断过程及发现问题的描述，诊断过程的理论依据、国内外相同组织的对比分析，提出诊断意见、改进方案和具体措施的设计。其中，明确诊断问题、调查信息分析、提出建议方案是组织（管理）诊断型论文的主要研究内容。

（2）论文内容

其一，绪论。介绍目标组织的背景和现状，阐述组织（管理）诊断的典型性、必要性和重要性，并简述该组织（管理）诊断的主要内容。

其二，组织现状调查与分析。设计调查方案，运用适当的调查方法，对组织现状进行描述与分析。可以是对组织现状的全面调研和分析，但一般应有所侧重。

其三，组织管理问题诊断。整理调查资料，采用科学合理的方法对调查资料和数据进行汇总、处理和分析，对组织（管理）问题进行评价和判定，重点在于"问题点"的提炼，并进一步分析和揭示该"问题点"产生的原因或因素，为解决方案提供事实依据。

其四，对策或建议。针对被诊断组织存在的问题及其原因，提出改进目标、原则和思路，设计系统、科学的改进方案，提出方案实施的具体办法，并分析对策在解决问题过程中可能出现的新困难、新问题及相应的保障措施。对策及建议应具有较强的理论与实践依据，具有可操作性及实用性。

五是总结。系统概括论文研究所涉及的所有工作及其主要结论，阐明组织（管理）诊断的科学性及解决方案的应用价值，并分析研究中存在的不足以及下一步的研究方向。

6.3.3 评审要求

根据全国会计专业学位研究生教育指导委员会发布的《会计专业学位基本要求》，针对MPAcc学位论文写作的基本要求如下：

学位论文应以相关学术理论为支撑，研究方法应用合理；论文紧密结合会计行业实际工作，深入调研，掌握材料充分，剖析问题深刻，对解决实际问题具有借鉴价值；论文的推理分析准确、逻辑严谨，理论和实践材料的使用依据充分合理；论文的观点和研究结论应当明确，并具有一定的创新性。

根据全国审计专业学位研究生教育指导委员会发布的《审计硕士专业学位研究生指导性培养方案》，针对MAud学位论文写作的基本要求如下：

学位论文应与审计实践紧密结合，体现研究生运用审计及相关学科理论、知识和方法，分析和解决审计工作实际问题的能力。学位论文可采用政策研究、调研报告、案例分析、实证研究等多种形式。学位论文答辩委员会成员中应有来自审计实践领域且具有相应专业技术职务或资格的专家。

6.3.4 注意事项

6.3.4.1 参考文献要选经典

很多同学在参考文献中选择的是硕士论文、博士论文或者教材，其实学术论文尤其是权威期刊才是引用文献的正确选择。权威的会计类期刊有《管理世界》《经济研究》《管理科学学报》《财经研究》《会计研究》《审计研究》《中国工业经济》等。选择这些期刊上的会计论文进行细读有助于选题、理论基础和文献综述的整理。

6.3.4.2 总结理论要避开误区

大家经常把方法、概念和公式当作理论，这种认识是错误的，理论是变量之间关系的说明，如在《管理会计研究》中，代理理论可以解释为什么要进行业绩评价，即用来监督员工，缓解代理问题，切不可把业绩评价工具或者方法的介绍当作理论基础。

6.3.4.3 框架结构

选好题目后，下一步就是撰写论文，会计类 MBA 论文的结构很重要。以预算系统的案例研究为例，可分为五章：一是引言，用来阐述预算系统的研究意义和研究背景、研究路线和方法、研究结论和创新点，学员在写作中常犯的错误是在引言部分进行文献综述。二是理论基础和文献综述，一般分为两节即可，但是有的同学会讲一些预算的概念和方法，建议单独作为一节"概述"，如果类似于教科书的内容建议略去。三是案例背景，可以写行业的背景、公司的背景、预算系统在案例公司的实际应用以及存在的问题，有的放矢。四是作为重点的案例分析，就前一章案例背景中预算系统存在的问题进行优化或改进。可以这样安排：一节谈改进预算系统的影响因素或者理论框架，一节谈预算系统的优化方案，一节谈新预算系统预期的效果。要结合访谈或者问卷调查的数据，这样才有研究问题的依据和研究贡献。五是研究结论和局限性，就案例研究的结论和论文不足之处进行阐述。案例研究也是实证研究的一种，体现出"用数据说话"而不是泛泛而谈很重要。

6.4　MPA 学位论文写作

公共管理硕士（MPA）专业学位研究生教育是为适应不断发展的公共管理现代化、科学化、专业化的迫切需求，完善公共管理人才培养体系，创新公共管理人才培养模式，提高公共管理人才培养质量而设立的。MPA 学位论文的写作是 MPA 研究生培养的重要环节，MPA 学位论文可分为学术型和应用型等，以应用型为主。

6.4.1　研究对象

案例分析型论文应针对公共管理实践的典型事件，主要采用实证调研与数据挖掘等方式获取资料与数据，形成完整的案例描述，并基于公共管理的理论和方法对案例进行深入分析，分析案例的成因，提出案例的解决方案，总结案例的经验教训以及理论提炼与拓展，提供公共管理的实践经验材料与理论和方法支持。

调研报告型论文是以公共管理实践中的某项工作、存在的某类问题、发生的某个事件为研究对象，运用科学的研究方法（定性或定量），对某项工作、某类问题或某个事件进行了解、梳理，并将了解到的全部情况和材料进行"去粗取精、去伪存真、由此及彼、由表及里"的分析研究，揭示出本质，寻找出规律，总结出经验，得出研究结论，为公共管理实践提供理论、经验和方法支持。

问题研究型论文应针对公共管理领域内具有理论价值或实践意义的现实问题，运用公共管理的相关理论和方法辨析问题、分析成因，提出解决问题的方案，并进行可行性论证，为公共管理改革、决策和发展提供经验、理论和方法的支持。

政策分析的程序及内容涉及政策的议程设置、问题界定、目标设立、方案规划、后果预测、方案抉择、执行与监测、评估与终结、调整与变迁等。政策分析型论文指的是对一个（或一类）政策的制定、执行、评估、监控、终结和变迁以及政策内容进行研究，可以对一个（或一类）政策内容的某个方面，政策过程某个环节或全过程进行分析，也可以对不同领域以及不同国家或地区的政策进行比较研究。

6.4.2 体裁选择

MPA 应用型学位论文的选题及撰写可参考以下四种类型及要求，即案例分析型论文、调研报告型论文、问题研究型论文、政策分析型论文。

6.4.2.1 案例分析型论文

案例分析型论文正文应包括绪论、案例描述、案例分析、研究发现或结论四个部分。

（1）绪论

提出案例选题的背景、目的与意义；评述相关主题的国内外研究进展，阐明所选取案例的代表性或典型性；提炼研究的问题与内容；建立分析框架并选取研究方法。

（2）案例描述

简述案例发生的背景和案例获取的主要渠道；介绍案例的时间、地点、人物和事件及其经过，可以按照时间顺序或者事件发生的逻辑关联，描述案例事件的起因和演化。案例描述的整体篇幅应不超过全文的30%。

（3）案例分析

基于建立起来的分析框架以及所选取的研究方法，展开对案例的深入分析，分析案例及其问题的成因，总结案例的经验教训，提出案例的解决方案，以及相关的成功经验、可推广可复制的路径等。

（4）研究发现或结论

对本案例进行总结，在提炼解决本案例或者同类案例问题的基础上，对案例相关的实践、政策和理论问题进行深化或拓展性思考。

案例分析型论文的其他要求包括：第一，案例所反映的内容必须真实有效，必须有作者收集的第一手资料、访谈内容或统计数据；第二，所选案例必须具有一定的典型性和代表性，若涉及案例调查单位（案主）利益或对案主产生影响，应当取得案主的同意；第三，案例分析型论文的字体、字号等文本格式规范参照各学校专业硕士学位论文的标准执行；第四，案例分析型论文的正文原则上不少于 2 万字；第五，各个学校可在此基础上进行细化要求。

6.4.2.2　调研报告型论文

调研报告型论文正文应包括绪论、调查研究设计、调研结果描述、调研结果分析、对策建议和附录六个部分。

（1）绪论

提出调研专题的背景、目的与意义，即为什么对这个专题（工作、事件或问题）进行调查研究，对国内外已有研究成果进行文献综述与评价，提炼调研的问题与内容，建立分析框架并选取研究方法。

（2）调查研究设计

介绍调查的时间、地点、对象、范围，阐明调查对象的选取和调研过程；介绍采用的调研手段或方法，如问卷调查、个案研究、访谈调查、数据挖掘等，对调查的信度与效度进行检验；说明调查的环节、重点、难点等。

（3）调研结果描述

对调查结果进行初步描述性分析，呈现调查得到的基本数据、重要事实、总体状况，为总结分析、查找原因、提出对策建议做好基础性准备工作。

（4）调研结果分析

运用公共管理的相关理论或方法对调查结果进行深入分析，或总结经验，或揭示规律，或发现问题，并运用调查的数据和材料对成因进行分析。

（5）对策建议

基于调查结果分析，或将经验进行升华并提出可推广可复制的价值与路径，或针对存在的问题及成因，提出有针对性的解决与改进的措施。对策建议要有一定的可行性和适用性。

（6）附录

调研报告型论文的附录通常是正文部分的补充，包含了一些详细数据、工具、文件等信息和资料。其中常见的附录内容有：

一是数据。列出调研过程中采集到的全部数据，支撑和阐述研究结果，如问卷调查数据、访谈记录、实验数据等。

二是研究工具。说明调研时所采用的所有工具，如问卷、访谈大纲、实验装置等，并提供完整的工具副本，帮助读者更好地理解调研的实施过程。

三是参考文献。列出研究过程中引用的所有文献，按照规定的格式排版，方便读者进行进一步的学术探究。

四是其他材料。包括调研过程中收集到的文件，如合同、协议、报价单、宣传资料等，以及一些研究人员信息，如姓名、职称、专业领域、联系方式等。

调研报告型论文的其他要求包括：第一，调研报告型论文的字体、字号等文本格式规范参照各学校专业硕士学位论文的标准执行。第二，调研报告型论文必须有附录资料。这些资料包括调查问卷、访谈提纲、访谈记录、档案复印件、数据来源等。第三，调研报告型论文的正文原则上不少于2万字。第四，各个学校可在此基础上进行细化要求。

6.4.2.3　问题研究型论文

问题研究型论文正文应包括绪论、理论基础、问题与成因分析、提出解决问题的新思路、结论与建议五个部分。

（1）绪论

绪论主要包括选题依据（研究的背景与意义）、文献综述（研究和实践进展评述）、研究内容与主题、研究方法及技术路线等。

（2）理论基础

阐明本选题研究的理论依据，或进行理论及分析框架的建构与论证。

（3）问题与成因分析

描述问题产生的环境，指出问题及其成因。问题与成因分析要有理有据，逻辑清晰，资料数据来源可靠，针对性强。

（4）提出解决问题的新思路

针对问题及其产生的原因，对比分析国内外的解决方案，提出具有可行性的解决思路。

（5）结论与建议

概括研究结论，有针对性地提出解决同类问题的对策或建议。

问题研究型论文的其他要求：第一，问题研究型论文的字体、字号等文本格式规范参照各学校专业硕士学位论文的标准执行；第二，问题研究型论文的正文原则上不少于 2 万字；第三，各个学校可在此基础上进行细化要求。

6.4.2.4　政策分析型论文

政策分析型论文正文应包括绪论、理论基础、政策描述、政策分析、结论五个方面的内容。

（1）绪论

绪论主要包括选题依据（研究的背景与意义）、文献综述（国内外研究进展评述）、研究内容与思路、研究方法及技术路线。

（2）理论基础

阐明本项政策研究的理论依据，进行分析框架、评估模型和评估指标体系、比较维度等建构与论证。

（3）政策描述

描述所要研究政策的背景、内容与演化、相关的政策过程环节及实践进展等。

（4）政策分析

基于分析框架或评估模型和评估指标体系以及比较维度，对所研究的政策进行深入分析与全面评估，并进行比较研究。

（5）结论

总结政策分析的发现或得出研究结论，对研究成果进行拓展、推广或从理论上进行提炼与升华。

政策分析型论文的其他要求包括：第一，政策分析型论文的字体、字号等文本格式规范参照各学校专业硕士学位论文的标准执行；第二，政策分析型论文的正文原则上不少于 2 万字；第三，各个学校可在此基础上进行细化要求。

6.4.3　评审要求

根据全国公共管理专业学位研究生教育指导委员会发布的《公共管理硕士专业学位研究生指导性培养方案》，针对 MPA 学位论文写作的基本要求如下：

学位论文应体现专业学位的特点，选题紧密结合公共管理实践中的具体问题，特别鼓励学员选择与自己的工作领域和工作岗位相关的问题展开论文研究。学员应该运用所学理论、知识和方法，展开调查研究与分析论述，并提出相关政策建议或改进管理的措施。

学位论文应在导师指导下，经过开题、写作、答辩等环节完成。其中，论文开题时间应至少在答辩前半年进行，论文正文字数应在 2 万字以上。

6.4.4　注意事项

一是文献综述尽量饱满，但要保证相关性。在确定好议题并查找文献的过程中，可以通过时间、地区等边界条件缩小文献查找范围，但学科的边界不需要太过于介怀，只要文献与文章有关联即可。此外，针对部分水准不高的文献，出现在参考文献中其实会影响论文质量，但不能看了不写，参考的必须写，所以尽量在找文献的过程中参考一些对自己更有价值的文献。

二是多找评论型的文章。例如，Annual Reviews 刊发由权威科学家针对世界上最重要的原始研究文献而撰写的内容丰富的、响应及时的评论文章，《公共行政评论》刊发有内部政府间关系的有关评述。又如，与 PPP 相关的研究述评，政府组织改革或者说机构改革有关的研究述评，这一类的文章在《社会学研究》《管理世界》《经济研究》等期刊中都占有一定比例。再如，《城市研究手册》《公共行政研究》里面有一部分讲绩效评估，有一部分讲公共部门人力资源管理，有一部分讲政府间关系。

三是文献选择的问题。第一类是《中国社会科学》《社会学研究》《经济研究》《管理世界》《政治学研究》《社会》，公管领域的《公共行政评论》《公共管理学报》。第二类是学报类的，包括各优秀大学如清华、北大、复旦、浙大等学校的学报。第三类是各个省市社会科学院办的杂志，如省级的社会科学院《江苏社会科学》等。应尽量避免找中国期刊网里面的硕士论文作为范本。

四是完整的故事。完整的故事可以成为案例研究非常好的基础或者蓝本。例如，部分学员所在的政府部门从国家到地方实施机构改革的效果如何？学员可以基于此作改革前后的对比，可以思考如下问题：故事如何发生的？为什么进行改革？改革过程中什么人做了什么事，带来了什么后果？如果脑海里有一个很清晰的样貌，则可作为一个系统性的材料支撑起自己的论文写作。

五是政府关联。如何寻求政府的关联？例如，银行的学员可写的研究视角，包括银行面对政府对金融的监管，作为政策的受众是如何与政府打交道的？政府拟出台了什么样的政策？这个政策从受众角度来说，有什么问题？政策在执行的过程中发生了什么事情，有什么值得去进一步解释？政商关系除监管外，还有营商环境的进一步完善，从企业的角度也有话可讲。所以，总体上政府关联意味着最好是以政府及政治或者关联的事情作为对象。但中间存在的部分模糊地带，如青少年犯罪话题作为公共议题，可以作为公共管理的研究对象，但最好再加上公共管理的视角和理论。不仅要从社会的角度去谈青少年犯罪的成因、预防等，也要从公共管理、政府的视角出发，或者说使用公共管理有关的理论对它进行分析。此外，应避免纯粹地找一个企业的自身问题作为公共管理硕士的论文选题。

6.5　其他学位论文写作

图书情报硕士专业学位英文名称为"Master of Library and Information Studies"，简称 MLIS。根据全国图书情报硕士专业学位研究生教育指导委员会发布的《图书情报硕士专业学位设置方案》，针对 MLIS 学位论文写作的基本要求如下：

学位论文应与图书情报的实际工作紧密结合，体现学员运用图书情报及相关学科理论、知识和方法分析、解决图书情报实际问题的能力。论文类型可以是理论研究型、调查分析报告型、个案研究型、毕业设计型等多种形式。学位论文答辩形式可多种多样，答辩成员中应有图书情报实践领域具有专业技术职务的专家。

根据全国旅游管理专业学位（MTA）研究生教育指导委员会发布的《旅游管理硕士专业学位研究生培养方案》，针对 MTA 学位论文写作的基本要求如下：

学位论文选题要结合旅游业发展实际，论文形式可以是专题研究型，也可以是高质量的调查报告型或案例研究报告型。对论文的评价主要考核其运用所学理论解决实际问题的能力，看其内容是否有新见解，或看其使用价值（如对社会效益和经济效益的贡献）。学位论文的评阅人中，应有实际工作部门具有高级专业技术职务的专家。论文答辩委员会成员要有在实际部门工作并具有高级专业技术职务或具有高级管理职位的专家参加。

练习题

1. 请简述 MBA 专业论文的研究对象及一般体裁。

2. 请简述 MEM 专业论文的研究对象及一般体裁。

3. 请简述 MPAcc/MAud 专业论文的研究对象及一般体裁。

4. 请简述 MPA 专业论文的研究对象及一般体裁。

第三部分

学术学位论文写作

第 7 章　学术学位论文写作概述

 本章摘要

　　本章主要介绍学术型研究生学位论文写作的基本要求、研究选题、文献综述研究方法、研究设计及注意事项等内容。其中，基本要求包括写作要求和评审要求；研究选题从科学问题的定义到如何选题，再到标题凝练，逐步向读者展示选题的整个过程；文献综述针对学位论文中综述的写作特点和结构安排进行介绍；研究方法包括实证研究与质性研究两种常用方法；研究设计包括研究设计过程和写作过程设计两部分内容；写作过程中的注意事项涉及以上各个方面。

 学习目的

　　◆ 了解学术学位论文写作的基本要求
　　◆ 了解写作前的准备工作
　　◆ 了解如何选题、如何进行研究设计
　　◆ 了解学术学位论文写作及评审答辩的具体内容与要点

7.1　基本要求

　　在进行学术学位论文写作前，我们应当了解学术学位论文写作的目的、意义及相应的要求，从而对学术学位论文应当达到的水平有一个整体把握。

7.1.1　写作要求

学术学位论文要反映研究生的科研素养与学术能力，因此，学位论文写作要体现出创新性、学术性和规范性。

7.1.1.1　创新性

创新性是指学位论文的创造性，即研究某一课题能得出独创的、新鲜的见解，主要是指学位论文所研究的问题、所构建的理论方法体系、所解决的问题，对现有研究体系在理论或实际领域作出的创新性贡献。学员在论文写作过程中要善于运用理论知识分析数据、进行实验、寻找规律，提升论文发现与认知的理论高度。论文的价值有大有小，但都强调和鼓励思考和发现的精神。学术学位论文的创新性可反映在研究选题、研究视角、研究方法和研究结果中的任何一个或多个方面。

7.1.1.2　学术性

学位论文的学术性是指在研究客观事物时，不停留在具体的现象、外表上，而是要透过现象、外表找出事物的本质，掌握事物的规律，主要体现在理论性和科学性两个方面。理论性是不要求详细地描绘事物运动的全过程，或者简单地堆砌数据、机械地罗列证据，而是要求通过大量的概念、定义、定理、公理和真凭实据进行说理，令人信服，要求对形成和引用的材料在认识上进行深入加工，达到从具体到抽象，从感性认识上升到理性认识，把研究工作的结果提高到理论高度来认识。

7.1.1.3　规范性

学术学位论文与期刊论文或会议论文一样，需要遵守基本的学术规范。作者在写作过程中要注重写作规范，文字、图表、数字和标点等细微之处都需要认真对待，同时需符合学位授予单位所制定的学位论文规范要求，按照规定的格式来安排与撰写论文的各个部分。此外，规范性还要求作者必须谨守学术规范，不窃取、抄袭他人的研究成果，不伪造数据、材料、报告等研究资料，保证研究的客观真实性。抄袭是一种严重侵犯他人著作权的行为，不仅违背社会道德，同时也侵犯他人著作权，是要付相应的法律责任的。

7.1.2　评审要求

学术学位论文包括硕士学位论文与博士学位论文，两者在评审方面的要求区别较大，博士学位论文相较于硕士学位论文在深度和广度上要求也更高。学位论文初稿完成后，在正式答辩之前，需对论文进行修订和评审，包括导师修订和评审与同行专家评审两个环节。在导师修订和评审环节，导师要对学生的学位论文在框架、主题、逻辑结构及语言表达等方面进行审核，如有问题，需要提出相关修订意见，并由学生进一步修改。在同行专家评审环节，为了保证研究生学位论文的质量，提高对论文质量的监控力度，很多高校都针对学位论文设置了同行专家评审制度。同行专家或外审单位专家评审一般采用双盲审制度，即评审人和被评审人双向匿名的评审制度。论文双盲审提高了对学位论文的监控力度，通过盲审机制，可获得同行专家客观、公正的学位论文评价，以及建设性的修改意见，保障研究生学位论文的质量。

下面将分别介绍硕士学位论文和博士学位论文的评审要求。

7.1.2.1　硕士学位论文评审要求

根据《中华人民共和国学位条例》的规定，硕士研究生修满一定的学分，通过论文答辩后，且判定具备以下能力者，方可授予硕士学位：①在本门学科上掌握坚实的基础理论和系统的专门知识；②具有从事科学研究工作或独立担负专门技术工作的能力。

除此之外，针对学术学位的授予，不同高校根据硕士培养情况还设置了相应的学术成果要求，如规定发表一定质量等级的期刊论文数量，撰写专著，获得相应奖项以及其他的一些学术性成果。

导师或同行专家对硕士学位论文的评价要点如下：①论文选题。接触学科前沿、理论或实际意义。②文献综述。阅读量、综合分析能力、了解本学科专业学术动态程度。③成果与创新：论文成果与新见解。④专业理论与专业知识。基础理论的坚实度、专门知识的系统性。⑤研究手段或设计能力。研究或设计方法是否先进、结论是否正确。⑥写作能力与学风。条理性、逻辑性、文笔等各方面，书写格式、图表是否规范。⑦工作量。工作量及难度。

7.1.2.2　博士学位论文评审要求

对于博士学位的授予，《中华人民共和国学位条例》规定，高等学校和科学研究机构的研究生，或具有研究生毕业同等学力的人员，通过博士学位的课程考试和论文答辩，成绩合格，达到下述学术水平者，授予博士学位：①在本门学科上掌握坚实宽广的基础理论和系统深入的专门知识；②具有独立从事科学研究工作的能力；③在科学或专门技术上作出创造性的成果。

导师或同行专家对博士学位论文的评价指标如下：①选题。选题的前沿性和开创性，研究方向明确，研究的理论意义、现实意义，对国内外该选题的归纳、总结情况。②文献综述。了解本学科及相关学科研究动态，对国内外相关领域发展现状的归纳和总结情况，即综合全面反映该学科及相关领域的发展和最新成果，归纳总结正确。③创新性及论文价值。对学科发展的贡献包括：是否有新规律的发现，是否有新命题新方法的提出，对解决社会发展中的重要理论问题和现实问题的作用，论文及成果对科技发展和社会进步的影响和贡献。④基础知识和科研能力。论文体现的学科理论基础的坚实宽广程度和专门知识的系统深入程度，论文研究方法的科学性，引证资料的翔实性，论文所体现的作者独立从事科学研究的能力。⑤学术作风。引文的规范性，学风的严谨性，图表规范，结构的逻辑性，文字表述的准确性和流畅性。

对学术学位申请者而言，学位论文的撰写是最为重要的一项工作，一般在研究生完成培养计划所规定的课程学习后开始，应包括文献阅读、开题报告、拟订并实施工作计划、科研调查、实验研究、理论分析和文字总结等工作环节。

7.2　研究选题

做学术研究的原动力来自寻找问题的答案和探索事物的真相，提出问题可以说是学术研究的起点，关系研究设计和研究结果。所以，在做学术研究之前，必须了解什么是科学的研究问题，如何提出科学的研究问题，以及如何将科学的研究问题凝练成标题。

7.2.1　研究问题

研究问题即"变量之间未知的关系"，它通常在研究者以有关理论比对相关客观事实，发现不和谐相矛盾的现象之后，问询和探索引发矛盾现象背后各因素活动的过程中产生。问题的本质在于问询和探索未知关系，一个好的研究问题通常具备四个特点。

7.2.1.1　科学性

研究问题的科学性是指选题要有理有据：一是必须以一定的科学理论和科学事实为依据，其中包括前人的经验总结和本人的工作实践，这是选题的理论基础；二是选题要符合科学的逻辑自洽性，即选题不应当存在明显的不可克服的逻辑矛盾。

7.2.1.2　实践性

科研工作的目的是满足社会发展、科技发展和开拓新技术领域的需要，其本身也是社会实践的一种。好的研究问题应该能够改变人们看待问题的方式，能够解决现实中的问题，并具有一定的应用价值或潜在的应用价值。

7.2.1.3　可研究性

可研究的选题应当是关注一个面，集中一条线，聚焦一个点。例如，选题是"普通高中拔尖创新人才培养研究"，通过问题分解，我们发现以下问题：选题中所说的普通高校指的是全球高校还是某个国家某个区域的普通高校呢？是关于人才培养还是人才教育的研究呢？研究侧重点在哪里？核心点是什么？适合哪种方法？这么多的问题，我们不可能同时完成，势必首先聚焦到一个问题点，该点应当包含具体的研究对象、研究方法、研究目的等。只有聚焦在一个研究点上的问题才可能是一个可研究的问题。

7.2.1.4　客观性

客观性主要体现在两方面：一是科学问题要符合客观规律，违背客观规律的课题就不是实事求是；二是价值中立，问题研究中应不带任何主观好恶等感情色彩，也不带任何道德和伦理的判断。

7.2.2　选题步骤

确定问题的过程也是明确变量的过程，问题的本质即变量间的未知关系。提出问题是将问题结构化的过程，而研究问题中包含或暗含了一系列的变量；在随后的明确问题环节便是按照好的研究问题的标准将变量概念化的过程，在这一环节，所有变量均需要严格地定义，变量的概念越具体，研究的问题越清晰；确定问题的过程是将变量关系化的过程，因此，可以看到假设的提出与问题的提出是同步的。

假设有一个不曾研究过的问题：企业领导的行为会不会影响一个企业的创新能力？我们怎么把这个问题转化为研究变量和假设呢？首先，我们需要确定这两个变量是否会有联系，如果有，那么我们的下一个问题就是：领导行为是如何影响企业创新能力的？"如何"二字就是要探索这种影响发生的机制，揭开"黑箱"中的变量。根据前人研究的结果和我们自己的观察思考，我们认为，领导行为影响企业的创新能力是通过以下几个步骤实现的：首先，领导行为，尤其是支持创新的行为，如鼓励员工不断学习，不断挑战自己的思维习惯，并且鼓励员工尝试用新方法解决问题，设立激励机制鼓励员工提出合理化改进建议等，会在公司中形成一种创新的气氛和文化。其次，这种创新文化会促使员工愿意冒险，愿意创造，而员工的不断创新就会直接影响整个企业的创新能力。因此，这一个问题中就包含了几个变量：①领导支持创新的行为；②企业的创新能力；③企业的创新文化氛围；④员工的创新行为。很明显，在这个研究中，领导行为是自变量（Independent Variable），企业创新能力是因变量（Dependent Variable），而企业创新氛围和员工创新行为则是两个中介变量（Mediating Variables）。具体如图 7–1 所示。

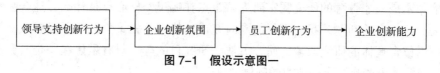

图 7–1　假设示意图一

当然，这只是一种可能性，另一种可能性是领导支持创新的行为直接对员工的创新行为产生影响。与此同时，我们也可以假设同样的领导行为在不同的员工身上会产生不同的作用。比如，领导要求员工不断挑战自己的思维习惯，经常指出员工需要改进之处，这样的行为在不同的员工身上就会有不同的反应。那些具有"学习目标导向"（Learning Goal Orientation）的员工可能会很容易接受这样的领导行为，因为他们本来就认为人需要不断学习，不断进步；但那些具有"绩效目标导向"（Performance Goal Orientation）的员工可能就不容易接受这样的领导行为，因为在他们看来，如果领导要求他们改进自己，那就是对他们能力的否定，有相当负面的意思。员工个人在这方面的倾向，在以往的文献中被称为"目标导向"（Goal Orientation）（Dweck，1986；Dweck，Sorich，1999）。因此，我们还可以在这个研究中再加上一个调节变量（Moderating Variable），那就是员工个人的"目标导向"。于是，该研究变量之间的关系假设可以用图 7–2 表示。

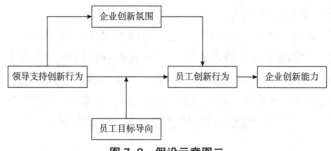

图 7-2　假设示意图二

将这些研究变量和它们之间的关系界定下来之后，我们就可以写出该研究的主要假设：

假设一：企业领导的行为会直接影响企业的创新氛围和员工的创新行为。

假设二：企业员工的创新行为会直接影响整个企业的创新能力。

假设三：领导行为与员工创新行为之间的关系部分会被企业的创新氛围所中介。

假设四：领导行为与企业创新能力之间的关系会被员工的创新行为所中介。

假设五：员工的目标导向会调节领导行为与员工创新行为之间的关系。当领导出现支持创新的行为时，那些具有"学习目标导向"的员工更有可能表现出创新行为；而那些具有"绩效目标导向"的员工则更不可能表现出创新行为。

选题步骤具体而言可以遵循以下几个步骤：

7.2.2.1　选择研究课题和题目

利用相应的选题方法，先确定一个比较宽泛的研究兴趣，并聚焦于一个研究主题，明确了自己感兴趣的领域后，就可以把它明确为某一个研究主题，如生态环保、社会创新等。

7.2.2.2　查阅文献

选定研究课题和题目之后，就要去查阅所选的题目和课题文献资料，深入了解自己所研究课题的背景、意义、重点、难点、前沿方向等，同时，还必须了解此课题国外最新研究进展和趋势。硕士生和博士生进行选题时尤其需要通过对文献的认真阅读和分析，摸清前人的工作及达到的水平，在此基础上，再通过自己的综合分析、判断和整理过程，独立写出针对性较强的个人见解以及对深入研究有参考价值的文献综述，并以此作为选题的重要依据。

7.2.2.3 确定研究目标

在对文献进行了认真仔细的研读之后，可以对所研究课题有一个充分的认识，这个时候就要确立自己的研究目标。研究目标是研究工作者学位论文写作的具体目标及目的。不同学科领域有不同的研究内容，不同课题也具有不同的研究内容，因此必须确定一个要达到的目标，有目标就不会在研究的道路上"迷路"。目标定了，论文作者就可以顺着这个方向努力研究下去。

7.2.2.4 拟订方案

在确定了目标之后，就要对自己的研究有一个清晰的安排。为了合理高效地完成目标，我们要对所确定的目标进行设计。毕竟时间和精力有限，一般原则是通过周密策划、精心设计、可行性来拟定几个备选方案，从中选出合理的最终方案。

7.2.2.5 撰写开题报告

确定研究方案后，就要开始撰写开题报告。撰写开题报告可以得出一个系统性的文章研究大纲，同时，还可对所选课题及其研究目标、方案等的所有选题要素进行可行性论证。撰写开题报告是对论文选题工作的总结概括。

以上五个环节具体如图 7-3 所示。

图 7-3　选题步骤

7.2.3 选题策略

在选题策略的内容上，本书主要从选题来源、选题方法与选题方式三部分内容出发进行阐述。

7.2.3.1 选题来源

大部分研究问题的来源是个人观察和思考的结果。对于有心者，任何现象均可以成为研究问题的素材。比如，在人们的社会生活和工作生活中，许许多多直接关系到个人生活品质的决定都是由各种各样的委员会（团队的一种表现方式）作出的，如分房委员会、招聘委员会、职称评审委员会等。与此同时，我们也注意到越来越多的现代企业使用比较扁平的组织结构，或者以跨部门小组或者项目小组的方式来组织和运作。为什么会出现这样的现象？究竟是什么原因使人们更愿意使用团队来决策重要的事项？团队到底是如何作决策的？与个体相比，团队决策有什么优势和劣势？上述一系列问题的思考即研究者对某一现象的深度观察和思考，它常常能够带来研究的问题，并且使研究不断深入，从而挖掘出现象背后的原因。这是研究问题来源的重要渠道。

从阅读文献中得到启示并发现值得研究的问题也是问题来源的重要渠道，从这种渠道得出的研究问题，其研究风险相对较小。这里的研究风险是指课题是否被其他研究同行认可以及论文被发表的可能性。如果研究课题纯粹来自自己的个人兴趣，而诸如此类的问题也从来不被以往的学者研究，一个可能性是别人都不认为该研究课题有价值，这样，即使你个人觉得它无比重要，要想发表论文也会非常困难。另外，当然这也可能是因为以前的学者都不曾想过这一点（过往学者视区的盲点）而被你"慧眼识英雄"，那样的话，你也担负着需要扭转别人视角的工作，要发表论文也会比较困难。然而，从目前人们正在热烈讨论的问题中选择一个来进行研究的话，这个课题本身就有了"合法性"，而别人也就自然而然地愿意让你参与到他们的"对话"中。

7.2.3.2　选题方法

本书主要介绍几种常见的具体选题方法，包括"热点"提取法、调查选题法等。

（1）"热点"提取法

"热点"问题一般在某个时期具有较强的现实意义，其文献资料也比较丰富。"热点"问题有大有小，研究者要选择依靠自身的综合能力可以驾驭的论文选题。例如，2015 年 3 月，当年的《政府工作报告》中提出"互联网 +"行动计划，研究者可选择"互联网 +"相关的课题；2015 年 6 月，中东呼吸综合征自韩国传播到中国，研究者可选择"中东呼吸综合征防治对策研究"等相关课题。

（2）调查选题法

该方法是从社会需要出发，通过实践调查，收集资料，发现问题，对问题进行分析、提升，最终确定论文选题的方法。通过调查确定的论文选题具有较高的实际应用价值，针对性较强，如区域食品检验检疫的协作和互通、企业集群共性技术联合攻关及示范应用等。

（3）教学启发选题法

专家在授课和报告中，往往会提出许多问题，有些是在实践当中急需解决的问题，这些问题就是科研工作者可以选题的重要焦点。例如，专家在作《"石墨烯"在制造业中的应用前景》的报告时，会对"石墨烯"的应用现状及其发展中遇到的瓶颈问题进行说明，与会者可以通过专家的分析，确定课题的研究方向。

（4）借鉴选题法

借鉴选题法就是利用一种方法、制度等在某国某地某企业获得成功的经验或导致失败的教训，探讨如何解决自己关心的问题或如何进一步完善现行的方法、措施、对策等。例如，"蚁群算法"解决了"PID 控制器"参数优化设计问题，科研工作者可以利用"蚁群算法"在"PID 控制器"路径选择中的成功经验，研究"基于蚁群算法的互联网最短路径搜索方法"。

（5）事件选题法

这里的"事件"是指国家的一些重大活动、重大政策出台、重大方针政策调整等。这些重要事件为论文选题提供了明确的研究领域或方向。例如，于 2018 年 10 月 26 日施行的《中华人民共和国大气污染防治法》、2017 年 3 月 1 日实施的《粉尘爆炸危险场所用除尘系统安全技术规范》、2018 年 8 月 31 日发布的《中华人民共和国土壤污染防治法》等相关的选题。

（6）拟想选题法

此方法具体操作步骤包括：首先，根据对专业知识的把握和对行业发展情况的了解，选择需要解决的技术问题或需要攻克的技术难关，确定拟选题范围的初步解决方案；其次，通过阅读大量资料，了解此领域已有的研究成果，进行不断的修正和补充；最后，正式确定论文选题。例如，环境工程专业相关人员提出"工业污泥的治理方案"，化学工程专业相关人员研究"挥发性有机物关键技术及装备"，机械工程及自动化控制专业探讨"六自由度机械臂路径规划的分析与设计"，等等。

7.2.3.3 选题方式

在选题环节普遍存在的错误认知是，学生常常喜欢问一些宏大的问题，比如"中国向何处去""中国管理学的出路在哪里"这样的"重大"问题，仿佛只有那样的问题才值得研究，才会有意义。然而，在管理领域，大问题根本就不是"中国向何处去"，而是类似于"什么因素会影响企业的绩效""究竟怎样才能提高员工的工作积极性"这样的大问题。很多学生会怕问题小了让别人感到鸡毛蒜皮、微不足道，然而所谓的"大"不是问题很宽泛，而是指问题的重要性，对于研究问题而言，问题则是越聚焦越好。聚焦并不代表不是大问题，反而如果能够通过解决该问题促进某一细分领域的发展，那么聚焦的问题也是"大"问题。

因此，选题的方式即是化大为小，化抽象为具体，要将"大而无当"的问题转化成真正可以操作、可以研究的问题，关键就是要清醒地认识一个人和一个研究的局限性：一个人不可能在一个研究中给如此大的问题提供答案。因此，必须将大问题分解再分解，直到对问题中涉及的概念能够准确定义、操作、测量，并且能够把概念和概念之间的关系通过实际的数据加以检验为止。

例如，对"什么因素会影响企业的绩效"这样的大问题进行探索。这个问题显然可以有许许多多的答案，而且可以从金融、财会、系统设备、物流分析、市场战略、技术创新、企业战略、企业管理等各个领域入手。即使是在企业管理领域，也可以分为宏观管理或微观管理，而就算是在宏观管理领域，也可以从许多方面去看。比如，从企业横向联盟、企业产品创新、企业经营的方法，甚至企业在行业关系网中的位置可能都会对其业绩产生影响。然而，企业本身的年龄、规模的大小、所在的地点、产品发展周期等也会影响业绩。从微观管理领域的角度，企业的组织架构、运作流程，企业员工的选拔、招聘、培训、绩效考核、薪酬分配等激励措施，以及企业的领导风格、公司文化等也都会影响企业最终的业绩。如此看来，要回答"什么因素会影响企业的绩效"这个问题，一个人就是花一生的时间去研究也不可能找到全面的答案。

因此，需要先分解问题，确定自己可以入手的领域，然后对那个领域中的各种因素进行选择，找出与企业业绩关系最密切且最有代表性的变量，以此展开研究的第一步。例如，有人认为企业的领导行为对一个企业文化的形成有至关重要的作用，而企业文化又无时无刻不影响着员工的行为，而员工的行为又对企业最终的绩效产生重要的影响。那么，将对领导行为的研究作为出发点来展开自己的研究是一种合理的选择，然后一步一步深入下去，把领导行为、公司文化、员工行为和企业绩效这四个变量之间的关系研究清楚，从而在研究的基础上建立自己的理论框架。

当把问题分解到这个层次的时候，研究中的每一个变量几乎就都可以被比较准确地定义。当然，上述的四大变量还只是停留在比较抽象的层面。比如，领导行为，根据以往的研究，就已经可以有无数种表现，如任务导向型行为、关系导向型行为、指导型行为、顾问式行为、说教型行为、放权式行为、变革型行为、转换型行为、魅力型领导行为、服务型领导行为、第五层领导行为等。研究者在确定选题之前应思考清楚这个问题：是使用这些领导理论中的一种来指导自己的研究呢，还是从头做起？

如果把研究问题变得更加具体一些，比如："究竟是平易近人的领导风格还是高高在上的领导风格更为有效？""平易近人的领导风格会导致怎样的公司文化？""高高在上的领导风格又会滋生出什么样的公司文化？"因为前人的研究中不曾提到过这样的领导行为，需要对这几种领导风格进行定义，这样分解下来，问题就变成"平易近人领导风格的具体表现是什么"，"高高在上的领导风格的具体表现又是什么"，然后根据搜集的数据开发出相应的具有高信度高效度的量表，这样就能够准确测量鉴定这两种领导风格。与此同时，对公司文化的概念要有明确的定义，并且也要找到合适的测量工具。在确定这两个变量的具体操作测量手段之后，才可能为这个问题找到比较可靠的答案。

当然，最后我们想看的是，由于领导风格不同造成的不同公司文化对企业业绩的影响。这就需要对企业的业绩进行定义并分解。企业的业绩可以用销售额、利润率、市场占有率等硬性指标去衡量，也可以用现有员工的技能水平、业绩表现、员工离职率、工作满意度、员工创新意识等软性指标去衡量。选择的指标不同，结论就可能不同。所以，笼统地问问题与问非常具体的问题之间，反映的是思维方式的不同。要进行实证式研究，只有把问题问得很具体才可能进行。

7.2.4 标题凝练

7.2.4.1 标题拟定的要求

标题是问题的呈现，是对主要内容的高度概括，其不仅反映了主要研究问题，也是他人分类检索文献的线索。标题通常简明简约，应在尽量保持研究特征的前提下，精简到 20 字左右（不含副标题字数）。标题用词要采用学术用语，概念正确、逻辑严谨，能反映出研究的特异优势。好的标题还应与关键词配套呼应，题目中最好包含关键词。此外，标题拟定时，还应做到非口号、非文学、无歧义、无价值判断、不用虚词、不用分句、不用标点、不用非专业用语、尽量不用动词、不能太大、不能太小。

7.2.4.2　标题与选题的关系

标题与选题具有显著的区别，如何将选题凝练成一个好的标题，需要深刻体会标题与选题的区别。

一是完成顺序不同。选题是在论文写作之前完成，标题是在论文写完之后完成。从流程上来看，先有选题，然后才开始进行论文写作，论文写完，经过多次修改之后才会提炼出一个标题。

二是形式作用不同。选题是论文的雏形，标题是论文的组成部分。选题呈现论文的轮廓，推动论文写作，而标题是论文标题位置的一两句话，两者在论文写作过程中所起的作用不同。

三是读者对象不同。选题是给自己看的，标题是给别人看的。选题的目的在于推动论文写作，让写作过程更加清晰，而标题是论文写完和修改完成之后凝练出来的整个研究的精华，是给读者看的。

四是与研究的关系不同。选题打开了通向研究的入口，而标题蕴含着研究的结论。

例如，选题是"什么因素导致中学生学习效率不高？"，而标题是"基于学习效率提升的中学生学习策略研究"。对比两者之后可以看出，研究选题的用语可以是较为开放的，其并不能明确研究视角、研究方法、研究对象，更不涉及研究结论，这些内容是需要研究者在选题开展过程中逐步确定的。然而，标题是在研究完成之后拟定的，其用语要更确切，要反映研究亮点，如新的研究视角、研究方法、研究结论等。

7.3　文献综述

文献综述是学位论文撰写必不可少的环节，其具有承上启下的作用。通过文献综述，我们可以了解相关领域的研究现状，在前人研究的基础上确定自己要研究的问题，避免不必要的重复并能够有所创新，为科学知识的积累作出自己的贡献。

7.3.1　目的

任何领域的研究工作都是在前人研究成果的基础上进行的深化或创新，而不是凭空产生的。文献综述作为文献调研成果的书面记录，它可以通过文献回顾说明关于某个课题的研究现状，为以后的研究工作提供框架与建议。因此，撰写综述的目的主要包括在以下几个方面：①限定研究课题的内容与范围，避免重复研究。②将课题的研究与已有知识联系起来，为自己的研究提供历史的延续性。③评估研究方法的发展潜力，为后续研究指明方向、提供建议。

值得注意的是，多阅读权威专家发表的综述文章，可以高效地获取有益的观点和建议。当然，综述文章只是作为新研究的参考，不能用来代替自己需要进行的大量文献阅读与汇总工作。

7.3.2 特点

文献综述的特点主要体现在综合性、新颖性和评述性三个方面。

7.3.2.1 综合性

文献综述全面系统地介绍了在某一时期国内外某一学科或某一领域中的综合情况，以汇集文献为主，辅以注释，因此综合性是文献最基本的特点。文献综述以某一课题的发展为依据，通过对国内与国外的文献进行横向比较，结合大量素材，反映课题发展研究状况，把握课题的发展规律并作出发展趋势预测；同时，在理解原文的基础上，用简洁、精练的语言按照文献内容特征与逻辑顺序进行高度概括和总结，而不是简单地照抄或摘录。因此，综合性要求撰写文献综述时既有内容的综合又有语言的凝练。

7.3.2.2 新颖性

新颖性是指综述文章在研究角度、文章内容和选取文献等方面要体现新颖性。文献综述并不是写学科发展历史，而是要通过收集最新资料，获取最新内容，将最新的学科信息与科研动向及时传递给读者，所以选题应围绕新方法、新成果、新进展和新动向等来进行。检索和阅读文献是撰写综述的重要前提，为确保新颖性，作者在写作过程中不宜过多地引用年代久远的文献，应重点关注近 5 年至 10 年发表的论文。

7.3.2.3 评述性

文献综述不是现有学科知识内容的罗列，而是一个理论的整合与再创造的过程。它要求作者在查阅大量文献的基础上，对所收集的知识和材料进行加工处理，对所综述的内容归纳总结后进行综合的分析评价，在评价中要能反映作者的观点。评述的内容要基于客观事实，以客观的态度分析、比较、评论各种观点、理论和方法。

7.3.3　文献阅读

完成了文献检索工作，我们手头可能掌握了数百篇文献，一字一句地读完这么多的文献不但不可能，也没有必要，因此，应该根据文献的贡献大小，采用不同的方法来阅读。

一是读摘要（Abstract）和结论（Conclusion）。很多经验研究文献有较大的重复性，量表、研究方法都没有改进或改进较少，写作的主要目的是测试不同情境下的理论适用性，有时结论大同小异。对于这类学术价值不大的文献，读摘要和结论即可。

二是读摘要、引言（Introduction）、发现（Findings）和结论。大部分文献在方法、模型构建或者样本选择方面都会有一些独到之处。对于这些文献，应该认真阅读介绍文章对于主要贡献的摘要、引言、发现和结论四个部分。在阅读过程中，要重点思考文章的创新之处与我们自己的综述对象之间的关系。

三是通读全文。上述两种方法主要用来阅读次要文献，对于我们在前面提及的代表性文献，就应该认真阅读全文，包括引言、方法（Methodology）、数据（Data）、发现、结论各个部分。这类文献通常是经典文献，有时字字珠玑，需要认真体会、揣摩作者的观点及其提出的过程。这样的文献读几个小时甚至几天都是应该的。在以后阅读次要文献时，还应不时与代表性文献进行对照。

无论采用哪种阅读方法，在阅读文献时都应该做好读书笔记，把篇名、作者、出处、发表时间、页码等信息记录下来。笔记应包括以下两方面的内容：一是对文章观点、方法等方面的总结；二是自己的感受和思考。我们读完足够多的文献，在对笔记进行分类、汇总、分析、删减和组合以后就可以得到文献综述的基本素材，并且能够列出相应的参考文献。

7.3.4　结构安排

学位论文的文献综述撰写时要紧密围绕研究主题，更加关注国内外研究现状，内容和形式上更加精简，同时又要起到文献综述的效果。在撰写文献综述时，可按照研究对象的不同、研究对象的变化、研究视角、研究阶段等结构进行撰写安排。

7.3.4.1　按照研究对象的不同

这种类型的综述对象一般是某个研究领域及其组成部分。例如，Porter 在综述有关产业组织理论的经验研究时，就把文献综述的主体分成生产、技术和产业结构，不完全竞争市场计量分析，进入、退出与产业演进，规制产业研究，拍卖市场，技术变化、创新与组织六个部分，它们涵盖了产业组织研究的主要内容；Shelanski 和 Klein 在综述交易费用经济学时，按照交易的紧密程度把相关文献分为纵向一体化、复杂缔约及"混合"模式、长期契约、非正式协议、特许经营协议五个部分。

7.3.4.2　按照综述对象的发展顺序

随着研究对象自身的演进、研究需要的变化以及研究方法的改进，同一研究领域在不同时期的研究思路和重点会出现较大的差异，按照研究阶段（时期）对文献分类并进行综述，可以帮助我们勾勒出文献综述所涉及领域不同发展阶段的清晰轮廓。例如，Ghemawat 主要按照综述对象—企业竞争战略—被研究的时间顺序来回顾和综述这方面的已有文献。从竞争战略研究的早期文献到 SCP 框架，然后到战略定位，最后再到资源观和动态能力观，把竞争战略研究数十年的发展脉络梳理得一清二楚。此外，综述所涉及的研究领域各组成部分之间也可能存在明确的发生、发展顺序，按照这样的顺序进行文献综述，可以使我们更好地认识各组成部分之间互为因果的逻辑关系以及影响这种关系的因素。

7.3.4.3　按照研究范式、学术流派、研究视角或观点

许多学科在发展过程中会出现不同的研究范式、学术流派，针对同一研究问题或研究对象也会形成较多的研究视角和学术观点。例如，产业组织理论研究就有新旧两种研究范式（NIO 和 TIO），新范式与传统范式在研究重点、研究方法、实证研究基础等方面都存在较大的差异。再如，服务管理研究存在北美和北欧两个主要的学术流派，两者在研究思路和研究方法上也有较大的差异。因此，我们在撰写文献综述时可以根据不同的范式、流派、研究视角或观点来梳理现有文献。

7.3.4.4　其他结构安排

除了上述几种比较常见的结构安排，还有学者以主要人物、研究方法等为线索来进行综述。例如：Archibugi 在对创新及技术变革经济学研究历史沿革进

行综述时，专门对 Edwin Mansfield 和 Nathan Rosenberg 两位著名学者的研究成果、研究特色和学术贡献进行了述评；Eisenhardt 在综述代理理论时主要从理论研究和经验研究两个方面讨论了相关文献的贡献。还有一些文献综述类文章同时采用了以上提到的多种结构安排。

7.4　研究方法

学术的研究方法有很多，本书将着重介绍工商管理大类专业常见的一些研究方法。

一是根据研究内容确定的研究方法。可根据论文写作的内容确定研究的性质，即确定学位论文是属于现状研究、比较研究，还是发展研究。根据研究内容的性质就能够初步确定研究方法的选择。比如，现状研究类课题，一般可采用观察法、调查法和测量法；比较研究类课题，可采用实验法、调查法、测量法和教育比较法等；发展研究类课题，一般可采用文献法、调查法、行动研究法、个案跟踪法和实验法等。

二是根据研究目的确定的研究方法。在确定研究方法之前，可根据论文写作的目的，列出论文的整体框架，明确研究的目的，从而确定具体的研究方法。若是考察研究现状和进展，则可选择文献研究方法；若是要验证一个新的方法，则可采用实验法；若是要了解当前大学生就业情况和教师指导学生学习的现实状况，则需要用调查研究的方法；等等。

三是根据研究问题确定的研究方法。方法是解决问题的途径，针对选题，究竟应该选用什么方法呢？应以"问题"为中心去思考和选择，不能以"方法"为中心去思考问题，究竟是用调查的方法、实验的方法，还是用经验总结、理论研究的方法，完全要从所要解决的"问题"出发。比如，"提高地震灾害应急物资响应时间的方法研究"课题，用文献研究方法可以，用调查研究方法可以，用实验研究方法同样可以。此外，对于有些问题的研究只用单一的研究方法是远远不足以完成课题的，往往需要考虑多种方法的组合应用。

上述罗列的方法多种多样，但总体可分为两大类：一是实证研究方法，二是质性研究方法。接下来进行详细介绍。

7.4.1 实证研究方法

实证研究是一种与规范研究相对应的方法，是基于观察和试验取得的大量事实、数据，利用统计推断的理论和技术，并经过严格的经验检验，通过引进数量模型，对社会现象进行数量分析的一种方法，其目的是揭示各种社会现象的本质联系。与规范研究方法相比，实证研究方法主要进行实证分析，依据数据说话，使其对社会问题的研究更精确、更科学。

7.4.1.1 实证研究三要素

（1）科学理论

理论开展是实证研究的基础，脱离了科学理论的实证研究，无异于在进行一次数据挖掘和组合的游戏。在实证研究的各个环节，如提出研究假设，设计研究变量，构建模型，分析结果，都离不开理论。

（2）数据

数据之于实证研究，如同大米之于巧妇，数据越完整、越准确，实证研究的可靠性也越高。

（3）方法

实证研究主要基于计量经济学的分析方法，融合了统计推断、参数估计等现代统计学知识。实证研究方法的基本框架如图 7-4 所示。

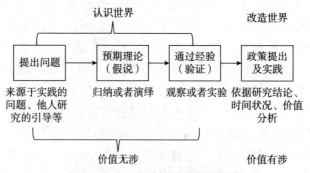

图 7-4 实证研究方法的基本框架

7.4.1.2　实证研究抽样方式

实证研究一般使用概率抽样。概率抽样是指依据随机原则进行的抽样，每个个体被抽中的概率是已知且均等的。具体方法包括简单随机抽样、系统抽样、分层抽样、整群抽样。

（1）简单随机抽样

简单随机抽样是最基本的随机抽样方法，也是其他概率抽样手段的基础。研究者随机从总体中抽取出若干元素组成的研究样本，抛筛子就是一种简单随机抽样。它能保证对象总体中的每个单位都有同等概率被选中。

（2）系统抽样

系统抽样又称等距抽样，研究者把总体中的每个元素按照顺序依次编号，再根据样本规模确定抽样间隔，然后随机确定以某个元素为起点，每隔若干元素抽取一个，直至抽取元素符合样本规模的要求。比如，从 800 人中抽取 10 人组成样本，抽样间隔为 800/10=80，随意确定一个起点，假设为 2，那么最后的研究样本的编号为 2、82、162、242、322、402、482、562、642、722。

一般对媒介内容进行内容分析时，经常会采用系统抽样法每隔若干天抽取一份报纸或者一天的电视节目。例如，以全年的某一天为起点，抽取一份日报，每隔 10 天抽取一份报纸入样，共抽取 7 天的报纸组成研究样本，这就是系统抽样。

需要注意的是，如果抽样框中的元素排列呈现出某种周期性时，系统抽样往往就要避开这个周期。比如，每天都出版的日报，抽样间隔就不能为 7，否则抽取到的都是一个星期内的某一天的报纸。因为报纸每周发行的内容存在某种规律，将发行周期作为抽样间隔获得的样本无法代表整份报纸的内容。

（3）分层抽样

研究者先按照某种特征或准则将总体分成若干个互不重叠的层次或类型，然后在每一层内分别进行简单随机抽样或系统抽样，将各层抽取出的子样本组成研究样本。

分层抽样和配额抽样有相似之处，都是要先将总体分类，但是配额抽样在分完类后是进行偶遇抽样或立意抽样，而分层抽样则是使用简单随机抽样或系统抽样。

（4）整群抽样

当研究对象在地理空间分布上过于分散时，研究者往往会采用整群抽样（或称群集抽样），首先从总体中随机抽取一些群集，然后在每个群集内部进行概率抽样，将抽中的个体组成研究样本。比如，对"全国电视观众和收视率"进行研究，先从全国抽取几个省，然后在每个省内抽取几个市或地区，在每个市内抽取一个区或县，在每个区内进行简单随机抽样，得出最终的研究样本。全国—省—市—区，这里都是以群集为抽样对象的。

有时，每个群集在总体中的重要性或规模占比差异很大时，就需要采用不等概率的群集抽样，使规模或重要性较大的群集被抽中的概率大一些，使规模或重要性较小的群集被抽中的概率小一些。

7.4.1.3　优势与局限

实证研究方法的优势主要体现在以下三个方面：一是坚持因果规律。坚持因果规律有利于提升实证研究的逻辑可靠性。二是坚持归纳主义的原则。归纳主义注重从广泛的经验中总结出规律性的东西，这能提升实证研究的普遍适用性。三是坚持价值中立的原则。这从研究立场上提升了实证研究的客观性和科学性，中立的价值判断也让实证研究的结果更令人信服。

但是实证研究的优势，在某些情况下也正是其局限所在。在《人类理解论》一书中，休谟主张所有人类的思考活动都可以分为两种：追求"观念的联结"与"实际的真相"。前者牵涉的是抽象的逻辑概念与数学，并以直觉和逻辑演绎为主；后者则是以研究现实世界的情况为主。然而，为了避免被任何所不知道的实际真相或在过去经验中不曾察觉的事实影响，必须使用归纳思考。归纳思考的原则在于假设过去的行动可以作为未来行动的可靠指导，这样的思考在基本上是先验的。我们不能以先验的知识来证明未来就会和过去一致，因为（在逻辑上）可以思考得出的明显事实与世界早已不是一致的了。实证研究坚持归纳主义的原则，归纳法要求在经验事实的基础上进行概括。但概括的结论是否可靠、是否具有普遍适用性，却没有先验的事实和经验。

7.4.2　质性研究方法

7.4.2.1　质性研究的内涵

陈向明教授针对质性研究给出了一个比较准确的定义："教育科学中的质性

研究方法是指研究者以本人作为研究工具，在自然情境下采用多种资料收集方式对教育现象进行整体性探索，使用归纳法分析资料和形成理论，通过与研究对象互动对其行为和意义建构获得解释性理解的一种活动。"然而，实证研究是用一组数字客观反映研究结果，前提是研究设计合理，数据收集准确，统计分析方法正确；质性研究的结论往往是通过研究者在归纳材料的基础上，通过理性分析得出的结论，带有研究者的价值观，这种建构性结论的客观性、科学性都与研究者的理论水平及理性思维水平有关。

7.4.2.2　适合质性研究的问题

通常情况下，"群体的差异性问题"适合实证研究，"过程性问题""个体差异性问题"比较适合质性研究。例如，不同地区数学观的比较研究，这个课题需编制量表对不同地区的学生进行测试，然后对群体的分数差异作统计分析，这是差异性问题。但是，要研究中学生数学观的形成，这就需要采用跟踪观察学生、访谈师生及家长的方式，还需要考察学生所在地区、学校的文化背景等，因而用质性研究方法才能较好地达到研究目的。

另外，实证研究处理的问题往往是群体性问题，希望通过对群体的研究并采用统计手段使研究结果具有普适性；而质性研究一般是针对个案，发现的是"特殊性"而非"概括性"的结论，这些结果没有推广性和一般性，只是给人们一些启示、参考的意义。

7.4.2.3　质性研究的资料分析方法

质性研究有别于量化研究，不是侧重于数字关系，而是侧重于逻辑关系和文字处理，目前比较流行的 Nvivo 软件，可以做文字检索、文字库建立及管理、编码与检索的程序、建立概念网络的程序、资料展示编辑图表的程序等工作。

质性研究收集资料的方法主要是访谈、观察和实物分析，采集的资料以录音、录像、日记、文字记录等形式保存。一些常用的方法包括：

一是口语报告法。在完成工作时把自己的想法说出来。

二是刺激性回忆。将完成任务过程中的片段进行录像或录音，回看这些录像时要求被试者描述当时的想法和决定。

三是记录策略。被试者得到一些假设情境的书面陈述，然后要求他们在李克特量表上给出分数。

四是选择性报告。各种主题的文字或陈述被写在卡片上呈现给被试者，要求他们根据相似性进行挑选并解释挑选的理由。

五是编码技术。对资料进行逐级编码是扎根理论中最重要的一环，具体处理步骤如下：

第一步，对原始资料进行登录。登录是将原始资料中有意义的词、短语、句子或段落标示出来。

第二步，将不同资料中表述同一意义的概念用关键词来表达（比如，一些在资料中反复出现的词语往往就是需要登录的关键词）。

第三步，赋予关键词一个码号。例如，用"1"代表"学习成绩"，用"2"代表"学习态度"等。这些过程可以直接在原始资料复印件的空白处进行。

第四步，建立编码系统。将登录后的码号汇集起来，按照一定的分类标准组合成一个系统，它反映的是资料浓缩以后的意义分布及其相互关系。建立编码系统的主要目的是归类，即将相同或相近的码号和资料合在一起，将相异的资料区别开来。归类主要有类属式和情境式两种方式。类属式归类是将资料按意义主题分成类别。"类属"是建立在多个"码号"意义组合之上的集合。

7.4.2.4　扎根理论

扎根理论是质性研究最常用的方法，由巴尼·格拉泽（Barney Glaser）和安塞尔·姆斯特劳斯（Anselm Strauss）于1967年提出，被公认为是质性研究中一种比较科学有效的方法。作为一种研究方法论，扎根理论有两大重要原则："自然涌现"和"持续的比较分析"。即在研究初始，研究者通常只有比较模糊的研究问题或研究领域，而没有理论支撑，概念范畴是在资料分析中"自然涌现"的，由此构建理论模型。与此同时，研究必须保持理论与资料的紧密关联。编码过程是同步进行并不断反复的，通过"持续的比较分析"，找出概念范畴之间的联系，直至发展出理论。

扎根理论是一种从下往上建立实质理论的方法，即在系统收集资料的基础上寻找反映社会现象的核心概念，然后通过这些概念之间的联系建构相关的社会理论。研究者在研究开始之前一般没有理论假设，将会直接从实际观察入手，从原始资料中归纳出经验概括，然后上升到系统的理论。扎根理论目前广泛应用于许多学科领域，如教育学、心理学、社会学、情报学、管理学、应用经济学等，是"当前社会科学中最有影响的研究范式之一"。

7.4.3　研究方法选择

在管理类学术论文研究中，实证研究方法相较于质性研究方法使用较多，两者之间的差异较大。在对两种方法进行选择时，研究者可参照以下几个方面进行比较：

7.4.3.1　研究问题

实证研究适用于概括性问题、差异性问题、推断性问题、评价性问题和因果性问题。例如，不同地区数学观的比较研究，这个课题需编制量表对不同地区的学生进行测试，然后对群体的分数差异作统计分析，这是差异性问题，适合采用实证研究方法。

质性研究是对所研究对象的深入分析或了解。通常情况下，当样本规模比较小，但是对所研究问题需要有全面、详细和丰富的描述时，会采用定性研究。质性研究适用于特殊性问题、过程性问题、描述性问题和解释性问题。同样的例子，如果要研究中学生数学观的形成，这就需要采用跟踪观察学生、访谈师生及家长的方式，还需要考察学生所在地区、学校的文化背景等，此时采用质性研究方法较好。

7.4.3.2　研究目的

实证研究的目的在于揭示客观规律，剖析变量间复杂多样的关系，常常采用内容分析法、实地调查法、实验法来收集资料与数据，并用因果分析的方法归纳概括社会现象的规律。

质性研究的研究目的是通过对社会现象进行描述性分析，从而理解事实，常见的具体研究方法有民族志、焦点小组、深度访谈、参与式观察、案例研究等。

7.4.3.3　研究逻辑

实证研究可在短时间内收集资料，有利于现存问题的分析，但需要严格控制研究情境，并以旁观者的角色了解研究对象。其研究步骤为"确立研究假设→确定研究方法→收集数据→整理分析数据→得出研究结论→验证研究假设"。

质性研究是在自然情境（田野）中收集资料，重视过程与结果，以及现场参与者的观点，但要求研究者保持客观立场，并视研究对象为独特的个案进行研究。其研究步骤为"资料收集→分析定性资料→分析程序（分析归纳、建立理论）→得出结论"。

7.4.3.4　研究者定位

实证研究要求研究者具有客观性且保持价值中立，常采用调查研究、实验研究、文献研究的方法，以旁观者的身份收集整理数据和资料。

质性研究则需要充分发挥研究者在研究过程中的主观性，深入理解被研究者的内心世界，理解其行为及意义。例如，民族志就是需要研究者到田野地点上，与当地人同吃同住，将当地人民的生活方式记录下来，通过部分刻画，来说明社会整体和文化全貌。

7.5 研究设计

研究设计是整个研究过程的执行计划。一般而言，研究设计的基本目的如下：

一是有效地回答研究问题。在实证研究中，研究问题通常是以研究假设的形式出现的。研究设计的目的就是通过数量化的分析，对假设中涉及的构念间的关系进行有效的检验。

二是研究设计使研究者可以合理地安排研究过程，提高研究质量。研究结论的可靠性依赖于它得出的方式和方法。

三是控制研究中涉及的变异量。研究设计需要有效地控制造成因变量发生变化的各种变异量，如系统变异（Systematic Variance）、外生变异（Extraneous Variance）和误差变异（Error Variance）。通过运用不同的研究方法，我们可以恰当地控制可能影响因变量变异的各种因素，提高研究结论的严谨性与可信度。

本书中的研究设计部分包括研究设计过程和写作过程设计两大部分。

7.5.1 研究设计过程

研究设计是一个研究项目的整体蓝图，包括确定研究主题，通过文献回顾和探索性访谈发展研究假设，确定抽样方法、测量和操作化手段，分析这些因素对统计分析的影响等。研究者在收集资料前必须认真考虑上述这些问题，只有这样才能有效地回答研究问题，保证研究的质量。Royer 和 Zarlowski（2001）曾经用图片表述了研究设计的一般过程，具体如图 7-5 所示。

由图 7-5 可以看出，研究设计是一个不断循环、不断往复的动态过程，而不是一个一成不变的静态过程。在执行研究设计时，研究设计不仅可能会因为研究计划变得难以继续而需要作出调整，而且可能需要随着对研究现象的深入了解而作出改变。需要注意的是，研究设计中涉及的提出理论模型与假设、确定变量以及数据收集、结果分析等内容，本书将在第 8 章和第 9 章针对不同的研究范式进行详细介绍，此处不再赘述。

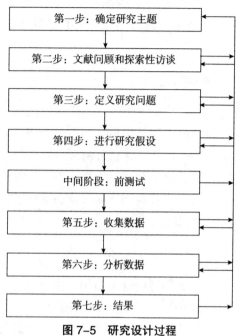

第一步：确定研究主题

第二步：文献回顾和探索性访谈

第三步：定义研究问题

第四步：进行研究假设

中间阶段：前测试

第五步：收集数据

第六步：分析数据

第七步：结果

图 7-5 研究设计过程

7.5.2 写作过程设计

7.5.2.1 写作构思

思路是作者对客观事物认知的顺序，思路可以是纵向的，研究事件的发生、发展直至结局；思路也可以是横向的，了解事物的正面、反面、侧面，即事物所涉及的其他方面对其的影响。作者对客观事物的研究越具体、细致、深刻，写作思路就越清晰、明朗，其编排结构就必然有条不紊，写起来也得心应手；若思路不清，结构必然零乱，写不成好的论文。所以，精心构思是一篇论文形成的保证，是写作过程中的关键步骤。写作构思的基本要求包括：

（1）构思要围绕主题展开

每篇学位论文的写作都是一项科学研究工作，论文主要的作用就是阐述某一观点，这就是论文的主题。所以，要使学位论文条理清晰、脉络分明，必须使全文有一条线贯穿主题。这是学位论文与其他文体在本质上的不同，作者围绕研究领域的某一问题进行研究或展开讨论，反映出作者对所研究问题认识的深度与广度，是其学术见解与专业素养的集中体现。所以，作者在正式动手写作论文之前，必须先围绕主题进行构思，只有这样才能做到论文内容为主题服务。

（2）思路必须完整严密

在论文写作之前应先进行构思，学位论文论述的问题需要具有一定的逻辑顺序与内在联系，符合科学研究和认识事物的逻辑规律。但作者有时候会用纵向思路，有时候也会运用横向思路，这就容易形成几种写作方案，不管属于何种情形，都应保持自己的思路合情合理、连贯完整、严密。写作思路的形成一般是一个由庞杂到单纯，由千头万绪到形成一条明确线索的过程，其逻辑结构层层推进，最终实现由问题到结果的导出。

7.5.2.2 写作提纲

写作提纲是一篇学位论文内容的骨架结构，由论题与一系列论点按一定的逻辑顺序组成。作者在正式撰写学位论文之前先拟定写作提纲，可以保证文章层次清晰、内容连贯、逻辑清晰、重点明确，便于在正式写作中安排材料、展开论证，这可以极大地帮助作者锻炼思维，提高构思的能力。这一办法是被长期实践证明的有效办法。

第一，因为学位论文的写作是一个复杂烦琐的工作，需要用大量的材料、较多的层次、严密的推理来展开论述，从各个方面来阐述理由、论证作者的观点。写作提纲类似一张建设蓝图，可以帮助作者提纲挈领地掌握全篇论文的基本骨架。

第二，在拟制整个写作提纲之前，应做好多项工作。首先，确定全文的中心论点。其次，确定文章架构，即总论点、分论点与论据的逻辑顺序。再次，将分论点与论据具体写至三级标题，在写作时只需运用一些简单的句子或词组加以提示即可，工作量并不大，也容易办到。最后，反复修正、增减提纲内容，直至完善。

第三，提纲作为文字性的东西保存，可以起到记忆性的作用，以保持作者的原有思路。

7.5.2.3　写作结构

事实上，学术学位论文与专业学位论文在结构组成上几乎完全一致，只是正文部分的侧重点不同。专业学位论文强调应用导向，形式多种多样，鼓励采用调研报告、规划设计、产品开发、案例分析、项目管理、文学艺术作品等多种形式，而学术学位论文强调科学理论研究与学术创新，形式相对传统，强调凸显学生的学术能力。因为前面章节对论文结构已作详细介绍，在此不再重复讲解，只针对学术性学位论文正文部分的关键内容作简要介绍。

（1）绪论

绪论也叫序论、引言或导论，是论文的开头部分。绪论的内容包括简要说明研究的目的、范围，相关领域的前人工作和知识空白，理论基础和分析，问题的提出，研究设想，研究方法和实验设计、预期结果和意义等，应言简意赅，不与摘要雷同，也不要成为摘要的注释。一般教科书中有的知识，在引言中不必赘述。比较短的论文可以只用小段文字就能起到引言的作用。

绪论的作用在于：向读者展示研究的问题和研究目标，体现研究的重要性；同时，帮助读者更方便地阅读论文，了解课题的背景和意义。绪论一般采用"漏斗式"结构展开，先介绍主题的一般知识，然后转向主题特定领域的研究现状，再提出自己要解决的问题，强调问题解决方法、重要性，以及研究结论。问题必须是研究的主要问题，在论文中必须有证明的解决方法或者结论。不要把绪论或引言写成小型综述，引言中的参考文献要少，尽量写特别重要的较新的文献。

在绪论写作的过程中，可从以下三个问题入手组织写作：

第一，为什么要研究这个议题？即向读者陈述选题的缘起，告诉读者为什么要关注你的研究议题。在具体策略上，你可以在论文的开头援引跟论文的研究议题密切相关的社会现象、媒体报道、市场报告，或者指出学术界对某个现象的看法存在争议，从而引发读者继续阅读的兴趣。

第二，目前研究的进度如何，还有哪些值得探究的地方？通过梳理以往对该议题的研究情况，简明扼要地指出当前研究存在的缺陷，更详细的内容可放在文献综述中进行阐述。

第三，你打算如何解决这个不足？通常会以"本文的目的是……"来开头。建议用最简短的语言来说明你的研究问题或研究目的。研究问题或研究假设也可放在文献综述中具体展开论述。

（2）本论

本论属于论文的主体，在学术论文中本论主要包括理论基础或背景介绍、研究对象、研究方法、数据（资料）收集、数据（资料）处理、数据（资料）分析、形成的论点等。在这一部分，研究者要将自己的研究内容阐述清楚，可能会分为2~3个章节。在介绍自己研究工作的过程中，有的部分是利用现成资料和结果的，有的是作者自己设计、推导或创造的，一定要描述清楚。论文所体现的创造性成果或新的研究结果，都将在这一部分得到充分的反映。因此，这一部分内容要求必须实事求是、客观真切、准确完备、合乎逻辑、主题明确、层次分明、简练可读。论文中引用别人的观点、结果、图表与数据必须注明出处，在参考文献中一并列出。

（3）结论

结论是整篇论文的结尾，应包括论文的核心观点，着重阐述作者的创造性工作及所取得的研究成果在本学术领域的地位、作用和意义。

结论部分的撰写，除简要概述研究结论之外，还可以交代这项研究的价值和局限。研究价值也就是研究所带来的研究启示，具体可分为理论启示和实践启示，前者指的是研究的理论贡献，后者则是指研究结果对现实的指导或参考意义。研究者可以在文章的最后指出所存在的不足。这个部分的撰写需要注意两个方面：其一，"研究不足"不能成为你的借口。如果论文存在原则性或根本性问题，则只能说明论文未达到学术标准。其二，"研究不足"不能流于表面和形式。论文所提出的研究局限，最好是今后进一步研究的切入点，可为自己或他人的后续研究提供启发。

通常情况下，学术学位论文结构的基本内容要求有以下几点：①论文结构要为表达主题服务。②论文结构必须具有一定的逻辑顺序。③论文结构要有层次、有条理。④论文结构必须完整统一。

7.6 注意事项

学术学位论文写作在选题方向、摘要、文献综述研究方法、结果与讨论、结论等方面均有一些注意事项。

7.6.1　选题方向

避免标准太低。研究者在此方面经常犯的错误包括：不知道国际标准，一些学生在选题时根本没有考虑还有国外学者的研究，甚至某些获奖的博士论文中没有一篇外文文献，而其论文涉及的领域正是国际研究的热点；不了解所在学科的标准，如工商管理学科的学生不了解 UTD 24、FT 50 系列、《管理世界》《经济研究》《管理学报》等国内外优秀学术期刊的标准、取向、动态。

避免缺乏理论指导。研究者在此方面经常犯的错误包括：不知道什么内容可以称得上理论，不知道科学的核心是理论，不知道好的理论应当具有实践意义；论文"上不着天，下不着地"，成为既无明确的理论指导又无严谨的实证根基的悬空论文。

逻辑思维要清晰。研究者在此方面经常犯的错误包括：论文逻辑混乱，结构不清，没有整体设计理念；论文中只看到文字和语句的堆砌，看不到逻辑推理的脉络，看不到作者思维的痕迹和灵性的火花。通常，这些问题会反映在论文中需要高度概括、提炼的内容中，如题目（包括各层小题）、摘要、讨论、结论等。

7.6.2　摘要

论文摘要必须如实体现出正文的主要内容和观点，不能对正文进行解释补充，更不能对自己的观点、结论做自我评价。需要注意的是，论文摘要在体现正文整体内容的同时，要尽可能地反映出论文的创新之处或闪光点，包括构建的新知识框架、创新的理论观点或新思想、新见解等。

论文摘要必须采用本学科规范化的名词术语。有的专业术语应尽可能用简称或缩写，但不能引起误解或产生歧义，如说到"民法典"，一般认为是指我国的民法典，但说到外国的民法典时，就一定要写清楚，如《德国民法典》《法国民法典》《日本民法典》《瑞典民法典》等，否则可能会引起误解。

论文摘要的语言要精练，结构严谨，标点符号准确，不能出现参考文献或注释，不能使用"我们""作者""笔者"等第一人称词汇做主语，更不能出现主观色彩强烈的词汇，要尽可能站在第三者的立场上客观冷静地对正文进行高度概括，且语义连贯，逻辑严谨。

7.6.3　文献综述

文献综述不是文献资料的简单堆砌，是作者在广泛阅读和理解的基础上，对某一领域研究成果的综合思考。本书强调撰写综述时的一些注意事项，帮助大家尽快掌握综述写作。

收集资料避免太旧与不全。选用文献尽量为近 5 年发表的文章，根据引用的先后顺序依次列于文末。引用文献必须准确，以便读者查阅。参考文献的数量没有具体要求，但数量的多少在一定程度上可以反映作者对课题研究的广度与深度。要注意论文中讲述的观点均要做到有据可查，此外还要注意多引用权威期刊的文献。

避免堆砌材料，缺乏自己的观点。文献综述中要把有关该主题的所有重要学术观点，包括不同的观点和见解都清晰地陈述出来，并且还要提出作者自己的观点，能够有所评论或总结。一篇好的综述文章中"述"与"评"的比例一般以 7∶3 为宜。

忠实原文，避免主观化处理。撰写文献综述要基于事实之上，作者自己对文献进行评述时要分清自己的观点与文献的内容，对其他学者的研究成果要基于客观、公正的认识，切忌断章取义、篡改研究成果，不能为了综述结论的需要而人为地取舍文献，甚至过分夸大自己研究的意义等。此外，由于综述篇幅有限，一般只引用主要研究结果与结论性观点，不详细列举具体细节，如研究材料、过程等。

7.6.4　研究方法

避免问卷的效度评价过于单一。例如，仅有以专家评价为依据的内容效度指标，且专家评定过粗不细，不知道还有结构效度、预测效度等需要进行定量化的考察。

避免套用内部一致性信度和重测信度。例如，不能将事实题、单选题、排序题、填空题等放在一起，作内部一致性检验。

尽量避免仅用一种方法。比如，只会使用问卷调查法，不会使用实验、电话访谈、面访、行动研究、日记分析、作品分析等其他类型的方法来探索相关主题。

避免研究方法介绍过于简单，无法让读者判断方法的完备性和科学性，无法让读者进行重复检验和后续研究。

避免过分强调非主要方法。论文核心方法用的是调查法或实验法，却罗列非核心方法如文献资料法、逻辑分析法、比较法等，有的作者主观地以为列得越多越科学。

7.6.5　结果与讨论

避免数据堆砌。例如，可以合并的表格仍以拆分形式展示，用大量表格堆砌研究结果。再如，用表格展示原始数据而不是加工后的数据。

避免讨论与实证研究结果不相对应，否则容易使读者感觉做不做研究、得到什么结果都无所谓，反正讨论和结论都先写好了。

避免提出的"理论"和设想缺乏调查、实验的实证支持。例如，凭借臆想提出主观、空洞、自鸣得意的观点，缺乏调查、实验的数据支持和全面、扎实的论证。

尽量找出并讨论研究结果中与前人研究的不同之处。例如，仅仅停留在"本研究证实了前人研究结果"，无创新性。再如，在展示和讨论数据图表时，仅进行描述，不能透过数据去分析变量之间的关系。

避免不对研究成果作概括性的提炼和总结。这种见木不见林的问题通常反映出学生逻辑思维和理论素养的不足，导致不能对相关问题进行恰当的抽象与概括，举一反三。

7.6.6　结论

避免结论超越常识或专业常识，否则容易使读者觉得这样的结论不做研究仅凭直觉也可"创造"出来，而且可以"创造"得更好。

避免结论简单重复结果的主要内容，结论中没有提炼结果的理论意义和实践意义。

避免对策与建议形同虚设。例如，应用性研究的对策与建议不痛不痒，缺乏针对性、操作性；理论性研究的对策与建议不具有深刻性、超前性和引导性。

 练习题

1. 请简述学术学位论文的写作流程。

2. 请简述学术学位论文的选题步骤。

3. 请举例说明哪些是可研究的问题。

4. 请简述你对研究方法选择的理解。

5. 适用于质性研究方法解决的研究问题的特征是什么？

6. 请简述学术学位论文写作的注意事项。

第8章 实证研究范式

本章摘要

本章主要介绍运用实证研究范式进行学术学位论文写作的基础知识，包括基本思路、理论模型构建与假设、确立变量、数据收集、实证分析以及结语撰写等内容。理论模型与假设是实证研究的基础，本书按照确立研究对象、构建理论模型、提出研究假设的顺序展开介绍。当假设提出之后，需要根据研究对象确立表征变量和数据收集方式，为进行实证分析做准备。实证分析的实质是对所提出的假设进行检验，其过程包括检验准备、检验假设、保护假设以及讨论假设。

学习目的

◆ 了解实证论文开展的基本流程
◆ 掌握理论模型的构建与假设的提出
◆ 了解实证研究的数据类型及收集方式

8.1 基本思路

实证研究的基本思路反映了实证研究开展的流程，具体包括确定研究选题、理论推导并提出研究假设、数据收集与研究设计、实证检验分析等内容。

8.1.1　确定研究选题

社会科学以人类活动为研究对象，人类活动的多样性和复杂性为实证研究提供了广阔的天地。比如，会计报表是否具有信息含量，公司会计政策变更会有什么经济后果，宏观经济政策如何影响微观企业行为，企业高管的政治关联对企业经营有什么影响等，这些问题都是实证研究可行的选题，也是具有理论价值和现实意义的选题。

8.1.2　理论推导并提出研究假设

一旦确定了研究选题，接下来要做的事情就是通过理论推导来说明选题的合理性。例如，所确定的研究选题是宏观经济政策会影响微观企业行为，那么，研究者就需要从理论上推导宏观经济政策为何以及如何影响微观企业行为，具体会影响企业的哪些微观行为。如果研究者从理论高度推导出可能的研究结论，就可以提出实证研究的待检验假设。也就是说，直接去检验理论的真伪，可能会有一定的难度，但是基于逻辑理论推导，可以通过研究假设，直接证明理论的真伪。需要注意的是，研究假设要紧密结合理论推导，并且研究假设表意要清晰，可操作性要强。

8.1.3　数据收集与研究设计

提出研究假设之后，要围绕研究假设收集数据。收集数据有两层含义：一是收集的数据要同研究假设中的概念相一致，即假设中的概念可以转换为数据；二是数据要完整、合理，力求准确。当数据收集完毕时，研究者要设计实证计量模型，将零散的数据组合起来，以便进一步分析。

8.1.4　实证检验分析

根据数据的特征和实证模型，研究者要选取适当的实证检验方法。例如，如果被解释变量是 0、1 结构的非连续变量，则应当选择 Logit 检验。在分析检验结果时，要考虑经济意义，也要考虑统计意义。只有经济意义和统计意义都达到预期的检验结果，才能用来证明研究假设。对于和预期结果不一致的情况，研究者要深入分析原因，不能仅仅选择那些容易解释或者同预期一致的结果去分析，而对那些不容易解释或者同预期不符合的结果不作解释。

8.1.5　提出研究结论

当研究者对实证检验结果作了详尽分析之后，应当提出明确的研究结论。研究者可从以下三个方面提出结论：一是本研究对该领域的理论有什么边际贡献，其可能修正了既有理论，也可能推进了既有理论的发展；二是本研究对解决社会实际问题有什么价值；三是本研究在理论和方法上有哪些不足，未来可能继续研究的内容有哪些。

本书第 7 章中，我们已经对研究选题的相关内容作了详细介绍，本章不再赘述，下文主要对理论模型与假设、确定变量、数据收集、实证分析以及结语撰写等内容作详细介绍。

8.2　理论模型与假设

研究者在选定题目并对文献有了广泛和深入的理解后，需要构建研究框架、理论模型，并提出假设。理论框架和研究假设是实证学术论文中必不可少的部分，了解什么是理论模型和研究假设，并构建结构良好的理论模型、提出科学的研究假设，对一篇优秀的实证研究学术论文而言至关重要。

8.2.1　确立研究对象

研究对象是指被研究的个人、群体或组织，或者是研究所指向的其他社会单位，一般包括社会中具体的个人、家庭、社区、各类专门人群以及各类组织等。任何一项研究，都有具体的研究对象。研究对象与研究目的、内容密切相关，这还直接关系到资料的收集、整理、分析，同时它还涉及整个研究的费用以及应用范围。由于同样的问题可能会在不同的个体、群体和组织中产生，研究者需要运用某种科学合理的方法，来选择部分的研究对象，常见的有总体研究和抽样研究两种。管理学的研究对象通常是管理工作中普遍适用的原理和方法，活动方面有个体活动与群体活动，组织方面有一般组织与企业组织，还有整个管理体系等。

8.2.1.1　总体研究

总体研究是指对研究范围中的全体进行的研究，区别于个别研究和抽样研究。例如，我国 10 年一次的全国人口普查就是典型的总体研究。总体研究应根据论文的要求与限定，把总体的范围确定出来，即把属于总体的对象与不属于总体的对象的界限清楚地划分出来。例如，对某市中小学生学习方法的调查，某市所有的中小学生都属于总体的对象，与不属于总体对象的界限是明确的。但是如果某学校要研究初二年级成绩差的学生，则可以用分数线把研究对象的界限划定出来。

总体研究具有许多优点。例如，能获取全面的研究资料，获取资料的精确度高，容易得到研究对象的协助，等等。但是，相对来说，在管理研究中，总体研究特别是大范围中的总体研究，在实际应用中的范例还是不多的。这是因为总体研究在研究对象数量很大时，研究所需的时间、精力、人力、物力、财力等条件往往无法得到满足，获得资料的手段也会受到限制，从而影响研究的深度。

8.2.1.2　抽样研究

抽样研究就是研究者按一定的规则从总体中抽取出来具有代表性的样本，然后根据对所抽样本进行研究的结果，来获得对有关总体的认识。抽样的目的和作用在于科学地挑选总体的部分作为代表，以便通过对局部的研究，取得能说明总体的足够可靠的资料，准确地推断总体的情况，从而认识总体的特征或规律。因此，当总体研究不能实施，或者能够用抽样研究替代总体研究时，就应运用抽样研究。此外，抽样研究还可以用来检验总体研究的正确程度。

抽样研究相对于整体研究更加省时、省力、省钱和省物，能及时汇总研究资料，及时利用研究结果，而且研究对象数量有限，获取资料的手段灵活多样，因而适用于研究对象比较分散的课题。但其也存在许多缺点，其中最大的不足就是存在抽样误差。因为在抽样研究中只抽取总体中的一部分作为直接研究对象，然后根据样本结果去推算总体的一般情况，则这样的推算与总体的实际就有着偏差，这种偏差被称为抽样误差。要使样本在性质上对总体具有代表性，抽样时就要遵循随机化原则。

8.2.2　构建理论模型

理论模型是指能够支撑研究理论的结构，可以具体化为一个思维分析图。

理论模型介绍和描述了论文中所使用的解释研究问题的理论，所以它应该将研究假设与论文文献综述部分所探讨的理论和概念联系起来。理论模型包括支撑研究的主要理论、研究中探索的概念以及研究中使用的理论和概念间的相互作用。理论模型必须展示出作者对理论和概念的理解，这些理论和概念与研究论文的主题相关，并且与研究所在的更广泛的知识领域相关。

8.2.2.1　常见的理论模型种类

（1）因果关系

理论模型中最常见的一种就是因果关系的形式。这种模型通常使用有边框的矩形和箭头来绘制，箭头出发点的构念导致或影响箭头到达点的构念。图8-1展现了一个典型的因果关系的理论模型，其中首席执行官（Chief Executive Officer，CEO）的谦逊态度对TMT[①]整合有积极的影响，CEO的谦逊态度与TMT垂直薪酬差距呈负相关，TMT垂直薪酬差异会部分调节CEO的谦逊态度与TMT整合之间的关系，CEO的谦逊态度与TMT垂直薪酬差距呈负相关，TMT垂直薪酬差距与TMT整合呈负相关，TMT整合将与双元战略导向呈正相关，TMT整合将调节TMT垂直薪酬差距与双元战略导向之间的关系，TMT垂直薪酬差距与TMT整合呈负相关，而TMT整合与双元战略导向呈正相关。双元战略导向与企业绩效呈正相关，双元战略导向会调节TMT整合与企业绩效之间的关系，使TMT整合与双元战略导向呈正相关，双元战略导向与企业绩效呈正相关。

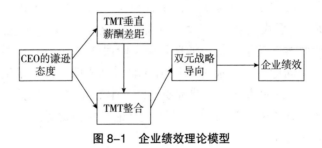

图8-1　企业绩效理论模型

---

① TMT是科技（Technology）、媒体（Media）和电信（Telecom）三个单词的首字母缩写，也称数字经济。在这个行业中，人们将信息和通信技术应用于各个领域，包括电子商务、社交媒体、移动应用程序、物联网、人工智能、云计算和大数据分析等。

（2）流程关系

在一些理论模型中，构念是整个过程的一个阶段，构念之间根据逻辑和顺序存在着流程上的先后关系而非因果关系。在这类模型中，我们使用有边框的矩形和箭头连接构念，具体如图 8-2 所示。

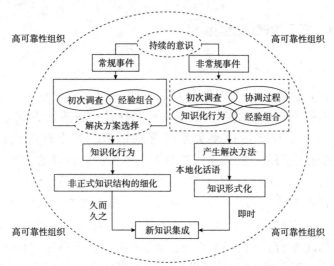

图 8-2　在高可靠性组织中知识创造过程的两条路径

由图 8-2 可以看出，在日常事件发生的知识涌现阶段（阶段 1），个体依靠自己的经验、这些经验的重新组合以及本地化话语，从现有的知识体系中选择最合适的解决方案，并根据情况的偶然性进行调整。个体一旦选择并适应了解决方案，其形式化阶段（阶段 1）需要细化和 / 或扩展非正式知识结构。相反，在非常规事件发生的知识涌现阶段（阶段 2），个体首先通过最初的询问和协调来定义问题，然后通过知识化行动结合他们的经验来生成（而不是选择）适合情况的解决方案。在非常规事件发生的知识形式化阶段（阶段 2），个体通过本地化话语对解决方案进行即时讨论，从而促进对正式知识结构的紧急洞察的快速集成。

（3）等级关系

在一些理论模型中，构念在一个等级或层次中处于或高或低的位置，并因此建立联系，如马斯洛需求理论，具体如图 8-3 所示。

图 8-3　马斯诺需求理论

（4）对立关系

二元理论认为，当两种事物的竞争力都没有达到可以完全毁灭另一方时，失去任何一方都是不完整的，因此我们可以把世界划分为处于持续张力状态下的相互对立竞争的两面。比如，领导行为可以划分为关系导向领导行为和任务导向领导行为，领导者必须在这两种领导行为之间找到平衡点，缺少任何一方，另一方都无法正常运作。所以，研究者可以对立的形式建立两个构念，进而找出两者之间的联系。

（5）相似性关系

构念之间往往会存在一定的相似性，并因此产生联系。相似性关系的理论模型由具有相似主题的构念群构成，如"7S"模型（见图 8-4）。

图 8-4　麦肯锡"7S"模型

虽然不同类型的理论模型其形式各不相同，但它们基本都是主要从以下几个方面进行研究：首先，理论模型明确陈述了理论假设，使读者能够批判性地评价它们。其次，理论模型将研究人员与现有知识联系起来，在相关理论的指导下，它们提供了提出假设和选择研究方法的依据。再次，理论模型阐明了研究的理论，并回答了为什么和怎么做的问题。最后，理论模型确定了这些构念的限制，规定了哪些关键构念会影响作者感兴趣的研究现象，并强调作者需要研究这些关键构念在什么情况下可能会有什么不同。

8.2.2.2 实证研究中理论模型提出的步骤

在实证研究中构建一个理论模型具体包含四个步骤：确定构念、确定构念之间的关系、确定组织构念的方式和绘制理论模型图。

（1）确定构念

提出理论模型的前提是对概念进行定义，具体来说就是根据文献综述对研究中涉及的主要术语和构念进行定义。那么，如何将这些已被明确定义的构念组合起来呢？首先要确定并解释构念，其次确定这些构念之间的关系。为了确定构念，我们需要检查论文题目和研究问题。研究问题是整个研究的基础，也是构建理论模型的基础。

（2）确定构念之间的关系

在确定这些构念之间的关系之前，首先需要做一些准备工作，即查阅相关文献了解其他学者是怎样解决类似研究问题的。其次，回顾我们所掌握的所有理论，选择其中最能解释研究中关键构念之间关系的理论，讨论这个理论的假设或命题，并找出它们与我们研究的相关性。最后，提出我们自己的假设，思考我们的假设告诉了我们构念之间存在怎样的关系。此时，我们不仅要厘清构念之间的关系，还要弄清楚这些关系的本质，即它们之间的关系是直接的还是间接的，是正相关关系还是负相关关系。

（3）确定组织构念的方式

我们需要考虑以什么样的方式组织我们的构念。有时，我们要研究的构念之间存在某种逻辑关系或理论关系，如链接、分组或离散等，这就需要将这些构念分组。研究中的构念往往是由一些理论所支撑的，作者需要对这些理论加以解释说明，而有时这些不同的理论是相互重叠的，这就需要对理论进行分组。

（4）绘制理论模型图

这一步就是将前面步骤中梳理出来的构念关系通过理论模型图呈现出来。

8.2.3 提出研究假设

假设是由概念（或变量）构成的，以一种可检验的形式加以陈述，并对变量之间的特定关系进行预测的命题。当命题的建立是基于实证检验之目的的，则被称为假设（假说）。也就是说，假设是为进行实证目的所形成的命题。

8.2.3.1 假设的来源

（1）理论依据

由于理论研究有了新的进展，研究者可以用新的理论解释已有的问题，或者预测未知的问题，在这一研究过程中就产生了假设。例如，高阶理论认为，由于内外环境的复杂性，管理者对事物的认识是有限的，且在有限的视野范围内管理者的既有认知结构和价值观决定了他们对事物进行的是选择性观察，对相关事物的解释、预测以及企业的战略选择。我们可以提出假设："高管的任期越长，企业越容易产生创新行为。"

（2）实践经验

有时人们在实践中发现了一种全新的现象，但是根据以往的理论无法解释这一现象，由此研究者可针对这一现象提出新的假设。有时假设也会建立在先前的研究基础上。例如，先前的研究表明，压力会影响免疫系统。因此，研究人员可能会提出一个具体的假设："与压力小的人相比，压力大的人在接触病毒后更容易患普通感冒。"

（3）共同价值观或民间智慧

在一些情况下，研究人员可能会研究人们普遍持有的价值观或民间智慧。例如，"物以类聚，人以群分"是我们熟知的民间智慧，心理学家可能会对此进行研究，并提出一个具体的假设："人们倾向于选择在兴趣和教育水平上与自己相似的伴侣。"

8.2.3.2 提出假设的方法

（1）利用类比法提出假设

对于理论依据，我们可以采用类比法来提出研究假设，如性质类比、关系类比和条件类比。但需要注意的是，在对已有理论进行类比时，要考虑两者的前提条件是否相似，若条件差别较大，则不能由已有的研究结论推出研究者要提出的假设。例如，在亚洲地区得出的研究结论不一定适合欧美地区，教育领域的管理理论不一定适合医疗领域，集体主义文化的观点也不一定适合个人主义文化。

（2）通过中介关系提出假设

还有一种提出假设的有效方法是，通过叙述中介状态或中介过程来研究假设中的关系是如何发挥作用的。例如，Seibert、Kraimcr 和 Liden（2001）提出了一个模型，该模型融合了社会资本对职业利益的两种观点，并对理论中相关的中介角色（获取信息、获取资源和职业赞助）进行了详细的解释，重点叙述了社会资本是如何带来职业利益的。

（3）通过实践提出假设

通过实践提出假设，主要是通过对观察到的结果和以往的实践经验进行归纳和总结来提出研究假设。这比较考验研究者对实践经验归纳和概括的能力。

（4）结合多个理论提出假设

结合多个不同的理论可以为研究问题提供新颖的见解，这些理论可能来自同一领域（如企业资源观与交易成本经济学）或不同的基础学科（如社会心理学和经济学）。使用这种方法的难点在于，如何解释清楚为什么解决研究问题需要使用这些理论，以及这些理论将以什么方式结合起来。

8.2.3.3 好的假设应符合的标准

（1）科学性

好的假设应具有一定的事实和理论依据，应符合逻辑，理由充分，能解释与假设有关的事物与现象。

（2）预测性

好的假设应具有预测性，假设的正确与否有待于事实的检验，它对因果关系的解释是不确定的、或然的，即两个变量的关系非真则假，非此即彼，要么接受，要么拒绝，不存在中间道路。

（3）新颖性

好的假设是对变量之间关系的大胆设想，应具有创新意义，不要总是用现成的结论来代替假设。

（4）可验证性

好的假设涉及的概念、变量应是可以操控、测量的，具有被证实或被证伪的可能性。每个假设都要接受检验，能被验证的假设肯定要比不能被验证的假设要好，已被证实的假设肯定要比一个未被证实的假设要好。

（5）简明性

好的假设在表述上应简要明晰，易于理解。当简单的假设和复杂的假设具有同等的解释能力时，应选择简单的假设。

（6）概括性

好的假设大多能产生或推演出大量的推论，并且在所涉及的范围内具有较大的概括性。一般来说，能演绎产生大量推论的假设必定是好的假设。

8.3　确定变量

变量（variable）是指在质或量上可以变化的概念或属性，是随条件变化而变化的因素或因个体不同而有差异的因素。研究变量则是研究者感兴趣的、所要研究与测量的、随条件变化而变化的因素。例如，学生的语言水平随学习时间的推移而有所变化，每个学生在语言水平上也会体现出个体差异，因此我们把语言水平看作一个变量。本书在此主要介绍变量的类型，以及如何选择与界定变量。

8.3.1　变量的类型

8.3.1.1　按形式划分

（1）连续变量

连续变量指凡是在本质上能以连续数值表示其特性的变量。例如，家庭年收入、GDP、固定资产投资、常住人口等。

（2）类别变量

类别变量指凡是不能以连续数值表示，而需以类别表示其特征的变量，也称不连续变量。类别变量还可以进一步细分为名义变量和有序变量。名义变量的值无法排序，变量值之间没有顺序和等级的差异，只是用于区分变量的类别，只有等于或不等于的性质。例如，"性别""民族""国籍""季节""专业"等，这些变量的值一般不是数字，用数字指代不同值时，数字并不代表数字本身的含义。例如，1 代表男，2 代表女，这只是为了区分不同性别，并不代表男性被试者学习能力比女性被试者差。有序变量的值可以按照一定的逻辑进行排序，从低往高排或是从高往低排，以描述事物的排序或级别，其变量值可以是字符，也可以是数值。例如，在五级量表中，常用数字表示对某个陈述句的同意程度，变量值有非常不同意、不同意、中立、同意、非常同意，1 表示非常不同意，5 表示非常同意。这里的数字就有从低到高的排序，代表了数字本身的意义。目前，大多数实证研究已经开始逐渐使用七级量表，1 代表非常不同意，7 代表非常同意。有序变量的层次高于名义变量。

8.3.1.2　按变量间的关系划分

（1）自变量

自变量又称刺激变量，即研究者掌握并主动操控，能够促使研究对象发生变化的变量，是引起或产生变化的原因，是研究者操控的假定的原因变量。它是影响或决定因变量的变量，是因变量发生变化的原因与前提。

（2）因变量

因变量又称反映变量，是指因自变量变化而发生变化的有关行为、因素或特征。它会对自变量的变化作出反应。

（3）无关变量

无关变量也称控制变量或外生变量，是指与自变量同时影响因变量变化，但与研究目的无关，需要加以控制的变量。它是在自变量与因变量的对应关系框架之外作为外在条件而存在的变量，它用于说明或限定自变量与因变量的对应关系存在的外部环境。

（4）调节变量

调节变量又称减缓变量，是一种特殊的变量，具有自变量的作用，也叫"次自变量"。它界定着自变量和因变量之间关系的边界条件，是影响自变量和因变量之间关系强度或关系方向的变量。它的存在可能会强化或弱化因变量受自变量的影响程度。模型当中常见的如交互项。

（5）中介变量

中间变量又称中介变量或插入变量，是介于原因和结果之间，自身隐而不显，起媒介作用的变量。它与自变量同时存在，并对因变量产生影响。自变量、因变量、中介变量之间的关系如图 8-5 所示。

图 8-5　自变量、中介变量与因变量的关系

8.3.2　变量的选择

8.3.2.1　自变量的选择

在选定自变量时，一般要明确以下两个要点：一是选定的自变量是否可以操控，二是自变量的数量与水平。可以操控的自变量是指研究者能够控制、调节、操作并使其有规律地变化的条件，如实验中的文字、声音、作业难度、时间等都是可以由研究者主动操控的条件。不可操控的自变量是研究者无法控制和改变的条件，如性别、年龄、发展水平等。自变量的数量方面，只有一个自变量的研究被称为单因素研究，两个或两个以上自变量的研究被称为多因素研究。研究中自变量越多，需要控制的因素也就越多，设计的方案就越复杂，但研究结果的内容也就越丰富，意义越深刻。

8.3.2.2　因变量的选择

因变量的一个重要特征是它可以通过直接或间接的方式被观察、被测量，并且可以转化为数据形式，如测验分数、考试成绩、评定等级、反映时间、答题正误的百分比等。它的测定同许多因素有关，如因变量本身的复杂程度、研究所要达到的精确程度、现有的测量工具、测量手段、研究的定性定量水平等。研究者确定测量指标时，需要考虑科学性、敏感性、客观性、稳定性、经济性等。

8.3.2.3　无关变量的控制

无关变量指那些除自变量以外的所有影响实验结果的变量，这些变量不是实验所要研究的变量，所以又称无关变量，有的研究中也称控制变量。对于无关变量的处理通常有以下六种做法：

（1）消除

消除就是不让无关变量介入研究情境，并且把它完全排斥在自变量和因变量对应的关系之外。例如，研究智力（IQ）与短时记忆的关系，研究者意识到，短时记忆除受被试者的智力影响外，也可能受被试者的年龄、性别、教育程度、环境因素（如噪声）的影响。为了消除噪声这一无关变量的影响，研究者会将对被试者短时记忆的测量放在隔音室中进行。

（2）恒定

恒定就是使无关变量在研究过程中保持恒常不变。例如，我们要测定掌握了拼读技巧的初中生，在外语学习中记住一组没有意义和构词学上联系的新单词所需要的练习量，我们在测定因变量时，教师的语音、语调、态度、表情会对研究对象的听写产生影响，这时，就可以采用恒定方式控制无关变量。这类做法通常有：①对实验条件：同一时间、同一地点、同一主试者；②对研究对象：选择智力、性别、年龄、程度相同的被试者；③对实验过程：按照相同的研究程序、研究步骤进行。

（3）均衡

均衡通常的做法是设置实验组和控制组，让无关变量对实验组和控制组产生的作用都一致，都保持平衡。也就是说，实验组和控制组在实验条件上都相同，唯一不同的是实验组接受实验处理，而控制组不接受实验处理。设置控制组的方法是控制无关变量常用的方法，它可以控制很多无关变量，而且简单、方便。

（4）抵消

有些研究,被试者需要在各种不同的实验条件下接受重复测量。这时,练习、迁移、干扰、疲劳、热身等作用会影响因变量的测量效果,研究者可以采用抵消的方式来控制这类无关变量。例如，A、B 两种训练方法的效果比较。A、B 两种训练方法无论哪个先做，都会对后做者的效果产生影响。研究者可以采用一组按照 A、B 顺序安排实验，另一组则按照 B、A 顺序安排实验，最后将两组 A 的实验结果相加，两组 B 的实验结果也相加，再对 A、B 进行比较，得出结论。这种轮组设计可以抵消实验顺序的影响。

（5）随机

随机是科学研究必须遵循的基本原则。随机化控制是研究者最常用的最有效的控制无关变量的方式。通过随机化研究者可以控制大量的无关变量，通过随机化研究者可以把研究中的很多差异平均地分配到每个个体身上，从而创造均等。只要在研究中采用随机化程序，无论是已知的还是未知的无关变量，无论无关变量会产生什么样的作用，它对实验组和控制组的影响都可以假定为是相等的。对无关变量的控制，研究者应该首先考虑采用随机化控制，尤其是在无法确定有哪些无关变量会对研究结果造成影响，或不能确定采用什么方法控制无关变量时。随机化指被试者的随机取样、随机分组、随机分配实验处理等。

（6）盲法

有时，被试者知道自己在实验组或了解了实验的真实意图，就有可能做出反常行为，如表现出情绪高涨，加倍努力，或设法迎合研究者的口味等，从而影响实验效度。有时，主试者知道了谁在实验组，谁接受了实验处理，就会有意无意地给予某些暗示，赋予某种期望，从而影响研究结果的客观性。盲法是指采用隐蔽手段，控制实验参与者的偏差或期待的一种控制无关变量的方法。

8.3.3 变量的测量

管理研究中涉及的许多变量往往是模糊的，不同的研究者会作出不同的理解，如企业家精神、公司创新能力、公司绩效、运营效率等。这些变量并不像那些具有明确的、为大家所公认的定义且能直接测量的变量，如人口数量、GDP、营业额、薪资等。因此，需要界定变量的含义，选择或确定变量的测量工具和标准。

8.3.3.1 变量测量过程

变量测量的过程具体如下：①给测量变量下定义；②分析测量变量的维度，确定测量指标；③明确测量指标数据的可获得性以及选取的科学性；④借助测量工具对测量变量进行量化，常见的测量工具有熵值法、模糊综合评价法、量表法等；⑤对测量变量的信度与效度进行评价判断，信度即测量手段对各个对象测量结果的一致程度，也即测量手段在不是同一时间测量同一个体所得结果的相似程度，效度指测量结果的有效性，即指测量结果与所要测量的事物属性实际水平之间的符合程度。

8.3.3.2 变量测定过程中应注意考虑的问题

其一，变量可以在不同层面上度量，但在因变量和核心自变量的选取上，要尽量选取同一个逻辑层次的。以农户经济行为研究和农户样本数据为例，因变量和核心自变量尽量都要用农户层次的衡量指标，不要用村庄或更高层级的衡量指标。如果选用了村庄级衡量指标，就意味着是用在这个指标上的村庄平均值来代替某个具体农户的相应情况，这是不准确的。

其二，变量指标选取要尽可能考虑变量的变化性及信息损失。以农户经济行为研究和农户样本数据为例，假如该数据是由 5 个村庄 500 户农户组成（每个村庄随机抽取 100 户），核心自变量就不能选用对样本农户的村庄级指标度量，如果是这样，计量模型所能利用的信息就是样本农户在 5 个村庄之间的变化，而捕捉不到一个村庄内 100 户农户之间的变化。

其三，给变量选取指标，一定要仔细斟酌这个指标能否有效表征变量。计量实证研究的难点之一就是找数据、选指标。平常所讲的数据可得性，实际上讲的是能否在数据中找到与自己研究中的因变量与自变量对应的指标。有时，研究者会说数据具有不可获得性，就是指缺乏相对应的指标。在这一点上，至少要反复拷问自己：所选的指标是否反映了变量的理论含义；所选的指标是否与所考察的对象是一致的；所选的指标是否与研究背景是"融洽"的。

其四，当有多种衡量思路和指标时，一定要仔细辨析，权衡之后找出最合理的那个，并给出依据理由。首先，要思考为什么会存在多种衡量思路，是什么原因？是因为认识分歧，还是因为数据收集？其次，要有一个评价的标准，给出自己的选择结果及依据。这同时也说明，在变换衡量指标作稳健性检验时，要格外小心和警惕。

8.4 数据收集

按照数据类型，实证研究的数据包括一手数据与二手数据。一手数据的收集方法有实验法和问卷调查法。各种数据收集方式之间没有优劣之分，只是根据研究问题的性质或研究的焦点进行匹配。当研究者的关注焦点是确定变量之间的因果关系，需要剔除各种替代解释对研究结论的影响时，实验法是最好的选择。在利用实验法收集数据时，研究者将被试者随机分配到代表不同程度自变量的各个实验组和控制组内，并观察不同组自变量对因变量的影响差异。

问卷调查法是定量研究中使用最多的方法，这主要是因为问卷调查成本低廉，而且如果实施得当，问卷调查法是最快速且有效的收集数据的方法。问卷调查由于对被调查者的干扰较小，所以比较容易获得被调查单位及员工的支持，可操作性很强。在选用问卷调查法收集数据时，由于无法对被调查者进行实验处理，研究者需要较大规模的样本才能保证自变量拥有足够的变异量。为了提高问卷调查的数据质量，在设计问卷的过程中，应选择成熟的、经过多次研究验证、信度和效度都较高的量表，倘若现有文献研究中没有成熟的量表可用，则需要自己开发量表。问卷收集的信息包括自变量、调节变量、中介变量、因变量、控制变量，其中控制变量的选择非常重要，控制变量的作用是剔除替代解释对自变量与因变量因果关系的干扰。

当无法通过直接方式获得数据时，可以收集和分析二手数据。相较于其他数据收集方法，二手数据的客观性和可重复性较高。二手数据具有以下特征：

一是原始数据是他人基于一定的研究目的或是制度要求收集或发布的，不是专门为了研究者自身的研究设计。

二是研究者在使用二手数据时，通常需要与数据中所涉及的研究对象发生直接接触，如访谈、观察等。

三是二手数据通常可以通过公共或公开的渠道获得。常见的公开披露的数据有上市公司数据、专利数据、工业企业普查数据、年鉴数据等。

如果研究对象是企业、地区或是国家，或者需要大规模的数据样本，或者研究问题的时间跨度比较长，都可以选择使用二手数据。

8.4.1 一手数据收集

8.4.1.1 实验法数据收集

实验室研究用以假设检验的数据是通过对实验现象进行观察得到的。根据实验地点不同，实验研究可分为实验室研究和现场研究。两种实验方法都要求研究者必须对受试者进行随机分配，以提高实验的内部效度（Internal Validity）。但是，在组织管理的研究中，研究者一般在公司和企业内部的实际环境中进行现场研究，如果研究者把公司的研究对象随机分配到实验组（Experiment Group）和控制组（Control Group），就会破坏公司的正常运营和环境，进而导致实验结果不能真实地反映员工和公司机构的运作状态和因果关系。因此，在公司内部进行研究时常使用准实验方法进行替代。在实验室研究中，收集的主要数据是研究者实施实验并记录实验室内的实验情况；在准实验中，收集的数据是研究者实施实验并记录现实生活中的种种实验现象。本书将主要对实验室研究与准实验两种方法在进行数据收集时的实验设计方式进行介绍。

8.4.1.2 实验研究数据收集的注意事项

（1）效度威胁因素（Threats to Validity）

效度威胁因素是指影响内部效度和外部效度（External Validity）的事件或实验方式。简单来说，内部效度是指因变量的变化在多大程度上是由自变量的变化引起的，外部效度是指研究结果在多大程度上适用于外部环境或他人。其中，混淆变量（Confounding Variable）是影响效度最主要的因素，是指那些在研究中无法控制的无关变量，这些变量会对测量结果产生影响，导致我们无法判断因变量的变化是否应该归因于自变量的变化。在实验研究中，排除混淆变量的影响是收集可靠数据的重要前提。当然，常见的效度威胁因素还有很多，如被试者选择偏差（Selection Bias）、实验者偏差（Experimenter Bias）、需求特性（Demand Characteristics）和成熟程度（Maturation）等。我们也需要尽量消除这些效度威胁因素。

（2）传递效应（Carryover Effect）

在组内设计中，比较容易出现传递效应。比如，我们要研究在课上学习1小时和在课下学习1小时哪个更能提高学习成绩。如果采用组内设计，学生先在课上学习1小时，然后测试他们的学习成绩；之后在课下学习1小时，再用相同的测量方法测试成绩。如果第二次测量的成绩有所提高，也不一定说明课下学习 1 小时比课上学习 1 小时更有助于提高成绩，可能是因为学生把第一次测试的经验用于第二次测试之中，进而提高了成绩。这种传递效应叫作练习效应（Practice Effect）。但是如果因为学生经历过一次测试而感到无聊，之后没有认真对待第二次测试，则会导致成绩下降。这种传递效应叫作疲劳效应（Fatigue Effeot）。在实验中我们要尽量减少练习效应和疲劳效应。我们尽量不让学生做两次相同的测试，可以换成两次类似的测试，以减少学生的疲劳效应。我们如何减少上述研究中的疲劳效应呢？我们可以采用抵消平衡法。比如，将学生随机分配到两个小组，有一组学生先在课上学习 1 小时，后在课下学习 1 小时；另一组学生先在课下学习 1 小时，后在课上学习 1 小时。

8.4.1.3　问卷调查数据收集

问卷调查法就是指运用标准化、结构化的问卷向选取的某社会群体的对象样本提出问询，并通过对所获得的资料进行统计分析，进而辨析和认识总体状况以及规律的研究方法。为保证问卷调查的质量，研究者进行问卷数据收集时，通常分三步走：第一步，明确问题，进行问卷设计。第二步，通过预调研收集部分数据来检验初始问卷的效度，对不良题目进行修改或删除，以形成最终的调查问卷。第三步，正式调研。我们接下来对这三个阶段（问卷设计、预调研和正式调研）的数据收集过程分别加以说明。

（1）问卷设计

一份好的调查问卷是问卷调查法实施质量的重要保障，而问卷设计的关键在于量表的选择或开发。

其一，量表选择的注意事项。

➢ 选择具有较高信度和效度的量表。如果一份量表不断重复地被不同国籍的研究人员运用于不同研究情境中的不同研究对象，就说明该量表具有一定的成熟性。而且，该量表的反复运用便代表其能够准确地反映其所测度构念的内涵，也证实了该量表能够稳定地反映所测度构念的内涵。例如，李克特量表、语义差异量表、二分量表、鲍格达斯量表（社会距离量表）、等级顺序量表等。

➢ 使用高质量的国际权威期刊上的量表。高质量的国际权威期刊相较于普通期刊而言具有更高的权威性，这也在无形之中增加了发表于国际权威期刊上的文章所用量表的权威性，因而选择权威期刊中的量表也更容易被同行认可。

其二，量表设计的注意事项。

➤ **量表开发**。鉴于沿用现有量表需要面临文化差异性的影响、语言表达差异性的影响以及时代背景差异性的影响，因此学会自行开发量表就显得尤为重要。量表开发流程如图 8-6 所示。

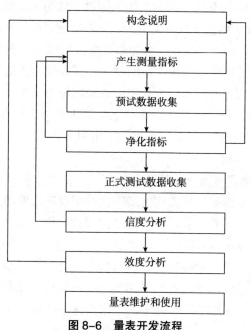

图 8-6　量表开发流程

➤ **概念说明**。构念说明对于问卷设计十分重要。鉴于管理科学实际上就是用抽象的构念把管理现象理论化，而构念就是为了研究管理现象而发展出来的抽象概念，因此，构念说明就是为了阐明研究现象的核心特征，明确理论的边界。要说明所测构念，应关注四个方面的特征：①所测构念与相近构念的差异。②确认理论构念层次（个体层次、团队 / 群体层次、公司层次）。③确认构念的内部成分（单维度 vs 多维度）。④说明构念主要的前因、相关性与后果。

其三，问卷设计的具体步骤。

➤ **产生测量指标**。初始测量指标来源可分为两个渠道：①通过焦点小组或深度访谈从各个层面汲取题项以产生一手的测量指标；②在现有研究中甄选相近或者类似的题项以产生二手的测量指标。无论采用何种方式设计初始测量指标，都要求这些初始测量指标具备广泛的内容、宽泛的范围。

➤ **预试数据收集**。预试数据多使用判断性抽样或者便利性抽样，建立一个小型样本，这样做的目的是删除不良题项，建立正式量表。其中，判断抽样是指根据研究人员的需要或方便，依其主观的判断有意抽取研究所需样本；便利性抽样是指根据方便性原则抽取所需样本。预试数据收集阶段，样本的数量以问卷中包含最多题项分量表的题项数的 3~5 倍为原则。

> **净化指标（项目分析）**。可以采用两种方式进行指标的净化：①定性的方法，即采用内容效度检验，邀请同领域的教授和博士生或业界朋友参与，力求语义简洁和无歧义。②定量的方法，如经校正的题项总体相关系数净化（CITC 净化）、量表信度净化、探素性因子分析（BFA）等方法。

> **正式测试数据收集**。经过预测试，研究者调整初步编写的题项内容并删除不良的题项之后，正式量表得以确定，这时可选取具有代表性的样本，进行正式测试。正式测试的目的在于进行信度及效度的评估，决定一个测验量表的整体可用程度，并测试该量表和其他构念之间的关系。

> **信度分析**。信度和效度的关系如下：没有信度就没有效度，有信度也不一定有效度；信度是效度的前提，效度是信度的保证。

> **效度分析**。这一步就是进行内容效度、效标效度、收敛效度、区分效度等分析。

> **量表维护和使用**。这是测验发展的最后一个步骤，即进行量表的持续研究与维护工作，以提高量表的实用性。

其四，设计调查问卷。

在对量表的选择和量表的开发有了一个完整的了解之后，我们还需明白，仅仅拥有量表是远远不够的，要想设计一份完整的、严谨的、结构性的调查问卷，还需要对一整份问卷的结构安排和主要内容有一个充分的了解。一份完整的问卷通常包括封面信、指导语、问题和答案、编码等。

> **封面信**。封面信又称卷首语，主要包含调查者的自我介绍、情况说明、调研目的、调研价值、不会带来利益损失和隐私泄露的声明、祝福语、署名、联系方式等。

> **指导语**。指导语的作用在于指导问卷填答者正确填答问卷，解释问卷中复杂难懂的问题或概念并作出填答的规范示例。

> **问题和答案**。问题和答案是问卷的主体部分。问题可以分为开放式问题和封闭式问题。开放式问题是没有标准答案的问题，比如："您认为是什么因素导致企业实施创业导向？"封闭式问题是具有若干答案可供选择的问题，比如："您所在企业员工人数是多少？ A.50 人以下；B.51~100 人；C.100 人以上。"在答案中，为了更好地测量研究问题和构念，常常需要包含量表。

> **编码**。编码就是用代码表示问卷设计的问题和答案，从而有助于研究者更方便地对问卷答案进行统计录入和分析。

（2）预调研数据收集

在此阶段，研究者会邀请被调查者回答初始问卷，在问卷填写完毕后与他们进行交谈，了解他们在回答问卷的过程中遇到了哪些问题、产生过哪些想法，并鼓励他们提出问卷的修改意见。然后，研究者需要根据已填写的问卷和交谈内容来思考以下几个问题：

参与者能够理解问卷中的问题吗（问卷的题目是否表述清晰、用词确切）？

所有的参与者对于问卷中每道题的理解相同吗（问卷的题目是否有歧义）？

问卷能否提供研究本身想要的数据（是否需要增加、修改或删除问题）？

多长时间能够完成问卷（问卷的题目是否过多）？

参与者对问卷的整体印象如何（问卷是否简洁准确，语言沟通是否良好，问题顺序是否符合逻辑等）？

然后，研究者通过对上述问题的思考，结合被调查者的意见反馈进一步修改完善初始问卷，形成最终调查问卷。值得注意的是，预调研中的被调查者要尽可能与正式调研中所抽取的样本相近，以保证通过预调研发现的问题能够真正地代表在正式调研中可能发生的问题，这样的预调研才是有意义的。

（3）正式调研数据收集

正式调研数据收集的具体工作包括：确定调查对象、调查单位和填答人，根据调查目的确定调查对象、调查单位和填答人，样本容量的确定。

样本容量是指一个样本中所包含的单位数，一般用 n 表示。充足的样本容量可以提高估计的精度，但是我们不能一味地增大样本容量，否则不仅会消耗大量的人力、物力和财力，而且可能会降低研究结论的实用性。样本容量过小会使样本不能很好地反映总体的情况，导致调查结果很难令人信服。Cochran（1977）提出了一个确定最小样本量的公式：

$$n_0 = \frac{t^2 \times s^2}{d^2}$$

式中：n_0 为最小样本量；t 为 α 水平对应的 t 值；s 为样本总体标准差的估计（表示样本总体方差的估计）；d 为可以接受的误差幅度的估计。在给定 α 水平和可接受的误差幅度值的条件下，即可计算出最小样本量。那么，我们的样本容量要比最小样本量多多少才算合适呢？Salkind（1997）认为，合适的样本容量应该比最小样本量多 40%~50% 的样本。这样，我们便可以确定科学合理的样本容量了。

（4）样本数据收集过程

样本数据收集可以根据收集次数的不同分为一次数据收集和多次数据收集。下面以一个简单的中介效应模型（见图 8-7）为例来说明两种方式的含义及优缺点。

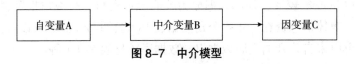

图 8-7　中介模型

研究者使用一次数据收集方法，即一次性收集 A、B、C 和控制变量的数据。研究者使用二次数据收集方法，即分两次收集收据，第一次收集 A、B 和控制变量的数据，间隔一段时间（3 个月、5 个月、6 个月、1 年或 2 年）对 C 进行第二次的数据收集。研究者使用三次数据收集方法，即分三次收集数据，第一次收集 A 和控制变量的数据，间隔一段时间后对 B 进行第二次数据收集，再间隔一段时间后对 C 进行第三次数据收集。

研究者要综合考虑不同数据收集方式的优缺点，然后根据自己的研究目的选择合适的数据收集方式，这样既可以避免消耗较高的成本（例如，二次数据收集便能够达到研究目的，研究者却选择了三次数据收集），又可以避免反向因果关系（例如，三次数据收集才能够达到研究目的，研究者却选择了二次数据收集）。

（5）数据收集质量评估

在进行问卷调查时，研究者不能因为重视数据收集的数量而忽略了质量。研究者可以用应答率、问卷完成质量和答案多样性来衡量数据收集质量的高低。应答率指回答调查问卷的被调查者的数量除以全部抽样个体的数量，较高的应答率可以增加调查结果的可信度。问卷完成质量在纸笔测验中可以用完成度来衡量，即问卷中完成题目的数量占问卷总题目数量的百分比。在线调查问卷的完成质量可以用退出率来评价，退出率是中途退出问卷调查的人在所有参与调查的人中所占的比重。问卷完成质量较高意味着问卷应该具有较高的完成度和较低的退出率。在开放型问卷中，研究者可以根据答案的多样性（被调查者提供答案的长短、答案中新想法的数量等）来衡量数据收集质量的高低。

8.4.2　二手数据收集

按来源划分，二手数据分为两类：内部数据和外部数据。内部数据又可分为直接可用的数据和需要再度整理分析的数据，它来源于研究企业或者组织内部的数据。如果数据是由其他一些目的而收集的，就是内部二手数据，包括会计账目、销售记录和其他各类报告等。企业内部二手数据两个最突出的优点是可获得性强且成本较低。外部数据分为政府统计资料、行业情报资料、图书馆信息资料、媒体信息资料、数据公司数据、上市公司与专利数据以及其他资料。外部数据可以来自公开的出版数据以及数据库（见表8-1）等。

表8-1　外部数据库

序号	中文全称	英文缩写	组织实施机构	数据申请网站	备注
1	中国家庭动态跟踪调查	CFPS	北京大学中国社会科学调查中心	https://opendata.pku.edu.cn/dataverse/CFPS	公开申请
2	中国健康与养老追踪调查	CHARLS	北京大学国家发展研究院	http://charls.pku.edu.cn/	公开申请
3	中国综合社会调查	CGSS	中国人民大学社会学系、香港科技大学社会科学部	http://cgss.ruc.edu.cn/	公开申请
4	中国家庭收入调查	CHIPS	北京师范大学中国收入分配研究院	http://www.ciidbnu.org/index.asp	公开申请
5	中国健康与营养调查	CHNS	北卡罗来纳大学教堂山分校卡罗来纳州人口研究中心、中国疾病控制中心	http://www.cpc.unc.edu/projects/china/	公开申请
6	中国家庭金融调查	CHFS	西南财经大学中国家庭金融调查与研究	http://chfs.swufe.edu.cn/	公开申请
7	中国城镇住户调查	UHS	国家统计局城调总队		特殊申请
8	中国人口普查（抽样调查）	CENSUS	国家统计局		特殊申请
9	中国劳动力动态调查	CLDS	中山大学社会科学调查中心	http://css.sysu.edu.cn/data/list	公开申请
10	中国教育追踪调查	CEPS	中国人民大学中国调查与数据中心	http://ceps.ruc.edu.cn/	公开申请

续表

序号	中文全称	英文缩写	组织实施机构	数据申请网站	备注
11	中国宗教调查	CRS	中国人民大学哲学院与中国人民大学中国调查与数据中心	http://crs.ruc.edu.cn/	公开申请
12	全国流动人口动态监测调查数据		国家卫生健康委员会	http://www.chinaldrk.org.cn/data/	公开申请
13	全国农村固定观察点调查数据		中共中央政策研究室、农业农村部		特殊申请
14	中国人民大学中国调查与数据中心			http://www.cssod.org/index.php	
15	清华大学中国经济社会数据中心	CDC		http://www.chinadatacenter.tsinghua.edu.cn/	
16	数据服务社会学人类学中国网		北京大学中国社会与发展研究中心	http://www.sachina.edu.cn/Index/datacenter/index.html	
17	中国工业企业数据库		国家统计局	http://www.allmyinfo.com/data/zggyqysjk.asp	
18	海关数据库		中国海关总署	http://new.ccerdata.cn/Home/Special	
19	中国私营企业调查	CPES	中国社会科学院私营企业主群体研究中心	http://finance.sina.com.cn/nz/pr/	
20	企业调查数据	ES	世界银行	http://www.enterprisesurveys.org/data	
21	中国专利数据库		国家知识产权局和中国专利信息中心	http://new.ccerdata.cn/Home/Special#h3 http://202.107.204.54:8080/cnipr/main.do?method=gotoMain	
22	农村经济研究中心农村固定观察点数据		农业农村部农村经济研究中心	http://www.moa.gov.cn/sydw/ncjjzx/gcdgzdt/gzdtg/201302/t20130225_3225848.htm	

序号	中文全称	英文缩写	组织实施机构	数据申请网站	备注
23	中国城乡流动数据库	RUMIC	澳大利亚国立大学、北京师范大学	https://www.iza.org/organization/idsc?page=27&id=58	
24	中国城镇住户调查数据	UHS	国家统计局		
25	中国老年健康影响因素跟踪调查	CLHLS	北京大学	http://web5.pku.edu.cn/ageing/html/datadownload.html	
26	中国家庭收入项目	CHIP	中国社会科学院经济研究所收入分配课题组	http://www.ciser.cornell.edu/ASPs/searchathena.asp?CODE-BOOK=ECON-111（1995）&ID-TITLE=2064CHIP	
27	美国综合社会调查	GSS	美国全国民意研究中心	http://www3.norc.org/gss+website/	
28	健康与退休研究	HRS	密歇根大学	http://hrsonline.isr.umich.edu/	
29	中国健康与营养调查	CHNS	北卡罗来纳大学教堂山分校卡罗来纳州人口中心与中国疾病预防控制中心营养与食品安全所国际合作项目	http://www.cpc.unc.edu/projects/china/	
30	美国当前人口调查	CPS	人口普查局	http://www.bls.gov/cps/	
31	美国家庭经济动态调查	PSID	密歇根大学	http://psidonline.isr.umich.edu/	
32	欧洲社会调查	ESS		http://www.europeansocialsurvey.org/	
33	英国选举追踪调查	BEPS		http://www.crest.ox.ac.uk/intro.htm	

8.4.2.1 二手数据收集流程

二手数据收集的具体流程如下：

第一步，确定主题的内容和需要的变量。

第二步，列出关键术语和名称。

第三步，通过现有信息资源或数据库等进行搜寻。

第四步，对已经找到的文献进行分析、编辑和评价，如果是文本类信息，则可以对其进行矩阵结构化的量化处理。

8.4.2.2　二手数据使用的注意事项

（1）变量指标的契合问题

在很多情况下，研究者找不到与自己理念完全契合的变量指标，而不得不作出妥协，采取有一定关联但并不具有很好契合度的指标作为代理指标。但过于局限的代理指标，其数据的意义并不大，并不推荐使用。

（2）数据的准确性问题

在企业自报数据时可能存在主观或客观原因造成的误差，数据公司收集或处理数据时也可能造成偶然误差或系统误差，这些误差都会降低数据的准确性。

8.5　实证分析

实证研究的关键在于通过实证分析来检验研究假设是否成立。根据研究目标和工作部署，实证研究最终实现检验假设的目标至少要经历"准备—检验—保护—讨论"四个阶段。第一个阶段是为检验假设做准备，这个准备工作主要包括描述性统计与诊断性检验两个环节。第二个阶段是检验假设，这一步也就是通常所讲的基准回归部分。第三个阶段是保护假设，这里的保护实际上要解决的是有可能干扰第二阶段检验假设的相关计量问题，在这个阶段有两个工作要点：一是处理一些复杂的计量问题，如内生性问题等；二是稳健性检验。第四个阶段是讨论假设，主要针对估计结果，结合相关文献排除其他竞争性的理论解释。下面对这四个阶段逐一进行介绍。

8.5.1　检验准备

8.5.1.1　描述性统计

围绕所研究的问题和待检验的假设，可以先做一些描述性统计。描述性统计就是对样本做一些整理，计算变量的基本统计量（平均值、百分比等），制作变量交互列表，做一些初步图解分析等。描述性统计的基本功能有两个：第一，介绍样本数据的基本情况，提供实证分析的基本事实情境，为待检验的因果关系做前期铺垫；第二，利用分组、列联表、散点图、相关系数表等分析工具，初步考察待检验假设的"雏形"，即核心自变量与因变量之间的相关性。

8.5.1.2 诊断性检验

诊断性检验主要是为了证明选择某计量模型来估计某个样本数据是合理的，至少从数据统计分布来看是合理的。任何计量方法都有其适用的前提条件。例如，我们平常使用的 OLS 模型就要求数据符合正态分布，如果前提条件不成立，则无法使用此计量方法，否则可能导致不一致的估计结果。因此，在运用模型进行估计之前，应对计量方法的前提条件进行诊断性检验。比如，使用工具变量法估计后，应进行弱工具变量检验、过度识别检验、解释变量内生性检验等。

8.5.2 检验假设

在诊断性检验给出检验结果并为计量模型提供选择依据之后，就进入检验假设的正式阶段。本书主要介绍检验假设通常涉及的模型方法以及与模型相关的显著性检验标准。

8.5.2.1 计量模型

计量模型根据其用途与含义的不同有多种类型，下面为大家介绍常见的几种，包括多元线性回归、曲线回归、Logit 回归和 Probit 回归。

（1）多元线性回归

多元线性回归模型作为一种统计模型，具有严格的适用条件，在建模时也需要对这些适用条件进行判断。

其一，线性。因变量与自变量存在线性关系，一般通过散点图（简单线性相关）或散点图矩阵（多重线性回归）来作出简单的判断。此外，残差分析也可以考察线性趋势，偏残差因是更为专业的判断方法。若因变量与自变量明显不存在线性关系，此处应进行变量变换修正或改用其他计量模型。

其二，独立。因变量各观测值之间相互独立，即任意两个观测值的残差的协方差为 0。

其三，正态性。对自变量的任意一个线性组合，因变量均服从正态分布。此处正态分布意为对某个自变量取多个相同的值，对应的多个因变量观测值呈正态分布。但在实际获得的样本中，某一个自变量固定的取值往往只有有限几个甚至只有 1 个，其对应的因变量随机观测值也只有几个甚至 1 个，是没有办法直接进行考察的，因此在模型中此处应转换为考察残差是否符合正态分布。

其四，方差齐性。同正态分布类似，模型需要利用残差图考察残差是否满足方差齐性，如果方差不齐则可进行加权的最小二乘法。

只有准确把握了这四个核心原则，才能够保证构建出符合统计学要求的多重线性回归模型。但是，由于多元线性回归模型具有一定的"抗偏倚性"，如果只是想通过构建方程来探讨自变量和因变量之间的关联性，而非对因变量进行预测，那么后面这两个条件可以适当放宽。

（2）曲线回归

如果相关的两个变量对应值的散点图在直角坐标系上呈某种曲线形状，那么我们称这种关系为曲线相关，或者非线性相关。根据曲线相关的变量拟合的回归方程，我们将其称为曲线回归方程，或者非线性回归方程。曲线回归分析，就是通过对相关的两个变量 x 和 y 的实际观测数据进行分析，进而建立曲线回归方程，以揭示变量 x 和 y 的曲线相关关系的过程。

曲线关系的检验十分重要。为了证实 U 形关系，研究人员通常将自变量 x 及 x^2 对因变量 y 进行回归：$y=\beta_2 x^2+\beta_1 x+\beta_0$。通常，学者在检验曲线关系时会认为：只要存在显著的、负的 β_2，则表示倒 U 形关系成立；只要存在显著的、正的 β_2，则表示 U 形关系成立。该方法虽然有必要，但单独利用 β_2 的显著性并不足以建立二次关系，即不能说明 U 形曲线的存在。为此，Lind 和 Mehlum（2010）提出了 U 形关系检验的三步法：

第一，如前所述，β_2 需要显著且与被预期的符号相同。

第二，数据范围的两端必须足够陡峭。假设 x_l 处于 x 范围的低端，x_h 处于高端。若以倒 U 形关系的检验为例，还需要显示 $x_l(\beta_2 x_l+\beta_1)$ 的斜率为正且显著，$x_h(\beta_2 x_h+\beta_1)$ 的斜率为负且显著。两个斜率测试都是重要且必不可少的，因为如果在斜率测试中只检测一个，那么真正的关系可能只是 U 形曲线的一半，因而可以更精简地描述为 x 与 y 是对数或者指数关系，而不是 U 形关系。

第三，转折点需要位于数据范围内。取 $y=\beta_2 x^2+\beta_1 x+\beta_0$ 的一阶导数并将其设置为零，得到转折点为 $x=-\beta_1/2\beta_2$。因此，可以通过估计转折点的 95% 置信区间来检验：若该置信区间在数据范围内，则可以肯定 U 形曲线的存在；若其下限

或上限在 x 的置信区间范围之外，则可能只有一半的曲线被当前数据所显示出来。

除了采用 Lind 和 Mehlum（2010）检验 U 形关系的三步骤，在提高实证的严谨性与结果解释方面还可以做更多的工作。例如，我们可以用绘制图形的方式来论验曲线是否符合预期形状以及拐点是否落在数值范围内。同时，进行稳健性检验可以证明变量关系的形状。例如，在 $y=\beta_2x^2+\beta_1x+\beta_0$ 等式中加入 x 的三次方项以证明所检验的变量之间的关系确实是 U 形而不是 S 形的。稳健性检验的方法是根据实证所确定的转折点来分割数据，以此来检验两个线性回归的斜率与曲线预测的形状是否一致。

（3）Logit 回归和 Probit 回归

Logit 模型也叫 Logistic 模型，其服从 Logistic 分布，Probit 模型服从正态分布。两个模型都是离散选择模型中的常用模型。Logit 回归和 Probit 回归是研究因变量为二分类或多分类观察结果与影响因素（自变量）之间关系的多变量分析方法。其中，最常用的是二项 Logit/Probit 回归，即因变量的取值只包含两个类别（例如，"是与否""同意与不同意""成功与失败"等），常用 $y=1$ 或 $y=0$ 来表示，而自变量既可以是连续变量，也可以是分类变量。如图 8–8 所示，根据回归模型中因变量中类别数量的不同，可以将其分为二项 Logit/Probit 回归和多项 Logit/Probit 回归，其中多项 Logit/Probit 回归中，因变量包含了三个或多个无序类别（例如，"已婚、未婚、丧偶"）；有序 Logit/Probit 回归中，因变量各个类别之间是有次序的（例如，人的健康程度可以描述为"差、良好、非常好"）。

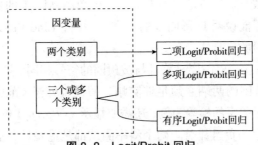

图 8–8　Logit/Probit 回归

值得注意的是，当因变量为无序类别变量时，Logit 回归法和 Probit 回归法的使用效果没有本质的区别，因两者分布函数的公式很相似，函数值相差也并不大，因而一般情况下可以换用。此时，两种方法的选择在很大程度上取决于个人的偏好。然而，在实际操作过程中，采用 Logit 回归法最为方便。虽然原则上用 Probit 回归法也可以对模型进行估计，但出于计算和理解方面的原因，研究者常常偏向于采用 Logit 回归。

8.5.2.2 结构方程模型

结构方程模型分析（SEM）是一种能够把样本数据间复杂的因果联系用相应的模型方程表现出来并加以测量、进行分析的计量技术。该方法常用于验证性因子分析、高阶因子分析、路径及因果分析、多时段设计、单形模型及多组比较等。结构方程模型常用的分析软件有 LISREL、AMOS、EQS、MPLUS。

（1）模型的组成

结构方程模型由三个基本变量、两个模型组成，具体如图 8-9 所示。

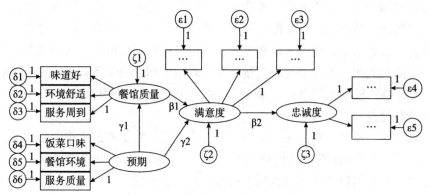

图 8-9 结构方程模型逻辑示意图

这三种变量主要包括：

一是观测变量，即显变量，是可以通过访谈或其他方式调查得到的，用长方形表示，比如图 8-9 中的味道好、环境舒适、饭菜口味、总体满意程度等，就是通过观测能够获取的变量。

二是结构变量，是无法直接观察的变量，又称潜变量，用椭圆形表示，比如图 8-9 的餐馆质量、预期、忠诚度等。

三是误差变量，观测变量无法完全解释结构变量，总会存在误差，这反映在结构方程模型中就是误差变量，用圆形表示，比如图 8-9 中的 $\delta 1$、$\delta 2$、$\delta 3$、$\delta 4$、$\delta 5$、$\delta 6$、$\zeta 1$、$\zeta 2$、$\zeta 3$、$\varepsilon 1$、$\varepsilon 2$、$\varepsilon 3$、$\varepsilon 4$、$\varepsilon 5$。

显变量和潜变量两者同时具有两类特质，分别是内生变量和外生变量。内生变量是指模型内决定的变量，一般受外生变量影响，即效应变量或因变量，有内生显变量和内生潜变量。在路径图中，有箭头指向它的变量均为内生变量，它们也指向其他变量。外生变量是指模型以外的其他因素决定的变量，即起因变量或自变量，有外生显变量和外生潜变量。在路径图中，只有指向其他变量的箭头，没有箭头指向它的变量均为外生变量。

结构方程模型分为两个重要部分，分别是测量模型和结构模型。测量模型用于分析显变量与潜变量之间的关系，而结构模型是利用路径分析方法建立潜变量之间的关系，并对潜变量之间的关系加以分析。

（2）结构方程模型的建模程序

第一步，模型设定。结构方程模型是一种验证性的分析方法，用以检验一个假设模型是否合理，而不是用来寻找和发现一种合适的模型。因此，应用结构方程模型的首要步骤是要基于理论或以往研究成果来提出一个待检验的初始假设模型，并借由结构方程模型分析软件的语言来表达出来。这个过程就是模型设定。表达假设模型的方法有多种，其中最常用、最简单、直接的方法是以路径图来描绘出观察变量与潜变量之间（测量模型）的关系，以及潜变量之间的关系（结构模型）。例如，前面举例的餐馆满意度模型，即以路径图来表达设定好的假设模型。

第二步，模型识别。在设定结构方程模型时，需要考虑该假设模型是否可以被识别。模型识别要解决的问题是，判定假设模型中设定的每个未知参数（自由参数）是否可以基于观察数据求出唯一解，如果模型不可识别，就意味着模型中的所有参数都无法被估计。

第三步，模型估计。设定好模型后，接下来要根据观察变量的方差和协方差进行参数估计。结构方程模型的估计逻辑不同于回归分析方法，它的目标不是尽可能地缩小预测值与观测值之间的差异，而是尽可能地缩小观测值的方差/协方差矩阵（基于样本数据）与预测值的方差协方差矩阵（由模型推导预测）之间的差异。这个差异数量即残差（Residuals）矩阵。常用的模型估计方法主要是最大似然法（Maximum Likelihood，ML）和广义最小二乘法（Generalized Least Squares，GLS）。

第四步，模型评价。完成模型估计后，接下来要做的是对模型进行评估和检验，以判断研究者提出的假设模型是否能够用来描述实际观察到的变量关系，这个评估检验的过程，称为模型拟合评价（model-fit-evaluation）。模型整体进行评估时可参考的指标有绝对拟合优度指数、增值拟合优度指数、简约拟合优度指数以及离中拟合优度指数。利用 AMOS 软件进行估计时，还可进行变量设计的可信度检验，即检验测量模型中所选择的观测变量是否能间接测量出所期望测量的潜变量，或者说，所抽取的因子（潜变量）是否各指标（观测变量）的最优线性组合。常用的指标是 Cronbachs Alpha，它的值在 0 到 1.0，通常在 *a* 值大于 0.7 时即可信。此外，AMOS 软件中输出临界比 *CR*（Critical Ratio），如路径系数的 *CR* > 1.96，表示此估计的路径系数在 0.05 水平上是显著的。LISREL 软件中，对于内生变量之间的路径系数，*CR* 指相应于 *B* 矩阵中每个 *B* 的 *Z* 值。对于内生和外生变量间的路径系数，*CR* 指矩阵中每个 *B* 的 *Z* 值，如 *Z* 值大于等于 1.96，则在 0.05 水平下显著。

第五步，模型修正。如果模型拟合度不理想，模型不符合观测数据，就需要对模型进行调整修正，然后用同一观测数据重新估计和检验。模型的修正并不是随意的，而是要基于观测数据、理论研究、实际意义来综合考虑，而不能只追求统计上的正性，因为结构方程模型分析的目标是，不仅要在统计上得到一个拟合度理想的模型，更要让每个参数都能有符合实际的解释。

8.5.3 保护假设

保护假设中的"保护"是指将干扰假设使其难以通过计量检验而无法成立的潜在威胁解除。保护假设有两道防线：第一道防线是考虑并处理相关计量问题，第二道防线是稳健性检验。实证分析中常常因为数据、研究设计和估计方法等原因难以实现有效识别与推断，上述两道防线就是为打消识别与推断以及假设检验等方面的疑虑而设置的。具体来说，第一道防线是将未考虑的相关计量问题重新纳入分析框架，并参照处理后的估计结果重新审视假设检验工作。第二道防线是通过变换情境来重新审视所检验的假设。

8.5.3.1 相关计量问题处理

研究者在处理相关计量问题时需要做的工作包括：首先，需要认真了解数据的生成过程。其次，需要探寻该计量问题产生的原因，这样才有可能研判所采用的改进方法是否有效。这就要求研究者熟悉某种方法在解决相应具体计量问题（如内生性问题）时的思路、依据、软件操作以及结果解读等。最后，需要将自己处理该问题的思路和做法与同类研究进行比较，思考自己这样做是否有竞争力。

相关计量问题的产生一般都是源于数据与估计方法以及二者之间的矛盾，

主要体现在遗漏变量问题上，一般研究中所处理的内生性问题、样本选择问题、异质性问题及测量误差问题都和遗漏变量有关。在非实验数据中，遗漏变量问题几乎不可避免，主要包括以下两种情况：第一，存在遗漏变量，但与解释变量不相关，这时只需要说明为什么不相关，可以不进行处理；第二，存在遗漏变量，且与解释变量相关，这时则必须进行处理，具体方法包括增加控制变量、寻找代理变量、使用工具变量、使用面板数据等。

8.5.3.2　稳健性检验

使用特定的计量方法通常需要依赖一系列的假设，而主要估计结果往往对这些假设非常敏感。因此，有必要放松或变换某些假设，看结果是否改变，这一过程就被称为"稳健性检验"。研究者通常采用改变样本区间（或去掉极端值）、函数形式、计量方法、控制变量、变量定义、数据来源等方式，来考察主要估计结果的变化与稳定性。值得注意的是，稳健性检验与敏感性检验存在区别：前者强调对作用机制的再检验，作用方向及其显著性是关注的重点；而后者强调核心变量对因变量作用大小的稳定性考量，估计系数大小及其变化是关注的重点。

8.5.4　讨论假设

回归分析一般只能证实变量之间的相关性，要对变量之间的因果关系作出判断，常常需要依赖经济理论，讨论假设就是试图从假设、数据、估计结果、经验解释以及理论等方面综合审视所检验的假设。随着讨论范围的扩大，需要进一步解决两个问题：一是计量估计出现无法统一、模棱两可，甚至自相矛盾的估计结果；二是基于相关的估计结果，可能存在多种竞争性理论解释。相对而言，因数据导致的计量问题在保护假设这个环节已经得到解决，所以理论方面的分析是讨论假设的关键所在。

因此，建议在撰写相关实证研究部分的内容时，尽量将重点放在对实证具体过程与结果的描述上，待所有实证研究完成后，另起一节或一目，针对每个子研究问题的假设，结合相关实证结果进行综合讨论。对于每个子研究问题的讨论总体可以分为两部分：一是针对未得到验证的假设，结合相关文献与研究问题的具体背景给出假设不成立的合理解释；二是针对已得到验证的假设，同样结合文献从理论角度给予假设支撑。

8.6　结语撰写

结语旨在总结结论,阐述这篇论文究竟取得了什么发现,在认识上有何改进。结语一般由五个部分组成：基本结论、理论价值、政策建议、研究展望和研究局限。在结语部分,应该有一个核心的"锚",即假设及其检验这五个部分都应紧紧围绕这个"锚"展开。相对而言,基本结论、理论价值与政策建议要紧紧围绕假设检验展开比较容易理解,为什么研究展望和研究局限也应该围绕假设及其检验展开呢？这是因为研究局限和研究展望的讨论范围都是有限度的,这个限度就是这篇论文中的假设,如果这两部分的内容超出假设检验的范围,就会喧宾夺主。

 练习题

1. 请简述什么是理论模型以及如何提出理论模型。
2. 请简述变量的概念及类型。
3. 请简述一手数据主要收集方法。
4. 请简述二手数据使用的注意事项。
5. 请简述实证分析环节的主要步骤。

第9章 质性研究范式

 本章摘要

　　本章将针对作为质性研究主要方法论的扎根理论进行介绍，具体包括扎根理论的基本思路、主要特点、操作程序以及使用中的注意事项。扎根理论（Grounded Theory）是社会科学研究中的一种理论建构方法，是质性研究常用的一种方法。该理论的研究者在收集、分析资料的过程中归纳概括出经验，从而上升为具有普适性的理论，其操作程序包括问题界定、数据收集、数据分析以及理论建构四个环节。

 学习目的

◆ 了解扎根理论的基本概念
◆ 了解扎根理论的操作流程
◆ 掌握扎根理论使用的注意事项

9.1　基本思路

　　如果从价值取向与研究目的上来说，扎根理论属于实证研究范式（见表 9–1）。

　　扎根理论从理论视角上来说，属于解释主义范式；从研究方法上来说，属于质性研究范式；从研究形态上来说，属于经验研究范式；而从认识论（哲学基础）上来说，它又属于建构主义范畴。这也使它成为近年来在社会学领域内使用最为广泛，却又是人们误解最深的研究方法论之一。

表 9-1　研究类别

理论	实证研究 （求真，了解"是什么"）		规范研究（求善，寻求 "应该是什么"）
方法 形态	实证主义 （Positivism）	解释主义 （Interpretivism）	批判理论
实证的（经验的） （Empirical）	量化研究 （Quantitative Research）	质性研究 （Qualitative Research）	以质性方法为主，量化 方法为辅
思辨的 （Speculative）	—	定性研究	—

资料来源：陈向明 . 质性研究：反思与评论 [M]. 重庆：重庆大学出版社，2008：2.

作为一种研究方法，扎根理论的基本研究逻辑是深入情境收集数据，经过不断的比较，对数据进行抽象化、概念化的思考与分析，从中提炼出概念和范畴并在此基础上构建理论。它是一种自下而上建立实质理论的方法，研究者从原始资料入手，进行系统性编码分析，整合出能够反映事件或现象的概念、范畴以及范畴间的逻辑关系，从而得到最终的理论模型。

9.1.1　扎根理论的目标——进行理论建构

扎根理论研究方法的最后落脚点在于建构理论。一般来说，"理论"可分为两种类型：①"形式理论"：指具有普适性的宏大理论，是系统的观念体系和逻辑架构，可以用来说明、论证并预测有关社会现象规律。②"实质理论"：是在原始资料的基础上建立起来的、适用于在特定情境中解释特定社会现象的理论。扎根理论认为，知识是积累而成的，这种积累是一个不断从事实到实质理论，再到形式理论的演进过程。构建形式理论需要大量的资料来源，需要实质理论的中介。扎根理论以建立实质理论为首要任务，但也不排除对形式理论的构建。

9.1.2 理论建构途径——自下而上，且可回溯

首先，扎根理论强调从资料中抽象出理论，通过对资料的深入分析，从下往上浓缩与归纳，逐步形成理论框架。其次，理论必须以经验事实作为原始依据，且可以随时追溯到原始资料。

9.1.3 何为原始资料

在扎根理论的研究中，原始资料来源和内容具有开放性，一切与研究兴趣相关的材料都可以作为研究资料。这种资料既可以是文字资料的形式，如田野调查材料、个案记录、历史材料、组织报告、自传、服务日志等，也可以是口头资料的形式，如访谈录音等。

9.1.4 如何建构理论

首先，研究者在研究过程中要时刻保持"理论敏感性"，不仅要能洞察数据蕴含的内在意义，能赋予经验数据一定意义并将其概念化，还要注意捕捉新的构建理论的线索。

其次，采用不断比较、连续抽象的方法，在资料和资料之间、理论和理论之间不断进行对比。采用不断抽象的方法实现数据的概念化和简约化；采用不断比较的方法提炼出核心概念与范畴；在分析概念与概念、概念与范畴、范畴与范畴之间逻辑关系的基础上，绘制概念关系图，此关系图是构建实质理论的基础。

9.2 主要特点

扎根理论研究方法并非适合对所有问题的研究，而是具有一定的主题局限性，其更适合用于开放性问题和探究性问题研究，即针对一个具有张力和开放性的现象进行深入探究和挖掘。扎根理论适用于理论体系不是很完善、很难有效解释实践现象的领域以及期望通过更高层次的整合和概括来超越先前有关某一领域的描述和理论的研究。比如在教育学领域，有学者运用扎根理论研究大

学生的学习拖延现象、教师的工作忙碌现象；在传播学领域，有学者将扎根理论应用于研究群体性突发事件、消费者行为、意见领袖的传播行为等。

该理论不需要先验性的结论和假设，它在研究设计和资料收集方式上主要采用定性的分析手段，但在资料分析的过程中会采用量化分析手段，这样既能吸收定性方法与定量方法的优点，又能在一定程度上弥补两者的缺陷。

9.2.1 强调理论来源于数据

Glaser 认为，"一切皆为数据"（All Is Data），包括访谈、反思、文本、文献、观察、问卷、备忘录等，都可以作为扎根理论的原始数据。他指出，通过对原始数据进行系统分析与逐步归纳，最终要在经验事实的基础上抽象出理论，以解决社会科学研究中普遍存在的理论性研究与经验性研究之间严重脱节的问题。他还指出，扎根理论强调理论应该具有可追溯性，即所有建构的理论都应该可以追溯到原始数据；反之，所有数据都指向最终理论。

扎根理论既可以使用质性资料，也可以使用定量数据，一言以蔽之即"一切都是数据"。研究人员可以对质性资料进行定量分析，也可以对定量数据进行质性分析。根据 Glaser 的观点，混合方法的出现来自其导师 Lazarsfeld 对质性分析和定量分析相结合的坚持。特别难能可贵的是，《经典扎根理论》的作者提供了一些实例，说明定量数据可以与质性资料混合使用，使其更具有实操性和应用价值。其实，"一切都是数据"这个观点在 Glaser 和 Strauss 于 1967 年出版的《扎根理论之发现：质性研究的策略》中就已提出。他们认为，所有现存的资料都可以用来发展扎根理论，如图书馆内的历史文档、新闻逸事，甚至文学作品。后来，Strauss 和 Corbin 在《质性研究基础：扎根理论的程序和方法》（*Grounded theory research:Procedures,canous,and evaluative criteria*）（1990）中，将这类资料称为"非技术性资料"，而将正统的研究文献称为"技术性资料"。

9.2.2 强调研究者要保持"理论敏感性"

所谓"理论敏感性"，是指研究者具有洞察数据所蕴含内在意义的能力，面对经验数据，研究者有能力赋予其一定意义并将其概念化，这也是从原始经验数据中建构理论的基础。对扎根理论来说，其宗旨不是描述一种现象或验证一种理论，而是建构一种新的理论，因为理论永远比纯粹的描述具有更强的解释力度。

9.2.3　强调理论建构是一种不断比较、连续抽象的过程

不断比较与连续抽象是扎根理论数据分析中的最基本方法，甚至早期的扎根理论就被称为"不断比较的方法"：采用不断抽象的方法实现数据的概念化与简约化；采用不断比较的方法提炼出核心概念与范畴；在分析概念与概念、概念与范畴以及范畴与范畴之间逻辑关系的基础上，绘制概念关系图，此关系图也是建构实质性理论的基础。需要强调的是，扎根理论不像一般的质性研究方法那样先集中收集数据，再具体分析数据，扎根理论研究中数据收集与分析是交替进行的，即每次获得数据后要及时分析，分析所获得的概念或范畴不仅要和已有的概念与范畴进行比较，而且要成为指导下一步样本选择与数据收集的基础，具体如图 9-1 所示。

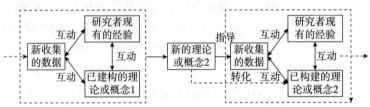

图 9-1　扎根理论数据分析过程示意图

9.2.4　强调灵活运用文献

传统研究一般是先阅读文献，在此基础上确定研究问题，然后开展研究。

扎根理论研究对于文献的运用存在一定的争议性。格拉斯强调，不应预设框架，文献研究放在实质性理论建构完成以后，再进行理论对话；但也有研究者认为，一块"白板"过于理想化，从资料中生成的理论实际上是资料与研究者个人解释之间不断互动和整合的结果，原始资料、研究者个人理解、已有研究成果之间实际上是一个三角互动关系，但是在做文献研究时要保持批判态度。

9.2.5　资料收集与数据分析交替进行

传统研究先集中收集数据，再具体分析数据。

扎根理论研究中数据收集与数据分析交替进行，每次获得数据后要及时分析，成为指导下一步样本选择与数据收集的基础。

9.3　操作程序

相对于其他质性研究，扎根理论研究有一套相对规范的研究流程，但是，这一流程并不是一个线性关系，而是循环往复的过程。陈向明教授（2008）将扎根理论的操作程序概括为五个步骤：①从资料中产生概念，对资料进行逐级登录；②不断对资料和概念进行比较，系统地询问与概念有关的生成性理论问题；③发展理论性概念，建立概念与概念之间的联系；④理论性抽样，系统地对资料进行编码；⑤建构理论，力求获得理论概念的密度、变异度和高度的整合性。为了便于理解和操作，本书从实际执行的角度阐述扎根理论的操作程序。

9.3.1　问题界定

扎根理论研究方法的第一步源于对特定的现象产生兴趣，在兴趣的驱动下进入田野，在调查和资料收集的过程中不断聚焦，对问题进行提炼，在提炼过程中与文献进行对话，最终初步确定研究问题（见图 9-2）。

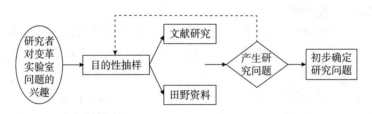

图 9-2　文献研究及研究问题产生示意图

9.3.2　数据收集

数据的收集与研究问题的产生实际是交替进行的过程。扎根理论研究的数据收集分为多个阶段，第一轮数据收集开始于现象界定或研究兴趣的产生之初，随着数据分析和研究问题的聚焦，还会进入第二轮、第三轮等多次数据收集过程。每次收集的数据经过分析后可能会产生新的研究问题，这些新的研究问题会引导研究者形成新的数据收集方法。

由于大众传播研究经常涉及了解一个较大的群体，无法做到事无巨细的普查，所以常常需要通过抽样，从部分中来了解全部特征。不管是定性研究还是定量研究，都需要抽样。一般而言，定性研究常使用非概率抽样。非概率抽样包括偶遇抽样、立意抽样、配额抽样、滚雪球抽样。

9.3.2.1　偶遇抽样

偶遇抽样也称方便抽样，指研究者抽取自己手头偶然遇到的个体为样本，直至样本规模符合需要。这些被选中的个体或者是离研究者最近的、最容易找到的，或者是恰好出现在研究现场，研究者接触他们的成本最低。像之前央视做的"你幸福吗？"调查，在街上随便拦住路人，问他们是否幸福，就是偶遇抽样。街头采访是最常见的偶遇抽样。

9.3.2.2　立意抽样

立意抽样也称判断抽样，指研究者根据特定目的和主观判断确定研究样本。立意抽样是偶遇抽样的一种特例，研究者根据自己的研究目的，作出主观判断，同时还要考虑到是否容易获得样本。比如，研究特殊人群的人际交往活动时，研究者可以在一些特殊人群经常活动的场所找到自己的研究对象。

9.3.2.3　配额抽样

进行配额抽样时，研究者首先按照某些控制变量对总体进行分类，再确定每个类别在总体里所占的比例，然后通过偶遇抽样或立意抽样，在每个类别里挑选出一定数量的个体，使得每一类别的样本个体在样本里所占的比例尽量接近于该类别在总体里所占的比例。也就是说，按照部分在总体中原有的比例，用偶遇抽样或立意抽样的方式，把总体中的每个类别以原比例抽出样本。

9.3.2.4　滚雪球抽样

滚雪球抽样或者网络抽样，是指研究者首先选择一些研究对象，然后请他们提供另外一些符合条件的研究对象，继续这一过程，就像滚雪球一样，研究对象越来越多。当样本规模符合研究者的需要时，就可以终止抽样过程。

9.3.3　数据分析——实质性编码

对资料进行逐级编码是扎根理论中最重要的一环。编码是一个对数据的概念化与抽象化以提炼范畴的过程，也是一个从众多松散概念中发展出描述性的实质性理论架构的过程。不同流派的扎根理论对数据编码的过程不尽相同。其中，程序化扎根理论的编码方式应用最为广泛，其将数据编码过程分为实质性编码和理论性编码两部分，实质性编码包括开放性编码、主轴性编码、选择性编码三个步骤。此外，在理论性编码之前，还需要进行理论饱和度检验。

9.3.3.1 开放性编码

开放性编码给予任何可以编码的句子概念化标签，形成自由节点，要求研究者以开放的心态，将所有收集到的资料打散、分解，赋予概念，并将新的概念以新的方式重新进行组合，将原始资料与新概念不断进行比较从而形成范畴。

9.3.3.2 主轴性编码

主轴性编码分类、组织数据，将自由节点归纳为树节点，要求研究者发现和建立概念类属或范畴与范畴之间的逻辑关系，显示其内在相关性，形成主范畴。

9.3.3.3 选择性编码

选择性编码厘清核心树节点及节点间的关系，通过在已发现的概念类属中找到统领其他类别的"核心类属"，构建出概念框架，将大多数的研究结果概括在这一概念框架之内，并用收集来的资料验证这些关系。

9.3.3.4 理论饱和度检验

当发现收集的新鲜资料不再能产生新类属，也不再能揭示核心类属新的属性时，就意味着理论类属达到"饱和"。此时，研究者可以在现有资料的基础上着手进行理论性编码，也就是理论建构了。

9.3.4 理论建构——理论性编码

理论性编码过程就是一个建构新理论的过程，分为两个步骤：

第一步，建构实质性理论的过程。研究者可通过理论性编码分析实质性编码中产生的概念与范畴之间的逻辑关系，找出一个能统领所有范畴与概念的核心范畴，绘制逻辑关系图，呈现研究结论。

第二步，建构形式理论的过程。好的扎根研究可以超越实质性理论的时空限制，还可融入现有理论体系中，使研究具有继承性。

9.4　注意事项

9.4.1　代码和类别最好使用动态的词语

根据 Charmaz（2006）的观点，能够用动名词就不要用名词。然而，大部分研究论文在编码时使用的代码都过于静态化，表达的只是一些既定领域的内容（如"学习方法""学习内容"），缺乏动态感。此外，这类研究形成的类别通常也缺少主题或倾向性，只是一些形式化概念的堆积（如"行政领导的改革动机""高层管理人员的价值观念"）。由于对扎根理论所强调的连续比较法缺乏认识，不少研究人员只是一次性地收集资料，同时对数个研究对象进行访谈或观察，然后一次性地分析资料。他们没有使用连续比较法，而是根据生成理论的需要，选择可以提供补充性资料的研究对象，进而丰富已有的研究结论。其结果是，他们收集的很多资料在同一水平重复，无法为推进分析的结果作出贡献。

9.4.2　扎根理论是一整套完整的生成理论的研究路径

不少研究人员认为，扎根理论只是分析资料的方法，并不涉及研究设计、资料收集、理论对话等环节。他们只是在分析资料阶段对资料进行编码，便认为自己采用了扎根理论的路径。其实，扎根理论不是分析资料的手段和方法，而是一整套完整的生成理论的研究路径。此外，研究的具体环节和层面事先无法预测，这在很大程度上取决于特定研究情境中理论生成的需要。在进行研究设计时，研究人员很难知道研究的问题到底是什么，研究对象的数量需要多少，什么时候可以结束研究。这一切都取决于理论饱和度的达成，当然还受到一些实际条件，如时间、精力、经费、研究人员的能力（特别是理论敏感性）等的制约。

9.4.3　扎根理论不是忽视文献的借口

一种常见的谬误观点认为，使用扎根理论的研究者在进入田野之前不需要回顾文献，因为研究者需要避免现有知识的影响。很多人认为，研究者需要先将大脑清空，不仅要悬置已有的文献和经验，甚至不应该带着预设的问题。这种状态需要维持到数据收集和分析结束，甚至结论提出为止。然而，就算完全悬置个人先前的经验和知识是可能的，进行严谨的学术研究，却没有明确的理论框架和问题意识本就是不合逻辑的。如此收集的数据和材料在后续操作中势必只能随机地对应已有理论，或者根本无法被严谨地组织起来。

9.4.4　扎根理论不是原始数据的呈现

部分论文有着恰当且有趣的问题、严谨的方法、良好的文笔，但是得出一些陈词滥调或显而易见的结论。这是因为，这些研究仅仅呈现了不完整的或相对缺乏分析处理的数据。引发这种情况的往往是实践方面的三个错误：第一，扎根理论与现象学容易混淆，现象学研究强调行动者生活世界的主体经验，经常通过呈现原始数据来体现真实性以及主体对经验的总体理解。然而，扎根理论与此不同，尽管也使用一些现象学分析法，但扎根理论较少地关注个体本身的体验，强调将个体经验归纳为解释行动者间关系的理论论述。两者在访谈方法上也存在区别，在现象学研究中，深度访谈是为了探查主体的体验，包括受访者如何选择话语、如何表述和组织自己的故事，因此需要保持数据的原始形式。但在扎根理论中，与受访者的交流虽然确实可以先从个体经历入手，但最终也要回到自己研究的问题上，数据最终的呈现形式也就不再是其原始形式。第二，研究者没有将数据"上升"到概念层面。研究者必须持续对原始数据和概念进行比较，这里的概念不是一种理论假设，而是从数据中归纳的结构。只有这样，收集的数据才能与更广泛的知识和理论形成对话。第三，得出很肤浅的结论也可能是因为研究者过早地停止了数据收集。与大部分定量研究不同，扎根理论中"数据收集"和"数据分析"两个环节没有明显的分隔，研究者必须持续收集数据，直到没有任何新的概念和发现为止。

 练习题

1. 请简述质性研究范式的核心思想。
2. 请简述扎根理论的操作程序。
3. 请简述使用扎根理论的注意事项。

［1］ BBI 品牌智库. 研究方法 | 扎根理论：一种从原始资料中建构理论的方法［EB/OL］.［2022-01-06］. https://mp.weixin.qq.com/s/UdtBdq-gYFIzRN8 xj9ofFw.

［2］ Cochran W G. Sampling Techniques(3rded.)［M］. New York:John Wiley & Sons, 1977.

［3］ Charmazk K. Constrcting Grounded Theory:APratical Guide through Qualittive Analysis［M］. Cal: fornia:sage, 2006.

［4］ Corbin J. M., Strauss A. Grounded Theory Research: Procedures，Canons，and Evaluative Criteria［J］. Qualitative Sociology，1990，13(1):3-21.

［5］ Dweck C. S. Motivational Processes Affecting Learning［J］. American psychologist, 1986, 41(10): 1040.

［6］ Dweck C. S., Sorich L. Mastery-oriented Thinking［J］. Coping, 1999, 11: 232-251.

［7］ Kotrlik J., Higgins C. Organizational Research:Determining Appropriate Sample Size in Survey Research Appropriate Sample Size in Survey Research［J］. Information Technology, Learning, and Performance Journal, 2001, 19 (1): 43.

［8］ Lind J. T.,Mehlum H. With or without U? The Appropriate Test for a U-shaped

Relationship［J］. Oxford Bulletin of Economics and Statistics, 2010, 72（1）:109–118.

［9］　Royer I, Zarlowski P. Doing Management Research: A Comprehensive Guide［J］. 2001: 111–131.

［10］　Salkind N J.. Exploring Research［M］. Edinburgh: Pearson Educación, 1997.

［11］　Seibert S. E., Kraimer M. L., Liden R C. A Social Capital Theory of Career Success［J］. Academy of Management Journal, 2001, 44(2): 219–237.

［12］　Shannon C. E. A Mathematical Theory of Communication［J］. The Bell System Technical Journal, 1948, 27(3):379–423.

［13］　SPSS 学堂. 曲线回归分析概述［EB/OL］.［2020–09–02］. https://zhuanlan.zhihu.com/p/212770874.

［14］百度文库. SCI、EI、ISTP 以及 SSCI, A&HCI 检索系统介绍［EB/OL］.［2014–03–04］. http://wenku.baidu.com/view/b5be3cfbbb4cf7ec4afed0c8.html.

［15］百度文库. SCI 检索方法［EB/OL］.［2011–02–25］. https://wenku.baidu.com/view/0318d60f52ea551810a6870d.html?_wkts_=1681488043140.

［16］百度文库. 关于开展"传承百年农大辉煌，共建共享一脉书香读书活动"的通知［EB/OL］.［2012–05–01］https://wenku.baidu.com/link?url=NkLGGRkSMk5TLd0exqQGVNN6KmQ8wwurD8QbsiWc68e6Kz0vXKEzrXqsVtFwrOn6ACdUd_H2-gCPpre4WJfLDo1RN3XP6sEGornocC4FIO3&_wkts_=1681487880410.

［17］百度文库. 科技报告［EB/OL］.［2012–01–16］. https://wenku.baidu.com/view/1f62ca81b9d528ea81c7792b.html?_wkts_=1681488674507.

［18］百度文库. 图书馆收藏着大量的文献信息资源［EB/OL］.［2011–06–23］. https://wenku.baidu.com/view/96ce583956270722192e453610661ed9ad5155a8.html?_wkts_=1681488179921&bdQuery=%E5%9B%BE%E4%B9%A6%E9%6%86%E6%94%B6%E8%97%8F%E7%9D%80%E5%A4%A7%E9%87%8F%E7%9A%84%E6%96%87%E7%8C%AE%E4%BF%A1%E6%81%AF%E8%B5%84%E6%BA%90.

［19］博硕本论文. 工商管理硕士毕业论文选题思路及写作技巧分享［EB/OL］.［2022–04–20］. https://mp.weixin.qq.com/s/sbHexhfj61zd0KFbW9G9mw.

［20］常为领，孙瑞志，高万林. 基于 ROBOT 的农业信息搜索引擎设计［J］. 农业网络信息，2006（8）: 59–61, 67.

［21］陈路明．国外移动图书馆实践进展［J］．情报科学，2009（11）：1645–1648.

［22］陈向明．教师如何作质的研究［M］．北京：教育科学出版社，2001：12.

［23］陈向明．质性研究：反思与评论［M］．重庆：重庆大学出版社，2008.

［24］陈晓萍，沈伟．组织与管理研究的实证方法［M］．北京：北京大学出版社，2018.

［25］陈志兵，曹挥，郭华等．植物保护学的文献检索［J］．农业技术与装备，2011（24）：9–11.

［26］橙汁网．MBA专题研究型论文的特点［EB/OL］．［2018–09–06］.https://mp.weixin.qq.com/s/Cx0Y30inwr5b1jbqE8CwwA.

［27］池晓波．期刊冗余现象探析［J］．农业图书情报学刊，2007（12）：66–69.

［28］传播匠新传考研．拯救研究计划 | 一篇文章，搞清楚定量 & 定性研究！［EB/OL］．［2020–12–02］．https://mp.weixin.qq.com/s/w9hxMzTHafZYTo2tll5hnw.

［29］崔彦红，高凌．综述的写作［J］．国外医学（卫生学分册），2008，35（2）：124–128.

［30］代根兴，周晓燕．信息资源构成研究［J］．图书馆，2000（5）：25–27.

［31］党寒东．国内几种常用论文全文数据库在科技查新中的作用［J］．数字化用户，2013（20）：83.

［32］道客巴巴．Inspec数据库简介［EB/OL］．［2013–01–29］．http://www.doc88.com/p-739495415606.html.

［33］道客巴巴．百链使用手册［EB/OL］．［2014–04–09］．https://www.doc88.com./p-9847120334454.html? r=1.

［34］道客巴巴．美国《工程索引EI》简介［EB/OL］．［2011–05–01］．http://www.doc88.com/p-28744523712.html.

［35］道客巴巴．文献检索论文［EB/OL］．［2013–11–07］．http://www.doc88.com/p-9959960634302.html.

［36］道客巴巴．文献信息检索原理［EB/OL］．［2015–11–29］.http://www.doc88.com/p-9965363324864.html.

［37］道客巴巴．中央电大《信息检索与利用》形考册（4）［EB/OL］．

［2016-01-08］. https://www.doc88.com/p-7498907259767.html.

［38］得优留学 Tutor. Methodology ｜定性研究还是定量研究，到底如何选？［EB/OL］.［2022-04-29］. https://mp.weixin.qq.com/s/k-n8auKZM0sYAPBhr 4-Epg.

［39］邓翀，陈守鹏，孙玲. 论信息化时代中医药全文文献的获取［J］. 中医研究，2007（7）：55-58.

［40］邓富民. 文献检索与论文写作［M］. 北京：经济管理出版社，2010.

［41］丁斌. 专业学位硕士论文写作指南［M］. 北京：机械工业出版社，2019.

［42］丁立宁. 简述高校图书馆电子资源［J］. 中外企业家，2012（8）：118-119.

［43］董焱，刘兹恒. 网络环境下我国图书馆的发展方向［J］. 中国图书馆学报，1999，25（6）：34-38.

［44］豆丁网. xml 在数字图书馆信息资源组织中的应用研究［EB/OL］.［2018-09-11］. https://www.docin.com/p-2132745589.html.

［45］豆丁网. 第二章信息检索语言［EB/OL］.［2016-08-22］. http://www.docin.com/p-1714220231.html.

［46］豆丁网. 第九章特种文献检索课件［EB/OL］.［2016-01-06］. http://www.docin.com/p-1417541211.html.

［47］豆丁网.第四章文献信息检索：三大检索工具［EB/OL］.［2011-07-08］. http://www.docin.com/p-230308558.html.

［48］豆丁网. 第一讲：文献资源检索［EB/OL］.［2016-04-14］. http://www.docin.com/p-1534674373.html.

［49］豆丁网. 美国《科学引文索引》［EB/OL］.［2012-06-30］. http://www.docin.com/p-433172277.html.

［50］豆丁网. 确定研究变量的方法［EB/OL］.［2019-03-13］. https://www.docin.com/p-2180397290.html

［51］豆丁网. 数字资源远程访问系统［EB/OL］.［2009-05-29］. http://www.docin.com/p-21813693.html.

［52］豆丁网. 特种文献信息检索［EB/OL］.［2014-05-30］. http://www.docin.com/p-822319528.html.

［53］豆丁网. 文献检索课讲义［EB/OL］.［2013-06-05］. http://docin.com/p-662240766.html.

［54］豆丁网. 文献类型识别［EB/OL］.［2009-09-04］. http://www.docin.

com/p-32361959.html&endPro=true.

［55］豆丁网. 文献信息资源检索与利用课件［EB/OL］.［2010-06-30］. http://www.docin.com/p-62031459.html.

［56］豆丁网. 文献与文献检索［EB/OL］.［2012-07-15］. http://www. docin. com/p-441423140.html.

［57］豆丁网. 信息检索与利用整理［EB/OL］.［2014-12-03］. http://www. docin.com/p-977496506.html.

［58］豆丁网. 学术期刊及其利用 2013［EB/OL］.［2017-08-02］. https:// www.docin.com/p-1985 284688.html.

［59］豆丁网. 学位论文写作［EB/OL］.［2012-10-25］. http://www.docin. com/p-506634113.html.

［60］豆丁网. 学位论文写作方法［EB/OL］.［2011-05-19］. http://www. docin.com/p-205394204.html.

［61］豆丁网. 中国专利全文数据库使用指南［EB/OL］.［2019-10-25］. https://www.docin.com/p-2270132242.html.

［62］泛研网. 学报编辑主任：论文摘要的写作原则与注意事项［EB/OL］. ［2022-10-17］. https://mp.weixin.qq.com/s/CksWAvIuyt7BAt8_ouhS_w.

［63］高建明，李斌. 论晚清时期中国科学技术传播模式［J］. 自然辩证法通讯，2008，30（3）：14-20.

［64］高丽. 高质量 oa 期刊文献的选取方法研究［D］. 西安：西安电子科技大学，2014.

［65］高丽丽. 关于文献综述的认识和思考［J］. 重庆工商大学学报（西部论坛），2005（S1）：210-211.

［66］高任喜. 核化冶院图书馆铀矿采冶特色数据库开发与应用［C］// 中国核学会. 中国核科技学技术进展报告（第二卷）：中国核学会 2011 年学术年会论文集第 10 册［核情报（含计算机技术）分卷、核技术经济与管理现代化分卷］. 北京：中国原子能出版社，2011：53-61.

［67］高校教师专业发展联盟. 文献综述怎么写？ 这篇文章说的透彻！［EB/OL］. ［2022-06-21］. https://mp.weixin.qq.com/s/YiiUJQv1DxN3m8N_-TBflA.

［68］公共管理研究方法. MPA 论文的选题与写作［EB/OL］.［2020-04-18］. https://mp.weixin.qq.com/s/EZ4nRvp2j0ktjwkD1FkUpA.

［69］古今医案云平台. 结构方程模型简单介绍［EB/OL］.［2022-06-23］. https://mp.weixin.qq.com/s/3pcINvsj6I_qRoQwqEaIjA.

［70］郭恒. 现代信息技术与数字图书馆建设［J］. 中国管理信息化，2013（17）：90–91.

［71］郭华. 论重要的科技信息资源——会议文献［J］. 图书馆工作与研究，2006（1）：25–27.

［72］国际核心索引检索平台. EI 检索方法［EB/OL］.［2012–04–23］. http://www.ei-istp.com/New_76.html.

［73］国际新闻. 法国举办首届"阅读之夜"活动［EB/OL］.［2017–01–16］. http://www.zhld.com/zkrb/html/2017–01/16/content_7593702.htm.

［74］海涛，任卷芳，王丹. 基于元数据整合的一框式检索系统分析［J］. 电脑知识与技术，2015（1）：7–9.

［75］杭州科技创新资源导航服务平台正式免费对外开放［J］. 杭州科技，2007（3）：62–64.

［76］何青芳，陆琪青. 中外科技报告的检索方法与获取途径［J］. 现代情报，2005，25（9）：116–118.

［77］何绍华. 我国标准化与质量信息的获取与利用［J］. 情报科学，2002，20（5）：483–486.

［78］何源源. 迅雷资源搜索引擎的研究与实现［D］.西安：西北工业大学，2007.

［79］和香梅. 论高校图书馆数字化资源的建设［J］. 教育教学论坛，2012（26）：261–262.

［80］洪跃，崔海峰. "学科馆员"制度的管理模式探析［J］. 图书馆学研究，2006（1）：63–65，74.

［81］侯闽. 数字图书馆的建设及发展方向［J］. 河北省社会主义学院学报，2008（3）：47–49.

［82］胡爱东. 利用现代信息技术获取全文医药文献［J］. 医学信息学杂志，2009，30（2）：51–54.

［83］胡振. 通过形成性评价帮助学生成为自主学习者［D］. 南昌：江西师范大学，2005.

［84］花芳. 文献检索与利用（第二版）［M］. 北京：清华大学出版社，2014.

［85］黄连庆，张彦民. 数字图书馆互动服务及其实现［J］. 图书馆论坛，2008，28（5）：50–52.

［86］黄群庆. 崭露头角的移动图书馆服务［J］. 图书情报知识，2004（5）：

48-49.

［87］黄如花. 网络信息的分布式组织模式：数字图书馆［J］. 图书情报工作，2003（8）：11-15.

［88］黄鼹. 基于组件的软件系统构建方法的研究与应用［D］. 上海：上海师范大学，2006.

［89］简书. 有效课题研究：杨润勇［EB/OL］.［2021-07-06］. https://jianshu.com/p/7d72e1033c21.

［90］姜海峰. 移动图书馆的兴起和解决方案［J］. 大学图书馆学报，2010，28（6）：12-15.

［91］姜灵敏. 信息市场决定信息资源的开发与价值［J］. 科技情报开发与经济，2005（2）：76-78.

［92］姜颖. 我国移动图书馆服务现状及发展对策——中美移动图书馆服务的比较分析［J］. 图书馆建设，2011（12）：75-78.

［93］金芳. 我国图书馆编目工作现状及发展趋势探讨［J］. 高校图书馆工作，2001（2）：26-28，31.

［94］金琪. 试论数字图书馆对版权的保护［J］. 晋图学刊，2008（1）：3-6.

［95］金顺爱. 学术论文结束语的撰写要求探讨［J］. 天津科技，2014（11）：68-69.

［96］金雪梅，刘维华. 试论图书馆学位论文管理系统的功能需求［J］. 图书馆工作与研究，2013（7）：46-49.

［97］菁菁堂新传论文导读. 研究方法 | 十分钟弄懂扎根理论（附经典案例）［EB/OL］.［2021-04-13］. https://mp.weixin.qq.com/s/Q7d6aXoEV-3qqcyzj_SKTQ.

［98］科研写作研究所. 选题不是标题，而是选择一个研究问题（附论文选题的三个步骤）［EB/OL］.［2020-09-07］. https://mp.weixin.qq.com/s/_bvu8CMG2cxvL1XpE4k7_A.

［99］孔繁敏. 答辩制在大学生党员思想理论教育中的尝试和摸索［J］. 高教论坛，2009（6）：14-16，13.

［100］黎明. 基于语义网的信息检索技术的研究［D］. 南京：南京理工大学，2007.

［101］李代红. 毕业论文选题原则［J］. 重庆科技学院学报（社会科学版），2006（S1）：94-95.

［102］李圭雄. 网络环境中档案信息资源呈现的若干特点［J］. 湖北档案，2003（7）：22-23.

［103］李国华，宋爱芳．网络环境下高校图书馆服务于中小企业自主创新的调查研究［J］．现代情报，2010，30（6）：80-84．

［104］李果仁．数字图书馆研究综述［J］．信息窗，2001（1）：1-4．

［105］李宏伟．清华同方知网知识服务模式研究［D］．大连：大连理工大学，2009．

［106］李怀祖，田鹤亭，苗洒玲．MBA 学位论文研究及写作指导：MPA、MEM、MPAcc 等专业硕士均适用［M］．重庆：重庆大学出版社，2018．

［107］李会英．图书馆人文精神解读［J］．发展，2008（8）：53-54．

［108］李静．基于概念匹配度模型的文献检索系统［D］．成都：西南交通大学，2009．

［109］李丽．中学英语教育游戏——基于 Cnki 的国内文献回顾与总结［J］．科技信息，2013（26）：186-187．

［110］李莉，魏进民．生物医学搜索引擎检索研究［J］．科技情报开发与经济，2008（30）：44-45．

［111］李明．创新思维与文献驱动［M］．北京：科学出版社，2017．

［112］李文富，严雅莉．学术论文之表达与编辑［J］．黄河科技大学学报，2010，12（3）：109-112．

［113］李武，毛远逸，肖东发．论文写作与学术规范第二版［M］．北京：北京大学出版社，2020．

［114］李艳菊，赵春霞．浅议灰色文献的作用与获取［J］．科技情报开发与经济，2006（12）：101-103．

［115］李玉平．基于本体的专利信息动态监测与分析系统的研究与实现［D］．淄博：山东理工大学，2011．

［116］李育嫦．自然语言检索中的词汇控制研究［J］．图书馆学研究，2006（4）：75-78．

［117］梁美健，周阳．知识产权评估方法探究［J］．电子知识产权，2015（10）：71-76．

［118］量化研究方法．实证研究只是研究的一条路径而非捷径［EB/OL］．［2022-12-04］．https://mp.weixin.qq.com/s/sjJqJnn5Xb6qb-v1ZFa0fw．

［119］量化研究方法．一文读懂"扎根理论"［EB/OL］．［2019-10-23］．https://mp.weixin.qq.com/s/BoC2fRoVsQNZ-XvVVNHKDA．

［120］廖剑岚．国外数字图书馆研究比较［J］．图书馆杂志，2001，20（7）：9-11．

［121］林爱群. 信息网络传播权：立法、缺陷及完善——以图书馆网络访问服务为主要视角［J］. 现代情报，2007，27（12）：81-83.

［122］刘家真. 馆藏文献优先数字化的策略思考［J］. 图书馆学研究，2003（5）：14-18.

［123］刘景亮. 面向移动信息服务的图书馆现状及发展策略［J］. 中国新技术新产品，2012（9）：250.

［124］刘凯，宋炳博，朱永玲，等. 基于Netfilter的防火墙设计［J］. 福建电脑，2015（11）：1-3，18.

［125］刘西川. 变量选取及指标测量：5点建议与章节推荐［EB/OL］.［2021-11-05］. https://mp.weixin.qq.com/s/uCr0n6aeQOHysXZ-p6BJeQ.

［126］刘西川. 实证论文写作八讲［M］. 北京：北京大学出版社，2020.

［127］刘西川阅读写作课. 扎根理论的六大误区——来自顶刊编辑的提醒［EB/OL］.［2022-03-12］. https://mp.weixin.qq.com/s/iY-1iFERrwkODF3ClbMZVQ.

［128］刘香华. 试论图书馆在社会发展中的重要作用［J］. 科技情报开发与经济，2009，19（17）：93-94.

［129］刘晓坤，任俊革，李维云. Google学术搜索与百链云图书馆文献检索比较研究［J］. 大学图书情报学刊，2013，31（4）：43-46.

［130］刘秀深. 论知识经济时代高校图书馆在信息素质教育中的地位［J］. 国际商务（对外经济贸易大学学报），2003（3）：93-95.

［131］刘蕴秀. 美国大学数字图书馆考察报告［J］. 教育信息化，2002（4）：12-13.

［132］刘兆文，米亚，张莉，等. 基于JCR分区法合理评价科技论文［J］. 产业与科技论坛，2011，10（2）：99-100.

［133］龙泉，谢春枝，申艳. 国外高校移动图书馆应用现状调查及启示［J］. 图书馆论坛，2013，33（3）：60-64，24.

［134］论文辅导社. 研究生毕业论文的六大注意事项!![EB/OL].［2022-08-23］. https://mp.weixin.qq.com/s/kVk9g9G70QpS3DYf_zy6YQ.

［135］苗玲. 数字图书馆知识社区的研究［J］. 速读（下旬），2014（10）：285.

［136］苗喜德，高智慧. 关于电子读物文件格式简介［J］. 河北科技图苑，2003，16（3）：79-80.

［137］平悦. 移动出版的产业运作模式探析［J］. 科教导刊，2012（35）：

247-248.

［138］齐红艳. 检索策略式的制定对科技查新质量的影响［J］. 高师理科学刊，2009，29（3）：75-77.

［139］祁业凤，刘新云，刘孟军. 浅析中国枣科学研究现状——中文枣文献计量分析［C］//中国园艺学会干果分会，中共阿克苏地委，阿克苏地区行署，等. 第五届全国干果生产、科研进展学术研讨会论文集. 北京：中国农业科学技术出版社，2007：66-69.

［140］钱晓彤. 方正 Apabi 数字图书馆使用评价［J］. 江西图书馆学刊，2005，35（2）：89-91.

［141］乔振林. 试论网络环境下的信息检索和服务［J］. 成功（教育），2007（8）：166-167.

［142］秦德智，刘亚丽. 管理研究方法与学位论文写作［M］. 北京：科学出版社，2019.

［143］秦宇郭. 管理学文献综述类文章写作方法初探［J］. 外国经济与管理，2011（9）：59-65.

［144］邱瑾. 综述普赖斯对文献计量学的贡献［J］. 群文天地，2010（6）：116-116.

［145］曲宁. 基于数字水印技术的电子图书系统的开发［D］. 青岛：中国海洋大学，2009.

［146］饶宗政，王刚. 现代文献检索与利用［M］. 北京：机械工业出版社，2012.

［147］任茉莉. 信息技术课堂教学讲授法的变化研究［D］. 南京：南京师范大学，2008.

［148］上海财经大学 MBA. 会计类 MBA 论文写作技巧 | 论文萌动画第 11 弹［EB/OL］.［2022-04-14］. https://mp.weixin.qq.com/s/JhIKbiPMHpeKNMJIwC0c3w.

［149］盛晓晨. 沈阳新松公司档案管理系统的设计与实现［D］. 大连：大连理工大学，2015.

［150］宋恩梅，袁琳. 移动的书海：国内移动图书馆现状及发展趋势［J］. 中国图书馆学报，2010（5）：34-48.

［151］宋爽，张国栋. 高校图书馆校外访问系统最优建设策略研究［J］. 大学图书馆学报，2013，31（5）：101-105.

［152］苏军. 科技文献检索技巧研究［J］. 山东电力高等专科学校学报，2008（1）：62-64.

［153］孙博. 国际非政府组织 ISO 与中国［J］. 现代经济信息, 2014（20）: 138-139.

［154］覃起琼. 近年来国内外移动图书馆研究述评［J］. 图书与情报, 2013（3）: 118-120.

［155］唐宏伟. 美国《工程索引》检索语言变化比较分析［J］. 青海大学学报（自然科学版）, 2003（5）: 94-96.

［156］唐杰. 信息检索技术在期刊资源整合中的研究及应用［D］. 长沙: 中南大学, 2007.

［157］天津医科大学图书馆. "自主创新"促进数字图书馆建设［C］// 图书馆建设与发展交流研讨会论文集. 北京: 建设部信息中心, 2007: 48-52.

［158］田晓阳, 肖仙桃, 孙成权. 国际专利大国与中国专利发展态势［J］. 图书与情报, 2005（6）: 95-99, 113.

［159］汪洁, 张厚生. Ei 辅助索引的编制对我国检索工具索引编制的启示［J］. 大学图书情报学刊, 2007（3）: 53-56, 88.

［160］汪晓囡. 我国高校学位论文标准化现状、问题与对策［J］. 大学图书情报学刊, 2010, 28（5）: 54-57, 96.

［161］王蓓. 浅议现代文献检索方式［J］. 成功（教育）, 2012（4）: 132.

［162］王冰. 浅议《工程索引》的特点及使用方法［J］. 现代情报, 1999（1）: 4-7.

［163］王波. 射洪电力公司用电信息查询系统的设计与实现［D］. 成都: 电子科技大学, 2013.

［164］王超. 科技查新视角下三大中文数据库的比较研究［J］. 现代情报, 2011, 31（10）: 163-165.

［165］王成营. 数学符号意义及其获得能力培养的研究［D］. 武汉: 华中师范大学, 2012.

［166］王诚德. 什么是伪信息?——从元哲学责任、社会使命、科学发展三个角度看［J］. 井冈山大学学报（社会科学版）, 2012, 33（2）: 54-59.

［167］王贵娟. 基于云计算的中小图书馆 IT 管理与服务研究［D］. 济宁: 曲阜师范大学, 2012.

［168］王海波. 21 世纪信息服务的发展特点及对策［J］. 情报学报, 2003, 22（3）: 376-379.

［169］王兰. 基于价值链的电子图书商业模式创新研究［D］. 汕头: 汕头大学, 2010.

［170］王良超，高丽．文献检索与利用教程［M］．北京：化学工业出版社，2014．

［171］王亮．基于 SCI 引文网络的知识扩散研究［D］．哈尔滨：哈尔滨工业大学，2014．

［172］王睿．学术论文的编写格式［J］．科技编辑研究，2003，15（1）：42–47．

［173］王韬，杨文韬．专利侵权问题与专利权的滥用［J］．临沂大学学报，2013，35（5）：95–97．

［174］王晓艳，李慧颖．大数据环境下信息检索的变革［J］．科技情报开发与经济，2015（4）：117–119．

［175］王应宽．中国科技界对开放存取期刊认知度与认可度调查分析［J］．中国科技期刊研究，2008，19（5）：753–762．

［176］王永丽．图片内容查询方法的历史与现状［J］．情报杂志，1999（3）：56–71．

［177］王知津．数字图书馆及其相关概念［J］．图书馆学研究，1999（4）：42–45．

［178］王志红．我国数字图书馆的发展现状及思路探析［J］．许昌学院学报，2006（5）：154–156．

［179］魏法杰，王守清．工程硕士专业学位论文写作指导［M］．北京：机械工业出版社，2009．

［180］魏群义，侯桂楠，霍然．移动图书馆理论研究与实践应用综述［J］．图书情报知识，2012（1）：80–85．

［181］魏群义，侯桂楠，霍然等．国内移动图书馆应用与发展现状研究——以"985"高校和省级公共图书馆为调研对象［J］．图书馆，2013（1）：114–117．

［182］魏闻潇．高校图书馆知识联盟研究［D］．天津：南开大学，2008．

［183］温泽宇，关毅，厉艳飞，等．学术期刊质量评价体系分析［J］．科技与管理，2015，17（4）：47–51．

［184］我看人看我．一文讲清楚【结构方程模型】是个啥［EB/OL］．［2022–05–15］．https://mp.weixin.qq.com/s/7ESW4jCdsKeghFUBzR-vWA．

［185］吴福源，袁丽芬．外文本学位论文检索平台导览［J］．江苏科技大学学报（社会科学版），2006，6（3）：101–104．

［186］吴家桂．SCI 功能评析［D］．合肥：合肥工业大学，2007．

　　[187] 吴毅，吴刚，马颂歌. 扎根理论的起源、流派与应用方法述评——基于工作场所学习的案例分析 [J]. 远程教育杂志，2016，35（3）：32-41.

　　[188] 吴玉荣. 互联网与社会主义意识形态建设研究 [D]. 北京：中共中央党校，2004.

　　[189] 吴志鸿. 中国化学文献数据库（ccbd）检索系统的构建与实施 [D]. 上海：华东师范大学，2004.

　　[190] 吴子牛. 学位论文写作 [M]. 北京：北京航空航天大学出版社，2019.

　　[191] 武龙龙，杨小菊. 基于微信公众平台的高校移动图书馆服务研究 [J]. 图书馆学研究，2013（18）：57-61，51.

　　[192] 夏传炳. 我国数字图书馆建设策略研究 [J]. 图书馆工作与研究，2001（6）：6.

　　[193] 夏淑芬. 浅析图书馆如何进入社区并发挥其作用 [J]. 承德民族师专学报，2011，31（3）：56-57.

　　[194] 肖碧云. 高校图书馆特色馆藏的数字化建设 [J]. 高校图书馆工作，2000，20（1）：36-38.

　　[195] 肖明，王永红. 国内外数字图书馆实践最新进展 [J]. 海洋信息，2001（3）：1-5.

　　[196] 谢亮，李淑芬. 我国 30 所高校图书馆 opac 系统的调查分析 [J]. 图书馆工作与研究，2007（1）：54-57.

　　[197] 谢朋林. 科技文献引用关系分析及其量化算法研究 [D]. 保定：河北大学，2013.

　　[198] 谢筠. Cnki 网格知识资源组织与开发 [J]. 信息技术，2005，29（7）：155-157.

　　[199] 邢晓昭，程如烟. 我国参与国际标准化组织的现状及对策研究 [J]. 全球科技经济瞭望，2013（11）：42-50.

　　[200] 徐春燕. 网络环境下的信息检索策略 [J]. 管理学家，2012（5）：835.

　　[201] 徐萌萌. 纠纷在线解决机制问题研究 [D]. 上海：复旦大学，2008.

　　[202] 徐旭良. 科技型企业专利工作策略探讨 [J]. 电子制作，2015（11）：248.

　　[203] 学术拓荒者. 质性研究五 | 风笑天：定性研究与定量研究的差别及其结合 [EB/OL].［2018-10-05］. https://mp.weixin.qq.com/s/ppQIH7y-yG6sdBX91

lzQvA.

［204］阎国伟. 正确认识美国"三大索引"在科技工作中的作用［J］. 山西科技，2002（3）：44–45.

［205］杨彩霞. 1998—2007 年论文被引分析［J］. 中国科技期刊研究，2009，20（1）：77–81.

［206］杨学儒，董保宝，叶文平. 管理学研究方法与论文写作［M］. 北京：机械工业出版社，2018.

［207］杨学儒，董保宝，叶文平. 管理学研究方法与论文写作［M］. 北京：机械工业出版社，2018.

［208］杨阳. 新版 Ei Compendex Web 查找收录文献的技巧［J］. 现代情报，2005（1）：191–192.

［209］叶爱芳. 移动图书馆在我国的发展现状与展望［J］. 图书与情报，2011（4）：69–71，93.

［210］叶莎莎，杜杏叶. 国内外移动图书馆的应用发展综述［J］. 图书情报工作，2013（6）：141–147.

［211］于春艳. 数字图书馆建设的重点及关键问题分析［J］. 社科纵横，2010，25（11）：137–138，147.

［212］于世花，王荣宗. 石油相关课题科技查新数据库选用及介绍［J］. 内蒙古科技与经济，2010（11）：130–131，133.

［213］于智勇. 数字图书馆 21 世纪图书馆发展的主流趋势［J］. 冶金信息导刊，2002（4）：33–36.

［214］喻平. 如何做实证：质性研究［J］. 数学通报，2018,57（1）：7–14.

［215］袁杰，吴雪涛. 网络编辑与出版资源［J］. 惠州学院学报（社会科学版），2002，22（4）：108–112.

［216］袁向东，任芬. 网络信息资源检索工具的比较与综合使用［J］. 江西图书馆学刊，2001（4）：55–56.

［217］原创力文档.《社会研究方法》变量的测量［EB/OL］.［2020–03–16］. https://max.book118.com/html/2020/0315/8027134047002102.shtm.

［218］原创力文档. 长江大学科技文献的检索［EB/OL］.［2019–01–03］. https://max.book118.com/html/2019/0103/8112005040001143.shtm.

［219］张丽莎. 林业动态信息快速搜索与集成［D］. 长沙：中南林业科技大学，2013.

［220］张骞. 传统搜索引擎与智能搜索引擎比较研究［D］. 郑州：郑州大学，

2012.

［221］张群乐.公共图书馆以"手机图书馆"为基础的信息服务模式［J］.黑龙江科技信息，2015（7）：116.

［222］张英丽.论学术职业与博士生教育的关系［D］.武汉：华中科技大学，2008.

［223］赵厚麟.国际电信联盟（ITU）简介［J］.南京邮电学院学报（社会科学版），2002，4（3）：9-14.

［224］赵婧.基于 NSTL 资源的关联数据构建与应用研究［D］.北京：中国科学技术信息研究所，2012.

［225］赵文媛.中国图书馆联盟研究近况［J］.图书馆学刊，2009，31（8）：1-4.

［226］赵夏丽，李峥.移动图书馆的发展和前景分析［J］.软件导刊，2012，11（7）：130-131.

［227］赵鑫玺.数字图书馆环境下的网络入侵检测研究［D］.济宁：曲阜师范大学，2010.

［228］赵岩碧.SCI 的版本及其检索［J］.西北工业大学学报（社会科学版），2001（3）：92-94.

［229］浙江新文道考研.专业分析|什么是工程管理学硕士（MEM）［EB/OL］.［2022-08-21］.https://mp.weixin.qq.com/s/D-y-D6XEC_Muj7JsRpTRkg.

［230］支运波.人文社会科学研究中的文献综述撰写［J］.理论月刊，2015（3）：79-83.

［231］仲炜.高校数字化校园网络系统设计与规划［D］.青岛：中国海洋大学，2006.

［232］周三红.高等教育专业的硕士学位论文研究方法的调查与思考——以湖南师范大学、湖南大学、中南大学为例［D］.长沙：湖南师范大学，2010.

［233］朱水芳，童海.图书情报检索语言与档案检索语言之比较［J］.科技信息，2013（1）：248-249+266.

［234］朱新超，霍翠婷，刘会景.合作专利分类系统（CPC）与传统专利分类系统的比较分析［J］.数字图书馆论坛，2013（9）：38-44.

［235］诸平.1968～2004 年 INSPEC 数据库收录中国期刊统计报告［J］.中国科技期刊研究，2005，16（5）：628-634.

［236］祝晓云.图书馆如何利用网络信息源为科研服务［J］.实事求是，2007（4）：77-78.

［237］专业论文指导期刊发表. 最全 MBA 论文写作技巧（附范文）［EB/OL］.
［2022–01–15］. https://mp.weixin.qq.com/s/f2cTJH8P00LROaKks2PGhA.

［238］庄子昂. 我国专利行政执法的发展困境及对策研究［D］. 武汉：华
中科技大学，2011.

［239］左少凝，胡燕菘. 国外数字图书馆项目的建设进展研究［J］. 现代
情报，2005（10）：80–82.